시와 그림으로 읽는 중국 역사

시와 그림으로 읽는 중국 역사

2007년 2월 9일 | 초판 1쇄 인쇄
2007년 2월 15일 | 초판 1쇄 발행

지은이 | 이은상
발행인 | 전재국

본부장 | 이광자
편집 팀장 | 이동은
기획 편집 | 전우석
미술 팀장 | 한명선
마케팅 팀장 | 정유한
제작 | 박순이

발행처 | (주)시공사·시공아트
출판등록 | 1989년 5월 10일(제3-248호)

주소 | 서울특별시 서초구 서초동 1628-1 (우편번호 137-879)
전화 | 편집(02)585-1751 · 영업(02)588-0833
팩스 | 편집(02)585-1247 · 영업(02)588-0835
홈페이지 | www.sigongsa.com

ISBN 978-89-527-4963-5 03910
파본이나 잘못된 책은 교환하여 드립니다.

시와 그림으로 읽는
중국역사

이은상 지음

시공사

일러두기
지명 표기는 현재 중국어 발음에 따라 표기했음.
인명 표기는 한자읽기 발음에 따라 표기했음.

차례

	여는 글	6
상나라	갑골문과 문인의 세계 읽기	13
한나라	무량의 징조 수집	23
위진 남북조	한 문인 화가의 역사 다시 쓰기	41
당나라	말과 송골매 그림, 그 문화적 상징성	57
북송	북송의 기념비적 산수화	77
북송 말	북송 말 평원 산수화	95
남송 1	남송 고종의 문화 프로젝트	109
남송 2	남송의 서정적 그림	125
원나라	원대 문인들의 묵희	145
원 말	원 말 문인들의 평원 산수화	165
명나라	심주와 명대 쑤저우의 엘리트 문화	185
명대 중기	명대 중기 쑤저우 문인사회와 실경도	205
명 말	명 말의 그로테스크 화가 진홍수	229
청나라 1	비상을 꿈꾸었던 광인 화가 팔대산인	245
청나라 2	공현과 석도, 전통시대 마지막 개성파 문인 화가	263
	참고문헌	282
	고대 중국의 주요 왕조	287

여는 글

출간이 막바지에 이르니 담당 편집자가 하루가 멀다 하고 여는 글을 독촉한다. 하지만 이 압박이 은근히 싫지 않다. 오랜 시간을 기다려온 책이 드디어 독자를 만날 수 있구나 생각하니 가슴이 벅차고 설렌다.

혹 독자들 중 왜 이 책을 쓰게 되었을지 궁금해 할 분이 계실지 모르겠다. 필자는 중국 문학을 공부하는 사람이다. 당연히 문인들에게 관심이 많았고 좀 엉뚱하게 들릴지 모르지만 그들이 글을 쓰는 이유에 대해 심각하게 고민했었다. 급기야 그 의문이 꼬리에 꼬리를 물더니 문인들이 왜 그림을 그렸을까의 문제까지 관심을 두게 되었다. 그렇다. 끝없이 샘솟는 지적 호기심. 이것이 바로 필자가 이 책을 쓰게 된 동기다.

그렇다면 중국의 문인은 도대체 어떤 사람들일까. 그 원류를 거슬러 올라가면 상나라 때 정인貞人이란 지식인 집단과 만나게 된다. 당시 사람들은 신神에게 많이 의존했다. 그들은 신이 자신들을 어떻게 생각하는지에 촉수를 곤두세워 세계의 모습과 닮았다고 여긴 거북의 뼈로 점을 쳤다. 중국의 왕들은 자신들을 천자天子 즉, 하늘의 아들이라 여겼다. 즉, 하늘을 대신해 지상 세계를 다스리는 자라는 거다. 그러니 자신들의 통치를 신이 어떻게 생각하는지 알아내는 것이 그들에게 매우 중요한 일이었으리라. 거북의 뼈에 열을 가해 그 갈라진 꼴로 신의 생각을 파악했기에 균열과

신의 의지를 연관지어 해독할 사람이 필요했다. 그 역할을 담당한 것이 바로 정인이었다. 정인은 자신들이 해독한 신의 생각을 거북 뼈에 글로 새겨 넣었고, 그것이 중국 최초의 문자인 갑골문으로 남게 되었다.

눈에 보이는 꼴―상象―을 보고 신의 마음을 파악하는 일은 다음 시대인 주대에서는 사관으로 계승되었다. 당시 사관이 해야 할 가장 중요한 일은 하늘을 읽는 것이었다. 해와 달, 그리고 별들은 천문天文 즉, 하늘의 무늬다. 하늘의 무늬를 보면 하늘의 마음 즉, 천심天心을 알 수 있다.

꼴을 보고 하늘의 마음을 파악하는 정인과 사관의 전통을 후대 문인들이 계승했다. 하늘의 마음을 읽을 수 있는 꼴을 징조라고 하는데 눈에 보이는 현상은 모두 여기에 속한다. 문인은 이러한 징조를 보고 세계를 읽는 사람들이다. 그렇다면 그들은 무엇을 꿈꾸었을까. 공자의 가르침인 유학을 공부한 후 관리로 등용되어 자신들이 배우고 익힌 유교의 이상적인 문화시스템으로 왕을 도와 천하를 교화하는 것이 그들의 소망이었다. 하지만 그 꿈은 쉽게 실현되지 않았다. 혼란한 시대를 만나거나 자신의 진가를 몰라주는 임금을 만나면 그들의 꿈도 일장춘몽이 되었다.

자, 이쯤에서 다시 필자의 첫 질문을 떠올려 보자. 문인들이 왜 글을 쓰는가 하는 질문 말이다. 자신의 포부를 맘껏 펼치고 있을 때 문인들은 좀처럼 글을 쓰지 않았다. 뭔가에 가로막혀 자신의 뜻이 좌절되었을 때 비로소 그들은 붓을 들었다. 시와 소설 같은 글쓰기가 바로 자아표현의 수단이었던 셈이다. 내친김에 필자의 두 번째 질문까지 털어버리련다. 문인들이 그림을 그리는 이유 역시 글쓰기와 매한가지다. 즉, 자신을 알아주는 이에게 그들의 참모습을 알리려고 그림을 그렸던 것이다. 그렇다면 도대체 글과 그림을 통해 문인들이 보여주고자 했던 것은 무엇이었을까. 바로 이러한 우아하고 세련된 매체를 통해 자신들의 능력을 드러내고 싶었던 것이다. 하늘의 무늬를 보고 하늘의 마음을 읽을 수 있는 역량을 그들은 갖추고 있다고 말이다. 문인들에게 그림은 세계 읽기의 시각적 표현이었고 그들이 그린 그림은 관찰을 통해 읽어낸 세계의 모습이었던 것이다.

　문인들의 그림에는 다른 집단의 그것과는 구별되는 독특한 한 가지 현상이 있다. 문인들은 그림과 관련된 텍스트-이러한 글을 제화題畵라고 한다-를 그림에 새겨 넣는다. 마치 상대 정인들이 거북의 뼈에 문자를 새겨 넣었던 것처럼 말이다. 어느 인상파 화가가 자신의 작품을 설명하는 글을 그림에 빽빽이 적어 놓았던가. 중국의 문인들과는 달리 서구 화가들은 그림에 글을 새겨 넣지 않았다. 제화는 행여 그림의 의미를 이해하지 못할 감상자를 위해 화가가 제공하는 캡션의 역할을 했다. 마치 외화를 보는 관람객에게 제공하는 자막과 같이 말이다. 필자가 독자들에게 캡션을 소개하고 그것이 지닌 의미를 전달하려 애쓴 이유도 바로 이런 점에서 기인한다. 이 책을 읽다 보면 독자들은 상대 갑골문부터 청대 괴짜 화가 석도에 이르기까지 그들의 그림에 한결같이 캡션이 존재하고 있음을 알아챌 수 있을 것이다. 그 캡션은 주로 시로 이루어졌다. 필자의 상상력이 너무 풍부한 것일까. 문인들의 제화를 읽노라면 자꾸 정인들이 거북의 뼈다귀, 그 갈라진 꼴 틈 사이사이에 새겨 넣은 글이 떠오른다. 문인들의 그림과 거북의 뼈에 갈라진 꼴을, 제화와 정인들이 판독한 글을 서로 연결하고픈 충동을 필자만이 느끼기에는 못내 아쉬움이 남은 탓이리라.

이 책에 등장하는 대부분의 문인은 불우不遇한-자신들의 포부를 펼칠 수 있는 때를 만나지 못한-자들이다. 임금에게서 좌천된 관리, 자신의 뜻을 펼치기엔 너무 혼란했던 현실에 아예 출사의 길을 접고 은둔의 삶을 선택했던 선비들이다. 그들은 자신들이 처한 역사적 상황에 민감했고 그 기록을 시와 그림으로 남겼다. 따라서 그들의 시와 그림에는 역사가 고스란히 담겨 있는 셈이다. 그러니 시와 그림으로 중국 역사를 읽는다는 것이 얼마나 유익한 것인지 이 책을 통해 새삼 깨닫게 될 것이다.

여는 글부터 너무 진지했던가. 잠시 이 책이 시작된 시점으로 시간을 돌려보련다. 벌써 5년이 지나 버린 그 시간으로 말이다. 당시 필자는 전공과 관련된 청동기 문양이나 한나라 때 돌에 새긴 그림인 화상석 같은 도상들을 자주 접하면서 그림에 관심을 두게 되었다. 관심은 곧 재미로 이어졌다. 중국 예술의 석학들이 써 놓은 책들을 읽으면서 단상들을 정리해 갔다. 이것이 책의 시발점이 될 줄이야. 그러다 어느 틈엔가 책으로 내고 싶은 욕망이 마음 한 구석에 자리 잡았다. 하지만 이 욕망에 불을 댕긴 사람은 따로 있다. 이 책의 기획 편집자인 전우석 선생이다. 인연이란 게 정말 있나 보다. 그와 만난 것은 2005년 5월 어느 날이었다. 단상들이 모여 제법 묵직한 분량의 원고가 되어갈 무렵 설레는 마음으로 시공사에 문을 두드렸다. 이메일로 원고 일부를 보냈더니 거짓말처럼 며칠 뒤 전화가 왔다. 전우석 선생이었다. 책을 만들어 일을 저질러 보잔다. 그를 만나고부터 필자의 글은 모양새를 갖추기 시작했다. 그는 자신 없어 하는 필자를 격려하며 신출내기 글쟁이에게 집필의 꿈을 심어 주었다. 책은 글쓴이와 좋은 출판 기획자의 만남에서 이루어진다는 것을 새삼 깨닫게 되었다. 그렇게 그를 만나 또 야속하게 1년 반이 흘렀다. 책의 내용을 보완하기 위한 인고의 시간이었다. 필자의 글이 아름답고 당당한 모습으로 거듭날 수 있었던 것은 예민한 감각과 순수한 열정을 지닌 그가 있었기에 가능했다. 필자를 끝까지 믿고 기다려 준 전우석 선생에게 감사한다. 아울러 책을 아름답고 꼼꼼하게 디자인해주신 한명선 팀장님께도 위로와 감사의 말을 전한다.

고마움을 표할 사람이 한 분 더 있다. 나의 어머니. 무슨 말이 필요할까. 아들이 쓴 원고를 재미있게 읽어 주신 이 책의 첫 번째 독자인 어머니에게 머리 숙여 그 고마움에 화답하련다.

며칠 전 한 독회에서 지인들 앞에서 원고 일부를 발표했다. 질문들이 마구 쏟아졌다. 고수들이 쓴 책들을 열심히 읽고 생각도 많이 했지만 예술에 대한 내공이 아직 미천함을 절실히 깨닫는 순간이었다. 그런 점에서 이 책은 중국 문학을 전공하는 사람의 그림 읽기라는 점을 다시 한 번 더 밝히고 싶다. 넘쳐 나는 지적 호기심을 주체하지 못해 멋모르고 덤벼든 이 5년의 성과물을 부디 애정 어린 시선으로 바라봐 주었으면 감사하겠다. 어쨌든 이 책을 준비하며 고민했던 그 시간은 필자에게 행복 그 자체였다.

2007년 봄이 오는 길목의 광교산 자락에서
이은상

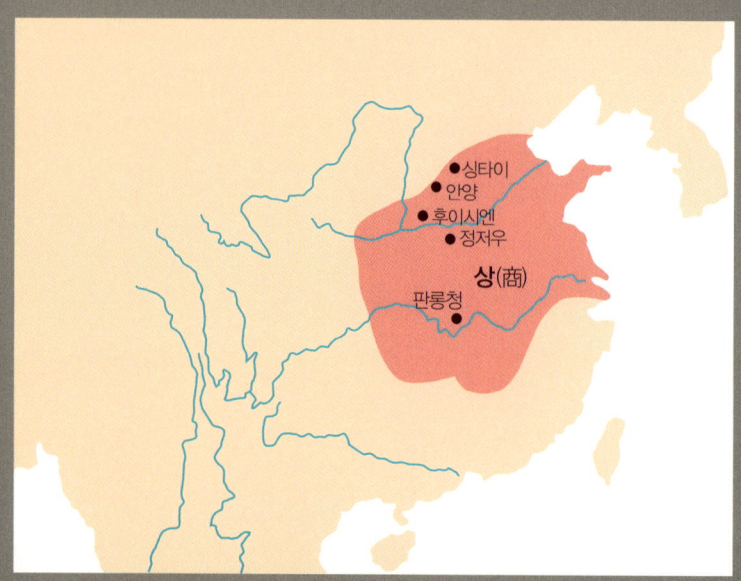

기원전 1600년경 상 왕조 수립.
대략 기원전 1500년~기원전 1300년 청동기 제작기술 발전기.
기원전 1400년경 보亳에서 샤오囂로 천도.
기원전 1300년경 판경盤庚이 안양安陽에서 은殷으로 천도.
기원전 1250년 무정武丁 즉위.
기원전 11세기 초 제신帝辛(주왕紂王)이 서백西伯 창昌(주나라 문왕)을 유리羑里에 감금.
기원전 1046년경 주 무왕이 대군을 이끌고 동쪽 멍진盟津을 건너 상의 주왕을 토벌하는 전쟁을 시작.
대략 기원전 1045년~기원전 1050 서주 왕조 수립.

갑골문과 문인의 세계 읽기

亞자 모양의 세계

상대(대략 기원전 1600년~기원전 1045년) 중국인들은 이 세계의 모습을 다음과 같이 생각했다. 중앙의 사각형에 그들의 '중국'이 위치하고 네 개의 네모진 공간들 즉, 사방四方이 그 주위를 둘러싸고 있다고 말이다. 이러한 공간 인식을 도식화한 것이 '亞'자다. 亞는 세계의 축소판을 의미하는 상징부호다. 또한, 상대 중국인들은 바람이 사방으로부터 불어온다고 생각했다. 그들에게 사방은 바람의 진원지였다. 농경사회에서 바람은 비와 구름을 몰고 오기에 중요하다. 당시 사람들은 바람이 사방으로부터 비와 구름뿐 아니라 온갖 정령들과 수확, 혹독한 가뭄과 홍수, 메뚜기 떼, 사람과 가축의 생명을 앗아가는 질병과 재난 등 인간의 삶에 영향을 주는 모든 것을 중국으로 유입한다고 여겼다. 그래서 '중국'의 안녕은 사방에서 어떤 바람이 불어오는가에 좌우되며, 사방에는 중앙으로

亞자 모양의 청동 명문

불어오는 바람과 비에 영향을 끼치는 신들이 존재한다고 믿었다. 사방은 신령들의 땅이었다. 그래서 상대 중국인들은 사방을 통해 그들의 최고신인 상제와 자연신 및 그 밖의 정령들과 교통했다. 그들은 사방에서 도래하는 모든 자연현상들을 상제가 '중국'에 대한 자신의 의지를 간접적으로 전하는 징조로 여겼다. 그러므로 사방은 상제 및 신령의 세계와 교통하기 위한 점복의 중요 대상이었으며, 상대의 가장 중요한 제사의 하나인 '체禘' 제사는 사방으로부터 오는 '세력'을 달래기 위한 것이었다.

갑골문

점복 행위는 신령의 의지를 파악하기 위한 수단이다. 상나라는 열흘을 단위로 시간을 계산했다. 상나라의 왕들은 열흘 안에 발생 가능한 모든 국가의 중대사를 결정하기에 앞서 신이 그 일을 어떻게 생각하는지 파악하려 점을 쳤다.

상대 중국인들이 점복을 위해 사용한 매체는 갑골이었다. 갑골은 귀갑과 수골을 뜻한다. 귀갑은 거북의 뼈로 상나라 정부가 있는 중국 북부는 거북이 귀했기에 중국 남쪽 지방의 공물을 사용했다. 귀갑 대체용으로 사용한 것이 수골로 주로 물소의 어깨뼈를 사용했다. 공물로 받은 거북을 죽여 내장을 제거하고 껍데기만 저장했다가 등딱지와 배딱지를 분리하고 다듬는 과정을 거쳐 귀갑이 완성된다. 거북의 배 부분이 편평해 문자 새김이 쉬웠기에 배딱지가 주로 점복 도구로 사용되었다. 표면이 거친 등딱지는 둘로 쪼개 사용했는데, 문자 새김이 불편했기에 등딱지의 사용은 드물었다. 점을 치기 전 가공을 거친 귀갑의 안쪽에 좌우대칭으로 여러 개의 홈을 판다. 홈은 완전히 구멍을 내는 것이 아니라 얇은 층을 남겨 점복할 때 그 파낸 홈에 불을 지져 바깥쪽 면에 균열이 생기

귀갑(왼쪽)과 수골(오른쪽)

게 한다.

　갑골에 불을 지져 생긴 균열의 갈라지는 꼴을 보고 길흉을 판단하며, 점복을 한 시간과 사람, 점복의 내용과 길흉의 판단, 그리고 실제로 발생한 결과 등을 갑골에 새겨 기록한다. 이것이 갑골문이다. 이처럼 상대 중국인들이 점복으로 사용했던 갑골문이 중국 최초의 문자다. 중국 문자의 원류이니 이를 통해 중국인들의 글에 대한 인식을 살펴볼 수 있다.

 정인의 세계 읽기

하나의 예를 들어보자.

　　　[90A]신해일에 내가 점을 쳤다. "올해의 첫 달에 천제가 비 내림을 명할 것이다." 4일째 되는 갑인일 저녁 비가 내렸다.[1]

　　　[90B]신해일에 균열을 만들고 내가 점을 쳤다. "올해의 첫 달에 천제

[1] 辛亥內貞: 今一月帝令雨. 四日甲寅夕[雨].

상나라

가 비 내림을 명하지 않을 것이다."²

[90C]신해일에 균열을 만들고 내가 점을 쳤다. "북방에 체 제사를 지내는 것을 복이라 하며 그 바람을 역이라 한다. 우리는 풍년을 기원한다."³

[90D]신해일에 균열을 만들고 내가 점을 쳤다. "남방에 체 제사를 지내는 것을 장이라 하며 그 바람을 □라고 한다. 풍년을 기원한다. '첫째 달.'⁴

[90E]점을 쳤다. "동방에 체 제사를 지내는 것을 석이라 하며 그 바람을 협이라 한다. 풍년을 기원한다."⁵

[90F]점을 쳤다. 서방에 체 제사를 지내는 것을 체라고 하며 그 바람을 □이라고 한다. 풍년을 기원한다.⁶

귀갑의 안쪽 면에 열을 가해 그 바깥쪽 면에 생긴 균열은 신이 지상의 통치자를 어떻게 생각하는지 간접적으로 나타내는 징조로 인식했다. 왕은 신의 의지를 파악하고자 갑골에 나타난 균열을 해독할 사람이 필요했다. 이 일은 당시 최고의 엘리트 집단인 정인貞人들이 담당했다. 위의 갑골문에서 점을 친 '내'는 이 집단에 속한 사람이다. 그가 귀갑에 갈라진 꼴을 보고 해독한 것은 "올해의 첫 달에 천제가 비 내림을 명할 것이다"라는 거다. 정인은 갑골을 전문적으로 관리하던 사람이다. 정인들은 조공으로 바친 갑골을 점복에 사용할 수 있도록 처리하고, 갑골에 구멍을 뚫고, 쑥대에 불을 지펴 열을 가해 균열을 만들고, 그 갈라진 모양을 보고 신의 의지를 해독하는 등 일련의 과정을 관리한 전문가 집단이다. 귀갑의 안쪽 면을 불로 가열해 그 바깥 면에 나타나는 갈라진 무늬는 바로 인간사회에 대한 하늘의 의사를 시각화한 것이라고 볼 수 있다. 그것을 해독하는 이가 정인인 셈이다. 이들은 이러한 해독 행위를 통해 하늘 세계와 인간사회를 연결하는 특권과 능력을

² 辛亥卜内貞: 今一月[帝]不其令雨.
³ 辛亥卜内貞: 禘于北方曰伏風曰役 □禱[年].
⁴ 辛亥卜内貞: 禘于南方曰長風■禱年. 一月.
⁵ 貞: 禘于東方曰析風曰弜禱年.
⁶ 貞: 禘于西方曰彝風曰■禱年.

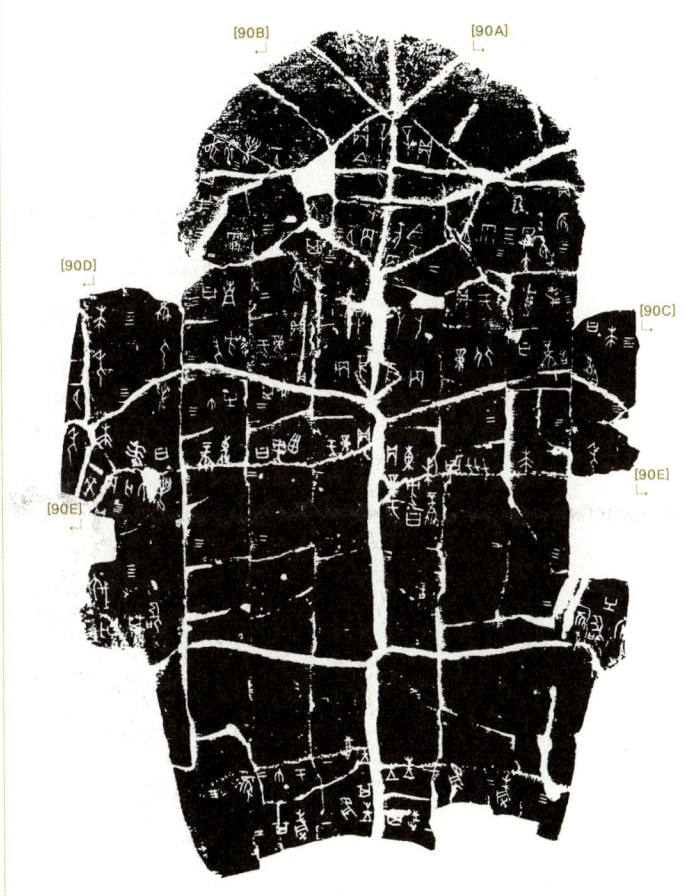

갑골문 보기

갖춘 자들이다. 말하자면 정인은 갑골에 나타난 균열을 보고 하늘의 마음을 읽어내는 자다. 갑골문의 예 하나를 더 들어보자.

계사일에 균열을 만들고 각이 점을 쳤다. "앞으로 열흘간 화가 없을 것이다."
왕이 균열을 보고 해독한다. "앞으로 재앙이 있을 것이다. 누군가 놀라운 소식을 갖고 올 것이다."
5일째 되는 날 정유일에 과연 서쪽에서 온 어떤 사람이 놀라운 소식

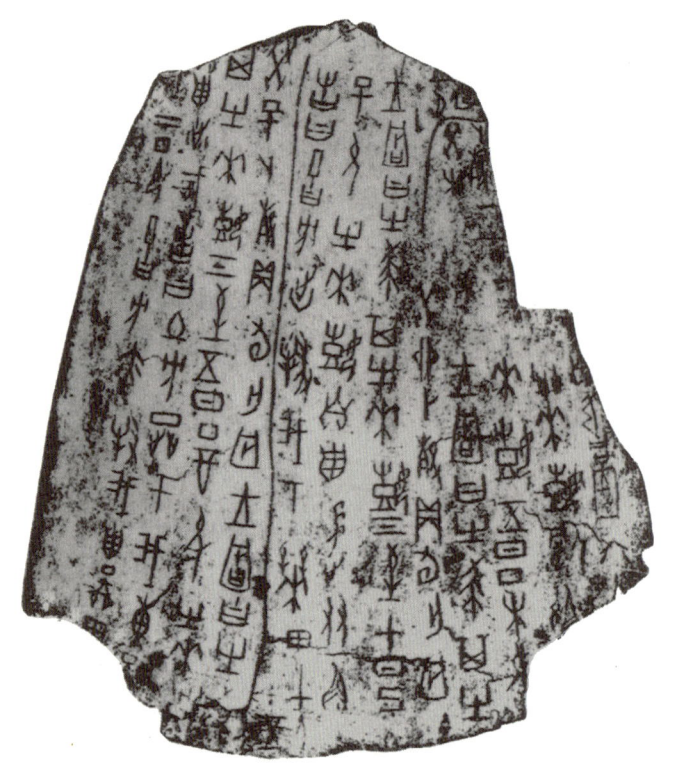

갑골문 보기

을 갖고 왔다. [상나라 장군인] 지괵이 고하기를 "[적국인] 토방이 우리의 동쪽 국경을 공격해 두 읍을 탈취했습니다. [적국인] 공방 역시 우리 서쪽 국경의 땅을 침범했습니다."[7]

상대 중국인들이 신의 의지를 파악하려고 사용한 것은 동물의 뼈, 특히 귀갑이다. 왜 거북의 뼈인가? 그 이유는 거북이 세계의 모양을 띠기 때문이다. 거북은 亞자 모양을 띤다. 또한, 거북의 둥근 반구형 등딱지와 편평한 배딱지는 '하늘은 둥근 돔형이고 대지는 편평하다'라는 고대 중국인들의 공간인식 즉, '천원지방天圓地方'과 흡사하다. 말하자면 거북은 세계의 축소판인 셈이다.

[7] 癸巳卜殼貞：旬亡禍. 王口曰有咎. 其有來嬉. 迄至五日丁酉允有來嬉自西. 沚馘告曰土方征于我東鄙口二邑. 口方亦侵我西鄙田.

'意-象-言' 전통

왕필王弼, 226~249이란 요절한 천재 학자가 『주역약례』란 책에서 주역의 기본 구도를 '意-象-言'의 관계에서 설명했다. 그에 따르면 하늘의 신은 자신의 마음 '意'를 무늬 '象'을 통해 나타내며, 그 무늬를 보고 하늘의 마음을 파악하여 기록한 것이 글 '言'이란 것이다. 정인에 의한 균열의 해독 또한 왕필이 간파한 틀 속에서 이해된다.

하늘의 무늬를 관찰하는 사나이

귀갑에 나타난 균열을 보고 하늘의 마음을 읽는 정인의 전통은 후대 사관에게 계승된다. 고대 중국 사관들에게 주어진 가장 중요한 일은 천문을 관측해 사계절의 변화를 살피고 이를 바탕으로 역법을 제정하는 것이었다. 어떤 한 역사책에서 사관을 다음과 같이 정의한다.

> 태사령은 계절의 변화와 해와 달, 그리고 별자리의 움직임을 관찰해 책력을 만드는 일을 담당한다. 한 해가 저물 무렵 새해의 책력을 왕에게 바친다. 그는 국가에서 거행하는 제사, 장례, 혼례와 관련한 일에 좋은 날과 시기 및 금기를 왕에게 바치는 일을 담당한다. 나라 안에 좋은 징조나 나쁜 징조가 발생하게 되면 그것을 기록하는 일을 맡는다.[8]

여기서 말하는 태사령은 『사기』를 쓴 사마천司馬遷, 대략 기원전 145~85이 맡았던 직책이다. 사관의 수장이다. 사관에게 주어진 가장 막중한 책무는 하늘의 마음을 읽는 것이다. 천문 즉, 하늘의 무늬-별자리-를 관찰해 이를 토대로 다음 해의 기후를 예측하고

[8] 掌天時星曆. 凡歲將終, 奏新年曆. 凡國祭祀喪娶之事, 掌奏良日及時節禁忌. 凡國有瑞應災異, 掌記之.

책력을 만드는 것이 사관의 가장 중요한 일이다. 이 책력을 보고 백성이 농사를 짓는다. 책력을 잘못 만들면 백성이 농사를 망치게 된다. 흉년이 들면 백성은 그 책임을 왕에게 묻기에 책력을 만드는 데 신중을 기하지 않을 수 없다.

『주역』에 '하늘은 象을 드리워 길흉을 나타낸다'[9]란 말이 나온다. 하늘은 하늘의 무늬 '天文'을 통해 인간사회에 대한 자신의 마음 '天意'를 표현한다. 역으로 인간은 하늘의 무늬 '象'을 관찰함으로써 하늘의 마음을 파악할 수 있다. 사관은 하늘의 무늬를 관찰하는 자들이다. 백성을 안녕하게 하려고 그들이 관찰하는 해와 달, 그리고 별자리가 하늘의 무늬다. 이 무늬를 통해 하늘의 마음을 읽을 수 있다. 말하자면 하늘의 무늬인 천문을 포함해 땅의 결인 지리, 그리고 그 밖의 자연현상들은 하늘의 마음을 간접적으로 나타내는 일종의 징조로 이해된다는 것이다. 사관을 비롯한 고대 중국의 엘리트들은 이러한 하늘의 무늬인 징조를 해석함으로써 지상의 통치자에 대한 하늘의 마음이 어떠한지를 파악했고 이를 통해 왕이 천하를 교화할 수 있도록 보필했다.

글은 하늘의 무늬인 징조의 관찰을 통해 하늘의 마음을 파악해 기록한 것이다. 이것이 고대 중국인들의 글에 대한 인식이다. 글을 쓰는 주체인 문인 집단은 하늘의 무늬와 땅의 결을 관찰하여 하늘의 의지를 파악하고 군주가 백성을 잘 다스릴 수 있도록 보필한다. 이것이 그들의 가장 중대 사명이다. 고대 중국의 문화 전통에서 글의 본질적인 기능은 세계를 해독하는 것이다. 문인들에게 있어서 지식은 세계를 해석하기 위한 것이며, 글은 세계를 읽을 수 있는 능력을 지닌 자들의 소유물이다. 그들은 세계를 읽는 자들이다.

사관을 비롯한 고대 중국의 문인 엘리트들은 천하세계의 교화를 위해 하늘과 인간사회를 연결해 주는 중개자라고 할 수 있다.

[9] 天垂象, 見吉凶.

그들의 이상은 과거시험 등 여러 가지 루트를 통해 관리로 선발되어 그들이 학습한 유교에서 지향하는 이상적인 문화 시스템을 바탕으로 통치자가 바른 정치를 펼쳐 백성을 교화할 수 있도록 그를 보좌하는 것이다.

중국의 시와 소설

왕은 원활한 정치 수행을 위해서 하늘이 자신을 어떻게 생각하는지 파악하는 것이 무엇보다도 중요했다. 그래서 중국의 역대 통치자들은 하늘의 의지를 파악하는 징조 수집에 많은 관심을 보였다. 고대 중국의 문학 또한 이러한 징조 수집의 맥락에서 이해할 수 있다. 한대 반고班固, 32~92가 쓴 역사책 『한서』에 의하면 고대 중국에는 패관이란 비교적 낮은 지위에 속하는 사관들이 있었다. 민간에 떠도는 한담이나 일화 등 백성의 '작은 이야기小說'를 수집해 왕에게 보고했다. 왕이 민의를 파악해 이 세계를 조화와 질서의 방향으로 이끌어 가도록 보필하는 것이 그들의 임무다. 패관이 수집한 이 작은 이야기들이 바로 중국 소설의 기원으로 인식된다. 민심이 곧 천심이다. 백성의 작은 이야기를 통해 그들의 마음을 읽을 수 있다. 백성의 마음은 또한 하늘의 마음을 알 수 있는 징조로도 볼 수 있다. 서구에서는 소설을 'fiction'이라고 한다. 허구적인 측면이 강조된 용어다. 중국인들에게 소설은 백성의 작은 이야기다.

이렇듯 출발이 서로 다른 것이다. 중국의 시 또한 소설과 같은 맥락에서 출발한다. 서구 'poem'의 어원은 'to create'이다. 서구 시가 창작적 측면이 강조됐지만 반면 중국 시는 백성이 부르는 노래다. 중국의 통치자들은 소설과 같은 목적으로 백성이 부르는 노래를 수집했다. 이를 위해 만든 관청이 악부다. 한무제(재위 기원전 140년~기원전 87년)는 민심을 살피려고 악부를 두어 백성이 부르는 노래를 수집했다고 한다. 이러한 전통은 한대 이전에도 존재했다. 중앙으로 유입된 각 지방의 노래들은 분류, 평가, 그리고 기록 등의 정리 과정을 거친다. 중앙정부는 그들의 '바른 문화'로 여과한 '바른 음악'을 만들어 주변에 다시 보급한다. 왕이 자신의 문화적 영향력인 덕을 통해 주변 세계의 문화를 바로잡고 그들을 바른 방향으로 변화시킨 것이다. 백성의 노래를 들으면 그들의 마음을 읽을 수 있기에 시 또한 하늘의 마음을 읽을 수 있는 무형의 징조다.

기원전 101년 이광리가 대완 원정. 한혈마를 획득하여 귀환.
기원전 85년경 사마천이 『사기』를 완성.
25년 광무제, 뤄양을 도읍으로 정하고 후한 왕조 수립.
79년 유학자들, 백호관에서 오경을 논의─『백호통의』.
100년경 종이 발명.
144년 순제 사망. 두 살 난 충제 즉위. 외척 양기楊冀가 실권 장악.
146년 양기가 질제를 독살. 양태후 섭정.
151년 무량 죽음.
159년 외척 양기가 주살되고 환관이 발호하기 시작.
184년 황건의 난.

한나라

무량의 징조 수집

 역사 스케치

이 장에서는 갑골문의 시대인 상나라로부터 천 년 이상을 훌쩍 뛰어넘은 한 시대를 다룬다.

진시황에 이어 한나라(기원전 206년~220년) 고조 유방이 중국을 재통일했다. 통일은 안정과 평화, 그리고 번영을 약속했다. 문제文帝(재위 기원전 180년~기원전 157년)와 경제景帝(재위 기원전 157년~기원전 141년)의 치세를 거쳐 한나라는 무제武帝(재위 기원전 141년~기원전 87년)에 이르러 중앙집권적인 통치체제를 구축하고 전성기를 누렸다.

무제는 강력한 중앙집권체제를 구축하고자 동중서董仲舒, 대략 기원전 179년~기원전 104년의 건의를 받아들여 유교를 국가의 통치이념으로 채택했다. 중국인들은 안정과 번영을 지향하는 통일국가의 가장 이상적 정치 시스템이 유교라고 생각했다. 관리 선발 대상은 유생들로서 유교라는 하나의 통일된 사상으로 무장한 지식층이었다.

그들은 유교경전의 독서를 통해 관리로 등용되어 자신들이 공부한 유교의 정치이념을 현실에 구현할 것을 꿈꾸는 정치 지망생들이었다. 이들은 추천이나 과거시험을 통해 관리로 등용되어 정계에 진출했다. 유생들을 중심으로 형성된, 유교라는 하나의 통일된 의식으로 무장한 엘리트 관료의 네트워크는 중앙과 지방을 하나로 연결했다. 중국은 중앙과 지방을 연결하는 유교 교육을 받은 유생 출신의 관료 조직망을 통해 중앙집권적 관료체제를 유지할 수 있었다. 이러한 일원화된 관료 조직망을 통해 중국의 역대 통일정권은 중앙으로 권력을 집중시킬 수 있었다. 중국이 한나라 이후 2천 년 동안 하나의 나라로 존속할 수 있었던 이유도 여기에 있었다.

무제는 중국에 위협적인 존재였던 흉노에 대한 원정 등을 통해 영토를 확장하였고, 그의 명을 받들어 서역 탐험에 나선 장건張騫의 활약-그의 보고를 통해 중국인들은 중국과는 별도로 발전한, 중국에 필적할 만한 다른 문명국가가 있음을 처음으로 알게 되었다-으로 아시아와 유럽을 잇는 교통로인 실크로드가 개통되었다. 그에 따라 동서 문화의 교류가 활발하게 이루어졌으며, 중국의 통치력이 주변국들로 확산하였다. 실로 무제의 시대는 한 제국의 전성기였다.

왕망이 잠시 한 제국을 찬탈하였다. 그를 대신해서 한 왕조를 부흥시킨 인물은 광무제光武帝(재위 25~57) 유수劉秀였다. 그가 건국한 한 왕조는 왕망의 찬탈 이전의 한 왕조와 구분해 후한이라고 부른다. 또 다르게 후한의 수도가 뤄양洛陽이었기 때문에 창안長安에 도읍을 두었던 전한을 서한, 유수가 세운 후한을 동한이라고도 한다. 광무제의 지지기반은 호족 세력이었다. 유교는 그들의 지배이념으로 굳건한 위치를 차지하게 되었다. 뤄양에 국립대학인 태학을 세워 다수의 유생을 양성하고, 그들을 관리로 발탁했다. 이로써 유교이념이 지방까지 확산하였고 후한은 예교사회를 이룰 수 있었다. 또한, 호족은 후한 건립 이후 향리에 예교적인 질서를 정착시켜 향리사회를 이끄는 지배층으로 성장했다.

호족이 지방에서 세력을 확장해 점차 중앙의 정계에 등장한 것에 반해, 황제 측근에서 권력을 장악하던 세력은 외척과 환관이었다. 후한 중엽 이후에는 전한과 마찬가지로 외척과 환관의 전횡이 번갈아 등장해 조정은 정권 쟁탈의 각축장으로 변모하였다. 후한에는 황제가 단명하여 나이 어린 황제가 즉위하는 경우가 많았기 때문에 모후와 그 일족이 정치를 담당할 기회가 많아 외척이 세력을 장악했다. 반면 황제가 성장하게 되면 친정을 하게 되었고, 외척을 억제하고자 환관 세력을 이용했다. 환관의 도움으로 외척을 제거한 황제가 죽고 나면 모후에 의해 선발된 나이 어린 황제가 즉위하였고 다시 외척이 정권을 잡았다. 외척과 환관의 전횡이 악순환 되었다.

이 장의 주인공 무량武梁, 78~151은 바로 이런 혼란기를 살았다. 당시 권력은 순제順帝(재위 126~144)의 황후 양 씨梁氏 일족이 장악했다. 특히 양태후의 오빠 양기梁冀는 4대에 걸쳐 약 20년 동안 전횡했다. 무량이 살았던 후한 후반기는 외척과 환관의 정쟁과 전횡으로 황제의 권력이 쇠락해 가던 시기였다. 무량은 외척과 환관의 전횡에 반대해 그들과 대립한 지식인의 한 사람이었다. 이들 지식인은 격렬히 저항했지만, 두 차례에 걸친 당고黨錮 사건은 그들에게 현실 정치의 쓴맛과 깊은 좌절을 함께 안겨 주었다. 정치적 혼란은 결국 전국적인 농민의 반란을 불러일으켰고, 태평도太平道라는 신흥 종교단체가 주도한 황건黃巾의 난으로 후한 정권은 사실상 멸망하고 말았다. 이러한 혼란은 새로운 분열시대를 여는 서막일 뿐이었다.

무량의 사당

이 장에서는 갑골문에서 천 년이 지난 후한 때 축조된 한 사당에 관해 살펴보려고 한다.

중국 산둥성 자샹현嘉祥縣에서 그리 멀지 않은 곳에 무량사武梁祠란 사당이 있다. 무량은 정치에서 물러나 여생을 독서와 후학 양성에 쏟은 유학자였다. 당시는 크게 두 가지의 고대 유교 텍스트가 통용되었다. 진시황의 '분서갱유'로 불타 버린 유교 텍스트를 후세에 전하고자 학자들 사이에서 암송하여 구전되어 내려온 내용을 한대에 들어와서 당시에 통용되던 문자로 기록한 금문과 공자 후손들의 집 벽에 숨겨져 있다 기원전 1세기에 발견된, 주대의 옛 문자로 쓴 텍스트에 기초한 고문이 바로 그것이다. 무량은 금문학파에 속한 학자였다. 금문학자들은 징조에 많은 관심을 쏟았다. 그들은 징조를 통해 하늘의 뜻을 파악할 수 있다고 생각하고, 이를 해독해 하늘의 마음을 알아내는 것을 그들의 특권이자 사명으로 여겼다. 이들 대부분은 관직을 갖지 않은 채 은둔자의 삶을 살면서, 징조를 통해 현실 정치에 대한 자신들의 견해를 피력했다. 두 가지의 유교 텍스트 정통 논쟁은 이 시기 학문의 발전을 진작시켰다. 한대에 훈고학이란 학문이 발전한 이유도 여기에 있다.

무량은 외척과 환관이 전횡하는 부패한 조정에서 벗어나 은둔하여 학문에 몰두했다. 정신적 청렴을 추구하는 처사의 길을 선택한 셈이었다. 사회가 혼란하면 은둔해 자기 수양을 추구하는 것은 혼란 시대에 중국 지식인들이 선택한 전형적 삶의 방식이었다. 곧 자기 수양은 자아표현으로 이어졌다. 은둔한 지식인들은 왜 자신이 은둔할 수밖에 없었는지를 알아주는 벗이나 후세 사람들에게 설명하고 싶어 했다. 예로 전원 시인 도연명陶淵明, 365~427의 작품들은 관직을 박차고 전원으로 돌아갈 수밖에 없었던 자신의 변명을 담은 것들이다. 반면 무량의 자아표현은 자신의 사당인 무량사를 통해 이루어졌다. 무량은 죽기 전에 사당의 건설을 계획하고 설계했다. 당시는 생전에 무덤을 만드는 것이 일반적인 관습이었다. 무량을 비롯한 당시 지식인들은 자기의 무덤이나 사당을 자신의 생각을 표현하는 도구로 보았다. 151년에 무량이 죽자 그의 세 아들과 손자는 재산을 '탕진'하여 죽은 이의 계획에 따라 그를 기념하는 사당을 지었다. 이것이 우리가 이 장에서 살펴볼 무량사의 유례다.

무량사의 설계자 무량은 자신의 사당을 3차원의 구도로 설계했다. 사당의 천장은 '하늘과 인간의 관계'를 나타내는 여러 징조로 가득 차 있다. 두 곳의 박공에 새겨진 그림들은 사후 세계를 그리고 있다. 마지막으로 사당의 벽면에 새겨진 그림들은 인간 세계의 역사에 관한 것이다. 이처럼 무량은 자신의 사당에 완벽한 구도의 우주를 표현하고자 했다. 사당의 천장과 박공에 새긴 그림들은 사마천이 쓴 『사기』의 〈서〉에 해당한다. 사마천은 이 부분에서 귀신 및 하늘과 사람의 관계를 포함한 중요 주제들을 다루었다. 세 벽면에 새겨진 것은 인간 세상의 역사다. 여기에는 태초에서 무량의 시대까지, 중국 역사의 전 과정을 아우르는 43명의 인물 이야기를 다루고 있다. 무량은 사마천과 마찬가지로 자신의 사당에 중국 통사를 쓰고자 했다.

천장에 새긴 징조와 그에 대한 설명

무량사의 천장은 하늘의 세계다. 무량이 자신의 사당 천장에다 하늘의 세계를 표현하려고 선택한 것은 징조다. 하늘의 신은 징조를 통해 지상의 통치자에 대한 자신의 생각을 간접적으로 표명한다. 인간 세계의 역사는 하늘의 징조와 상호 긴밀하게 연계되어, 인간

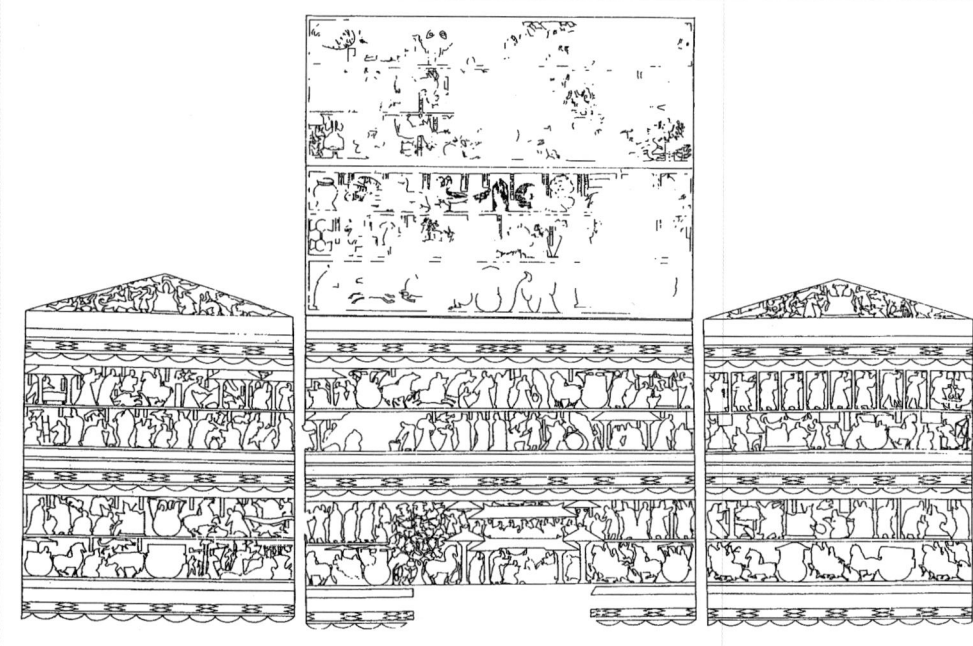

무량사 화상석을 선묘한 것

의 역사 여하에 따라 징조가 달리 나타난다. 무량이 천장에 새겨 넣은 징조들은 모두 지상의 통치자가 이상적인 정치를 펼쳤을 때 나타나는 것들이었다.

뿌리는 서로 다른 데 줄기가 붙어 있는 두 그루의 나무를 연리지 또는 연리목이라고 불렀다. 이것은 드문 현상이었기에 당시 중국인들은 이를 징조로 여겼다. 징조는 신의 의지를 나타내는 것이다. 이 나무를 통해 하늘의 신이 지상의 통치자에게 전하고자 하는 메시지는 무엇이었을까? 그림 옆에 이 징조를 해독한 텍스트가 있다. '서로 얽혀 있는 나무 연리목은 왕의 덕이 윤택하고, 팔방이 하나의 가족으로 합쳐졌을 때 나타난다.'[1]

눈이 각각 하나뿐인 두 마리의 물고기는 항상 붙어서 다닌다. 이러한

[1] 木連理, 王者德洽, 八方爲一家, 則連理生.

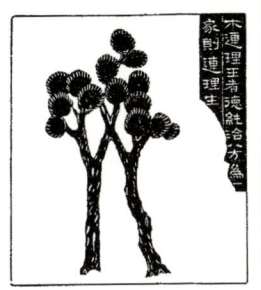
연리목

물고기를 비목어라 불렀다. 이 또한 드문 현상이기에 징조로 여겼다. 하늘은 이러한 물고기를 통해 무슨 말을 하고 싶었을까? 궁금하면 오른쪽 귀퉁이에 이 현상을 해독한 텍스트를 보라. '왕의 밝은 덕이 멀리 그리고 깊숙이 미칠 때 서로 눈이 붙어 있는 비목어가 나타난다.'[2]

이 말은 붉은 갈기를 가진 백마다. 이 같은 말도 징조로 여겼나 보다. 텍스트는 이렇다. '붉은 갈기의 백마는 왕이 어질고 뛰어난 인재를 등용했을 때 나타난다.'[3]

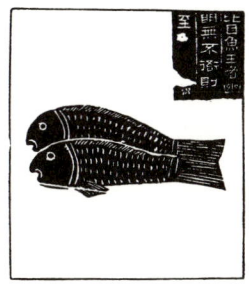
비목어

천장의 전조들과 이에 대한 설명은 상서로운 징조를 그림으로 그리고 그에 대한 설명을 붙인 『서도瑞圖』라는 책에서 나온 것이다. 이 책은 기원전 1세기에 등장해 기원후 1, 2세기 유학자들 사이에 점차 유행했다고 한다. 무량사의 천장에 새겨진 징조들은 곧 무량의 정치적 생각을 나타낸다. 이 그림들은 특정한 정치 이데올로기를 전달하기 위해 무량에 의해 세심히 선택된 것이었다.

백마

무량사의 천장에 새겨진 전조 그림에는 이상적인 정치에 대한 유학자로서 무량의 생각이 반영되어 있다. 당시 유행한 장수와 불사에 대한 생각과는 관계가 없다. 대신 이 그림들은 군주에 대한 일련의 요구를 보여준다. 즉, 군주는 덕치를 통해 백성을 교화해야 하며, 유학자들을 등용하여 백성을 잘 보살펴야 한다는 것이다. 또한, 이 징조 그림들은 당시 정치 행태에 대한 무량의 비판적인 목소리를 담고 있다. 무량이 살았던 환제桓帝의 시대에는 천장에 묘사된 이상적인 시대에 나타나는 징조들이 부재했다. 관료들은 부패했고 외척과 환관들이 전횡하는 시기였다. 현자는 숨거나—무량은 이 길을 선택했다—아니면 무참히 처형되었다. 백성은 도탄에 빠져 있었고, 전쟁과 자연재해가 끊이지 않았다. 당시

[2] 王者明德幽遠, 則比目魚見.
[3] 白馬朱鬣, 王者任賢良則見.

의 시대 상황을 『후한서』는 다음과 같이 전하고 있다.

> 환제와 영제의 재위기간(147~89) 동안 군주는 태만하고 정치는 혼란스러웠으며, 나라의 운명은 환관들의 손에 좌우지됐다. 선비들은 이들과 함께 하는 것을 부끄럽게 여겨, 필부는 울분을 토하고 처사는 기탄없이 그들을 비판했다.[4]

처사는 정치 세계에서 물러나 관직에 있지 않은 야인이다. 그들은 자연에 묻혀 살면서 자기 수양에 힘썼다. 그렇다고 출사를 향한 정치적 야망이 없던 것은 아니었다. 오히려 강렬했다. 표면에 드러내지 않을 뿐이었다. 무량 또한 이러한 처사의 한 사람이었다. 그가 살던 시대는 외척과 환관이 권력을 쥐어 유학자들의 정치 진출이 매우 제한되어 있었다. 무량은 사당의 천장에 이상적인 시대에 출현하는 징조들을 선택해 새겨 넣음으로써 자신의 정치적 이상과 현실에 대한 비판을 표현하고자 했던 것이다. 징조는 지상의 통치자에 대한 하늘의 생각이 반영되는 것이므로 만약 군주가 외척과 환관을 멀리하고 대신 유교를 공부한 인재를 등용한다면 징조가 바뀔 수 있다는 것이 무량을 비롯한 당시 금문학파에 속한 문인들의 생각이었다.

이 천장 그림에서 우리가 주목할 것은 징조 그림의 오른쪽 위 귀퉁이에 새겨진 글들이다. 예로 뿌리가 다른 두 그루 나무의 줄기가 붙을 수 있을까. 흔치 않은 현상이다. 고대 중국인들은 이것을 징조로 생각했다. 징조를 통해 신의 생각을 알 수 있었다. 그러나 보통 사람들은 징조로 여겨지는 자연현상이 무슨 의미를 담는지 알지 못했다. 이것을 해석할 수 있는 사람이 바로 무당과 사관, 그리고 문인들이었다. 이들은 하늘의 뜻을 해석할 수 있는 특권을 갖고 있었던 셈이다. 무량은 연리지 그림을 이렇게 해석했

[4] 逮桓靈之閒, 主荒政繆, 國命委於閹寺, 士子羞與爲伍, 故匹夫抗憤, 處士橫議.

다. '서로 얽힌 나무는 왕의 덕이 윤택하고, 팔방이 하나의 가족으로 합쳐졌을 때 나타난다.' 징조 옆에 새긴 텍스트는 징조에 대한 해석이다. 이 텍스트는 일종의 캡션과 같은 역할을 한다. 영화관에서 자막이 들어간 외국 영화를 보는 것과 같은 이치다.

우리는 이러한 캡션을 갑골에서도 본 적이 있다. 중국 최초의 문자라고 할 수 있는 갑골문은 결국 신의 의지를 파악해 거북의 껍질 위에 새겨 놓은 캡션이다. 무량은 자신의 사당 천장 그림 옆에 텍스트를 새겨 넣음으로써 이러한 캡션 전통을 계승하고 있다. 무량의 캡션은 또한 앞 장에서 언급한 '의-상-언'의 틀을 갖추고 있다. 갑골문과 마찬가지로 무량의 텍스트는 징조에 반영된 신의 의지를 해독한 것이다. 다른 것이 있다면 갑골문은 현실 세계에 대한 신의 의지를 판독한 것인데 반해 무량의 천장에 새겨진 텍스트는 현실에는 부재한, 이상적인 시대에 나타나는 징조를 해석했다는 점이다. 이 캡션은 혼란한 현실을 살면서 이상시대를 그리는 무량의 슬픈 세계 읽기라고 할 수 있다. 이상적인 세계를 상상력에 의해 재현하는 것은 고대 중국의 텍스트 전통이다.

공자를 슬프게 한 기린의 출현

기원전 481년에 한 마부에 의해 숲 속에서 뿔 달린 동물 한 마리가 잡혔다. 아무도 이 동물의 정체가 무엇인지 알 수 없었다. 사람들은 이 동물을 불길한 것으로 여겨 거리에 내버려뒀다. 제자를 통해 이 소식을 듣고 가서 본 공자는 이 동물이 참된 군주의 도래를 알리는 상서로운 동물로 여겨지는 기린麒麟임을 확인하고 다음과 같은 노래를 불렀다고 한다.

요와 순의 시대에 기린과 봉황이 노닐었지.

지금은 나타날 때가 아니거늘 무엇을 찾으려고 왔는가?
기린이여, 기린이여! 내 마음이 괴롭구나.[5]

중국인들은 요와 순이 다스리던 때를 이상시대로 인식했다. 기린과 봉황은 이러한 시대에 출현하는 상서로운 동물이었다. 이 동물들은 지상의 통치자에 대한 신의 긍정적인 의지를 간접적으로 표명하는 징조로 해석될 수 있었다. 공자는 기린의 출현을 슬퍼했다. 공자가 살았던 춘추시대 말은 혼란한 시기였다. 기린이 출현할 시기를 잘못 잡은 것이 못내 슬펐던 것이었다.

박공에 새겨진 낙원의 세계

사당의 두 박공을 장식한 그림은 사후 세계에 관한 것이다. 그 중심은 서왕모다. 중국 신화에서 서왕모는 중국의 서쪽 땅끝에 있는 우주축인 곤륜산의 여신이다. 이 여신은 우주의 죽음과 재생을 책임진다. 곤륜산은 '곤륜허'라고도 불린다. '허虛'는 공간을 뜻한다. '삶-죽음-재생'이라는 우주의 주기적 순환을 지속하려면 음양의 결합이 필요하다. 곤륜산은 음을 대표하는 여신인 서왕모와 양을 상징하는 동쪽의 남성 통치자인 동왕공이 만나 결합하는 공간이다. 이 둘의 결합을 통해 우주의 주기적 순환은 지속할 수 있다.

한나라 때 중국인들은 사람의 영혼이 혼과 백으로 이루어져 있으며, 사람이 죽게 되면 이 두 영혼은 분리된다고 생각했다. 혼은 죽은 자의 육신을 떠나 하늘로 올라가고 백은 그의 몸에 남게 된다는 것이다. 또한, 그들은 분리되었던 두 영혼이 서로 만나게 되면 죽은 자가 사후 세계에서 좋은 삶을 누리게 된다고 생각했다. 곤륜산은 혼과 백이 서로 만나는 곳이다. 고대 중국인들은 이 두 영혼이 만나는 곳을 낙원으로 여겼다.

[5] 唐虞世兮麟鳳游, 今非其時來何求, 麟兮麟兮我心憂.

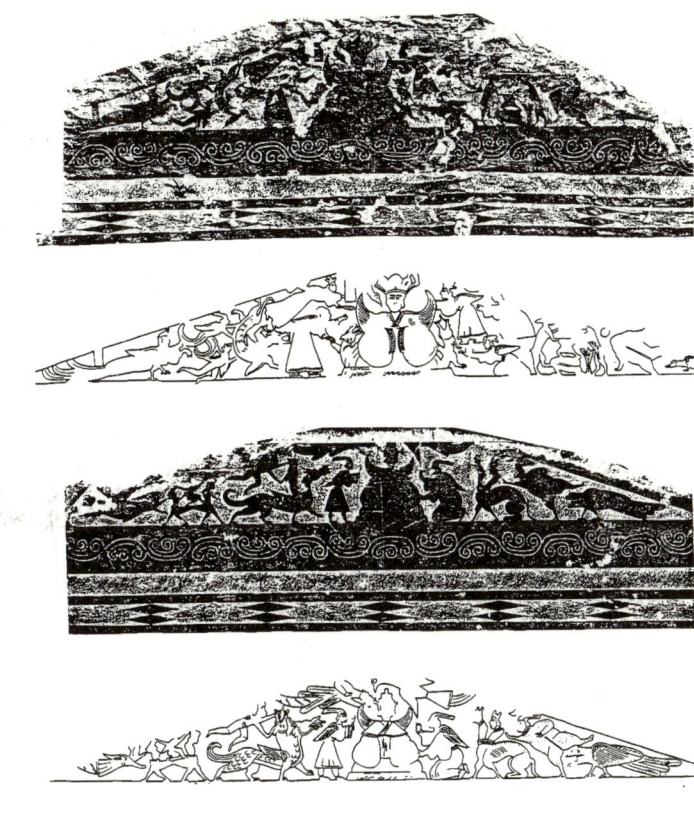

무량사 두 박공에 새겨진 사후 세계, 위는 서왕모, 아래는 동왕공에 관해 새긴 박공이다

복희와 여와를 묘사한 그림

돌에 새긴 인간의 역사

마지막으로 무량사의 세 벽면에 새겨진 것은 인간 세계의 역사다. 이 역사의 새김은 태고로부터 하 왕조에 이르는 열 명의 옛 군주들로 시작한다. 이는 군주 중심의 역사를 다룬 사마천 『사기』〈본기〉와 유사한 구성이다. 무량이 벽에 새긴 인간 세계의 역사는 복희와 여와에서 시작되었다. 복희의 그림 왼쪽에는 다음과 같은 텍스트가 새겨져 있다.

푸른 정령인 복희는

처음으로 왕업을 이루었고

괘와 새끼를 묶어 만든 기호로
해내의 땅을 다스렸다.[6]

중국 역사가 시작하는 시점에 있는 복희와 여와는 신의 세계와 인간의 세계를 연결하는 중개자였다. 그래서 그들의 몸은 뱀의 형상을 띠고 있다. 일종의 hybrid이다. 복희와 그다음에 이어지는 축융祝融과 신농神農, 이 두 인물을 합쳐 삼황三皇이라고 한다. 이들은 인간 역사의 첫 번째 단계 즉, 자연과 조화를 이루고 살던 이상향의 시기를 상징한다.

열 명의 군주에 이어 무량사의 벽면에는 세 가지 인간들의 역사 즉, 열녀, 효자, 충신에 관한 이야기가 차례대로 새겨져 있다. 이 그림들은 유교에서 강조하는 세 가지 덕목인 '삼강' – 군신 관계, 부자 관계, 그리고 부부 관계 – 의 기본 틀에 의해 짜였다. 중국 역사상 처음으로 통사를 쓴 사마천과는 달리 무량사의 설계자는 당시 유통된 텍스트들에서 자료를 발췌했다. 이러한 역사 서술 방식은 무량 시대에 유행하던 경향이었다. 이 설계자는 새로이 이야기나 장면들을 만든 것이 아니라 자신의 목적에 맞는 현존 텍스트에서 자료를 가려 뽑아 재구성했다.

옛 군주들에 이어 등장하는 여덟 명의 열녀는 모두 주대에 살던 사람들이었다. 공자의 제자인 증삼으로부터 시작되는 열입곱 명의 효자 이야기는 무량의 시대보다 조금 앞서 살던 두 명의 모범적인 효자로 끝난다. 그다음으로 군주에 대한 절대적인 충성이라는 덕목을 갖춘 정치적 인물 아홉 명 – 두 명의 현상賢相, 주군을 위해 목숨을 바친 여섯 명의 자객, 그리고 남편을 도와 나라를 중흥시킨 현명한 황후 – 으로 이어진다. 이 세 종류의 역사 속 인물들을 새긴 그림은 『사기』의 〈세가〉와 〈열전〉에 해당한다.

[6] 伏犧蒼精, 初造王業, 畫卦結繩, 以理海內.

열녀에 관한 부분은 양나라의 한 과부에 관한 이야기로 시작된다. 그녀는 자신의 정숙한 행실 덕분에 '고행高行'이란 명예로운 이름을 얻었다. 고행은 아름다운 여인이었다. 남편이 죽은 뒤 왕을 포함한 많은 귀족이 고행을 차지하려 했다. 사람들이 자기에게 딴마음을 먹지 못하도록 스스로 자신의 코를 베어 얼굴을 망가뜨렸다. 『열녀전』에 따르면 고행은 "제가 알기에는 아내 된 자의 도리는 한 번 결혼하면 다시 바꾸지 않으며, 또 정순함과 신의를 지키는 것입니다"라고 말했다고 한다.

양나라 절고행에 관한 장면

효자에 관한 다섯 번째 장면은 백유柏瑜에 관한 이야기다. 『설원』이란 책에 백유에 관한 이야기가 전해진다. 백유는 실수를 저질러 그의 어머니가 종아리를 때릴 때 울었다고 한다. 어머니가 "내가 네게 벌을 줄 때 운 적이 없었는데 오늘은 우는 이유가 무엇이냐?"라고 물으니, 백유가 "예전에 어머니의 말씀을 어겨 종아리를 맞을 때는 아팠는데 오늘 제가 아프다는 걸 못 느낄 정도로 어머니의 손힘이 약해지신 것 같아 우는 것입니다"라고 대답했다고 한다. 그래서 그림의 오른쪽 텍스트에 다음과 같이 적혀 있다. "백유는 부모가 늙어 기력이 점차 쇠약해짐에 마음 아파한다. 매를 맞아도 아프지 않으니 슬픈 것이다."[7]

백유의 이야기를 묘사한 부분

[7] 柏瑜傷親年老, 氣力稍衰, 笞之不痛, 心懷楚悲.

인상여에 관한 부분 (왼쪽)
진시황을 암살하려다 실패한 자객 형가 (오른쪽)

현명한 재상에 관한 첫 번째 이야기는 조나라의 충신 인상여蘭相如에 관한 것이다. 그림 속 텍스트는 다음과 같이 새겨져 있다. '인상여는 조나라의 신하다. 진나라에 옥벽을 바쳤다.'[8] 이 장면은 유명한 '화씨의 구슬'을 둘러싸고 진나라와 조나라 사이에 전개된 외교 사건에 관한 것이다. 이 구슬은 오랫동안 초나라에 전해져 온 보물로 그때 조나라 혜문왕의 수중에 있었다. 이 보물을 탐낸 진나라 소왕이 이 '화씨의 구슬'과 진나라의 열다섯 개 성을 교환하자고 청했다. 진나라 왕은 음흉한 자였다. 진나라의 본심을 알 수 없었던 조나라 왕은 인상여에게 보물을 지참케 해서 진나라에 사신으로 보냈다. 진나라 왕과의 만남에서 그가 조나라에 성을 줄 마음이 없음을 알아챈 인상여는 재치를 발휘하여 '화씨의 구슬'을 온전히 지켜 무사히 조나라로 가지고 돌아왔다고 한다. 여기서 생긴 말이 '완벽完璧'이다.

위 오른쪽 그림은 주군을 위해 목숨을 바친 여섯 명의 자객 중 형가荊軻가 뒷날의 진시황을 암살하는 순간을 포착한 장면이다. '선비는 자신을 알아주는 사람을 위해 죽고 여자는 자기를 좋아하는 사람을 위해 화장을 한다.' 사마천의 『사기』 〈자객열전〉에 나오는 예양豫讓이란 자객이 한 말이다. 형가의 진가를 알아본 사람은 당시 검의 달인으로 이름 높던 전광田光이었다. 자신에게 큰일을 부탁하고 자결한

[8] 蘭相如趙臣也. 奉璧於秦.

늙은 검객을 위해 형가는 진나라 왕 정을 암살해 달라는 연나라 태자의 부탁을 받아들인다. 진나라 왕을 만나고자 형가는 연나라에서 가장 비옥한 땅인 독항의 지도와 연나라로 망명해 있던 번어기 장군의 목을 갖고 접근했으나 그의 암살 계획은 실패로 끝났다.

무량사 세 벽면의 돌에 새긴 인간의 역사는 맨 마지막 무량 자신의 모습을 그린 장면으로 끝을 맺는다. 왼쪽 벽의 맨 아래 왼쪽 구석에 새겨진 장면은 한 현리가 우마차에 탄 눈에 보이지 않는 '처사'에게 경의를 표하는 모습을 그리고 있다. 무량사에 새겨진 우주 세계 – 하늘의 세계와 사후 세계 그리고 인간 세계 – 를 통틀어 맨 마지막 부분에 있는 처사의 위치는 그가 바로 이 사당 전체 구도의 '원작자'임을 말해 준다. 사당 안에서 무량의 존재를 나타내는 처사의 위치는 중국 최초의 통사인 『사기』의 맨 마지막에 '자서自序'를 둔 사마천의 역사 쓰기 전통에 따른 것이다. 사마천은 자신이 쓴 역사를 '태사공이 말한다'로 시작하는 논평으로 끝맺고 있으며, 〈태사공자서〉를 책의 맨 마지막에 두어 자신이 쓴 중국통사의 결론을 내리고 있다. 무량 역시 자신이 쓴 역사를 그 역사를 바라본 관찰자로서 '마감'하는 사마천의 역사 쓰기 방식을 그대로 따르고 있다. 무량사의 맨 마지막에 우마차에 탄 처사의

돌에 새긴 인간 세계 역사의
마지막 부분

모습을 둠으로써 무량은 자신의 사당 돌에 새긴 중국통사를 마감하고 있는 것이다.

우리가 이제까지 살펴본 무량사의 그림들은 무량이 돌에 새긴 역사다. 무량은 사관이 역사를 쓰는 마음으로 자신의 사당을 계획했던 것이었다. 사관의 중요 사명 가운데 하나는 왕이 정치를 잘못할 경우 그를 '가르쳐서 깨우치는 것'이었다. 당시 중국을 다스리던 환제는 외척과 환관에 의존하고 유학을 공부한 문인 지식인들을 배척했다. 무량이 통치자에게 보내는 메시지는 덕망 있고 출중한 능력을 지닌 유학자들을 등용하라는 것이었다. 무량사의 천장에 새겨진 징조들은 모두 '왕이 어질고 뛰어난 인재를 등용할 때' 나타난다. 환제가 외척과 환관을 멀리하고 뛰어난 인재들을 등용하여 정치를 펼친다면 이 세상에 다시 좋은 징조가 나타날 수 있다.

사관의 역사를 보완하기 위한 대안적인 역사 쓰기

사관을 비롯한 고대 중국의 엘리트들은 세계를 읽는 이들이었다. 그들이 세계의 모습을 관찰한 이유는 인간 세계에 대한 하늘의 마음이 어떠한지를 파악하기 위함이었다. 하늘은 징조를 통해 자신의 의지를 나타낸다. 나쁜 징조가 나타날 때가 있다. 인간 세계에 대한 하늘의 뜻이 부정적이란 것이다. 이 세상에 다시 좋은 징조가 나타나려면 임금이 정치를 바르게 해야 한다. 이때 사관이 해야 할 일은 왕을 가르치고 깨우쳐서 그가 바른 정치를 펼칠 수 있도록 보필하는 것이다. 그렇게 하면 이 세상에 다시 좋은 징조가 나타난다.

왕을 가르치고 깨우치려 했는데 이 일이 잘 안 될 때가 있다. 아무리 좋은 시스템이 있다고 하더라도 왕이 그의 덕, 다시 말해 백성에 대한 문화적 영향력을 잃으면 다시는 그들을 교화할 수 없게 된다. 비판은 개선을 위한 노력이다. 암담한 현실이 개선될 여지가 없다는 것을 깨닫게 될 때 지식인들은 현재와는 다른 대안적인 세계를 꿈꾼다. 그들은 왕의 정치를 보좌한다는 처지에서 한 걸음 더 나아가 역사의 보완을 생각한다. 말하자면 역사를 다시 쓰는 것이다. 현실과는 다른 대안적인 역사를 쓰겠다는 것이다. 사마천은 뛰어난 인재를 알아보지 못하는 무제에 의해 궁형을 당하고 물러나 깊이 생각한 후, 〈태사공자서〉에서 그 유명한 '발분저서'를 피력했다.

무릇 『시詩』와 『서書』의 뜻이 함축적이고 표현이 간결한 것은 마음속 생각을 실현하고자 했기 때문이다. 옛날 서백은 유리에 억류되어 『주역』을 추연하였고, 공자는 진과 채에서 어려움을 겪고서 『춘추』를 지었고, 굴원은 추방되어 『이소』를 지었고, 좌구명은 실명하고서 『국어』를 편찬했으며, 손자는 다리가 잘리는 형벌을 당하고서 병법을 논찬했으며, 여불위는 촉으로 좌천되어 세상에 『여람』이 전해졌으며, 한비자는 진에서 감옥에 갇히게 되어 〈설난〉과 〈고분〉을 찬술했다. 300편의 시 또한 대체로 성현들의 가슴속에 비분강개한 감정이 일어나 짓게 된 것이다. 이들은 모두 마음속에 울분이 맺혀 있고 자신들이 생각하는 '치세의 도리'를 펼칠 수 없기에 지난 일들을 전술하여 미래를 생각한다.[9]

중국의 전통적인 글쓰기의 동기는 '발분'이다. 『사기』는 사마천이 발분하여 저술한 것이다. 현실이 혼탁하여 자신이 생각하는 '치세의 도리'-유학자들에게 이것은 유교였다-를 사회에 구현할 수 없게 될 때 중국의 문인들은 글을 쓴다. 이때 쓰는 글은 대체로 과거의 역사에 관한 것이다. 중국인들에게 과거는 현실보다 나은 이상적인 시대로 비쳤다. 그들은 또한 과거를 이상화하려는 경향이 있다. 역사는 거울이다. 이상화된 과거의 역사를 돌아봄으로써 현재의 우리가 앞으로 나아가야 할 바른 방향을 찾을 수 있다. 무량사의 돌에 새겨진 그림으로 쓴 역사는 유학을 공부한 인재들이 외면당하고 따라서 그들이 이상적이라고 생각하는 '치세의 도리'인 유교 정치시스템이 힘을 발휘하지 못하는, 외척과 환관이 전횡하는 시대에 살았던 무량이 현재의 역사를 보완하려고 '다시' 쓴 현실과는 다른 대안적인 역사다.

---

[9] 夫詩書隱約者, 欲遂其志之思也. 昔西伯拘羑里, 演周易. 孔子戹陳蔡, 作春秋. 屈原放逐, 著離騷. 左丘失明, 厥有國語. 孫子臏脚, 而論兵法. 不韋遷蜀, 世傳呂覽. 韓非囚秦, 說難孤憤. 詩三百篇, 大抵賢聖發憤之所爲作也. 此人皆意有所鬱結, 不得通其道也, 故述往事, 思來者.

265년 사마염이 찬탈하여 위를 멸망시키고 진을 건국, 무제로 등극.
280년 진나라의 중국 통일.
291년 백치 황제 혜제를 대신하여 가황후가 실권 장악.
300년 팔왕의 난.
316년 서진 멸망. 5호 16국 시작.
317년 사마예, 동진 건국.
322년 동진에서 왕돈의 난 일어남.
381년 고개지, 〈여사잠도〉 완성.
399년 동진에서 손은·노순을 수령으로 한 농민 반란 발생. 411년까지 지속.
420년 유유, 송 건국. 남조 시작.

위진 남북조

한 문인 화가의 역사 다시 쓰기

역사 스케치

한나라가 멸망하고 수나라에 의해 재통일될 때까지(220년부터 589년까지) 중국은 여러 정부가 강력한 통치력을 발휘하지 못한 채 할거하던 그야말로 사분오열의 시기였다. 장기적인 전란으로 말미암은 혼란과 절망의 시대였다. 역사는 이 시기를 가리켜 '위진 남북조'라 부른다.

　한나라가 붕괴한 후 중국은 앞날을 예측할 수 없는 길고 긴 혼란의 시대로 접어들었다. 한대까지 지속하던 강력하고 통일된 중앙집권체제가 무너지고, 사회기강의 버팀목이 되어 왔던 유교사상마저 더는 그 힘을 발휘하지 못했다. 호족들의 겸병으로 사회는 불안했고, 일련의 심각한 정치투쟁 속에서 전란은 끊임없이 이어졌다. 더욱이 이 틈을 노려 중국으로 밀고 들어온 북방 이민족의 침입으로 사회질서는 더욱 와해하였다.

위진 남북조시대에는 중국 역사상 유례를 찾아볼 수 없을 정도로 많은 무능한 군주들이 등장했다. 그들에게는 천하를 위해 바르고 조화로운 질서를 세울 능력이 없었다. 효율적으로 정무를 수행할 중앙정부 또한 부재했다. 당시의 국가체제는 그만큼 취약했다. 무질서와 분열, 그리고 불안이 당시 사회의 키워드였다. 유교는 절대 대중의 요구를 만족시킬 수 없었다. 반면에 토착사상인 도교와 중국에 새로이 소개된 불교와 같이 구원과 초월을 약속하는 종교들에서 희망을 찾았다. 이 두 사상은 고난에 처한 사람들에게 정신적인 위안을 주었다. 하지만 유교의 정치이상을 기반으로 하는 중앙집권 시스템이 회복될 기미는 보이지 않았다. 당시 지식인들은 실의와 타락의 분위기에 휩싸였다. 상류 지식층들은 유교적 관점에서의 정치에 대한 확신이 약해지고 자신들의 포부가 실현될 것 같지 않자 타락의 길로 들어서 개인의 호사에 재물을 쓰기 시작했다. 당시 지식인들은 도덕규범이나 예의규범 등과 같은 유교의 속박에서 벗어나 인간의 본성을 좇으며 자연으로 돌아가는 것을 삶의 목표로 삼았다. 이러한 분위기에서 죽림칠현같이 정신적인 해방을 추구하는 지식인들이 등장하게 된 것이다.

그 유명한 유비와 손권, 그리고 조조가 패권을 다투던 삼국시대(220~265)가 끝나고 중국은 진晉나라에 의해 짧은 재통일을 맞이했다. 하지만 이 왕조의 운명은 초반부터 그리 순탄하지 못했다. 내부 반목에 휩싸이게 된 것이었다. 그 반목의 중심에는 혜제(재위 290~306)의 황후인 가후賈后, 256~300가 있었다. 가후는 성품이 악랄하고 허영심이 강했던 데다 일부 역사가들의 기록에 따르면 얼굴 또한 검고 추했던 모양이다. 291년에 가후가 황태후를 상대로 세력 다툼을 벌이면서 자기 소생이 아닌 태자를 폐하려 하자 여러 왕자가 들고일어났다. 역사는 이를 '팔왕의 난'이라고 한다. 가후로 인해 촉발된 분쟁이 전국으로 번졌을 때 그녀는 이미 살해된

후였지만 여전히 전란은 그치지 않았다. 이 시기에 〈여사잠女史箴〉이란 글을 쓴, 이 장의 첫 번째 주인공인 장화張華, 232~300가 살았다.

진이 내부 반목에 휩쓸린 후 북방의 이민족이 싸움에 가세했고 북쪽은 이민족 지배자들이, 남쪽은 망명 귀족들로 이루어진 왕조가 장기간 지배하는 시대로 접어들었다. 가후로 인해 촉발된 세력 다툼의 여파는 여러 지역으로 번졌다. 내전이 벌어지자 만리장성 이남에 거주하던 여러 소수 민족들도 기회를 보아 들고 일어났다. 317년, 마침내 창안과 뤄양 두 도성이 잇따라 소수 민족의 수중에 떨어지면서 진나라는 사실상 멸망했다. 역사는 이를 서진(西晉, 265~316)이라 부른다. 그때 젠캉建康(지금의 난징)을 지키던 한 왕자가 황제를 칭하며 진 제국의 명맥을 이었다. 이것이 사마예司馬睿의 동진(東晉, 317~420) 정권이다. 그러나 그와 그의 후계자들은 양쯔강 이남 지역만 장악할 수 있었고, 그 밖의 지역에는 발붙일 기회가 적었다.

사마예가 동진을 건국하자 북방에 있던 서진의 유민과 사대부들이 대거 남하해 젠캉으로 몰려들었다. 그러나 황제들의 단명으로 왕권이 약화하자 군벌들이 득세했다. 민간에서는 손은孫恩의 난리로 세상이 뒤숭숭해졌다. 이러한 난세에 고개지顧愷之, 대략 344~406가 살았다.

동진에 이어 일어난 네 단명 왕조도 진나라와 마찬가지로 북벌을 단행할 만한 힘을 갖지 못했다. 따라서 양쯔강 이남의 지역만 지배할 수 있었다. 중국의 통일을 위해서는 다음 왕조인 수나라의 등장을 기다려야 했다.

 고개지는 왜 고대 텍스트를 도해한 그림을 그렸을까?

이 장에서 살펴볼 그림은 동진 때 강남의 명문 호족 출신으로 도가적 성향이 있는 서예가이자 화가였던 고개지가 그린 〈여사잠도〉다. 고개지가 출현하기 전까지 대부분의 그림은 돌에 새기거나 칠기에 그린 것들이었다. 사람들은 화가를 화공으로 홀대했다. 고개지의 시대에 와서 조각 칼과 돌 대신 붓과 종이, 그리고 비단의 사용이 보편화하였다. 이 재료들은 문인들에게 자아표현의 신세계를 열어 주었다. 이러한 전통은 이후 20세기 초까지 계속된다. 고개지는 종이를 매체로 자신의 감정을 그림으로 표현한 최초의 문인이라 할 수 있다.

고개지는 고대 텍스트의 내용을 도해한 그림을 많이 그렸다. 〈여사잠도〉 이외에도 현존하는 그의 작품 〈열녀인지도〉와 〈낙신부도〉란 그림은 각각 『열녀전』, 자신과 뤄수이洛水의 여신과의 만남을 노래한 조식曹植, 192~232의 〈낙신부〉를 도해한 것이다. 고개지는 왜 고대 텍스트를 도해한 그림을 그렸을까?

이 당시 텍스트의 도해 대상은 대부분이 『시경』, 『효경』, 『좌전』과 같은 유교경전이었다. 중국인들은 이 텍스트들을 과거의 이

고개지, 〈낙신부도〉, 송대 모사본,
두루마리 일부, 비단에 수묵채색,
27.1×572.8cm,
베이징 고궁박물원

상적인 시대에 만들어진 것으로서 사람이 반드시 본받아야 할 규범으로 인식했다. 현존하는 고개지의 작품들 역시 고대 텍스트를 도해한 것이다. 왜 도해했을까. 여기에는 과거 이상적인 시대의 문화 전통에 대한 그리움이 반영되어 있다. 이상적인 시대의 텍스트를 도해함으로써 그는 자신이 처한 혼란한 현실에 대해 어떤 대안을 제시하려 했던 것은 아닐까. 즉, 텍스트를 도해한 그림 속에 그 텍스트를 '새겨' 넣음으로써 사라진 고대 텍스트의 권위를 그림을 통해 회복하려는 의도적인 시도라고 볼 수 있다.

고대 중국의 문인들은 이러한 유교 경전 외에도 고개지가 도해한 조식의 〈낙신부〉를 포함하여 『초사』, 도연명의 〈귀거래사〉, 한나라 때 비운의 여인 왕소군을 노래한 〈호가십팔박〉, 당나라 현종 이륭기와 양귀비의 슬픈 사랑을 노래한 백거이의 〈장한가〉, 그리고 소식의 〈적벽부〉 등 문학 작품 또한 관심을 두고 도해했다. 과거 문학 작품을 도해함으로써 후대의 문인 지식인들에게 자신이 그 작품 속의 주인공들과 어떤 동질감을 교류하였는지를 보여주려

했던 것 같다. 또한, 과거의 텍스트는 혼란한 시대에 지식인이 어떻게 대응해야 하는지 도해의 주체에게 그 이상적인 방향을 제시했다.

〈여사잠도〉

고개지가 그린 〈여사잠도〉는 바로 앞 시대인 서진 때 저명한 학자이자 정치가였던 장화의 작품 〈여사잠〉을 도해한 것으로, 과거의 정숙한 여인들에 관한 일화들을 그림으로 표현한 것이다.

장화는 〈여사잠〉을 292년에 지었다고 한다. 그가 이 글을 쓴 목적은 당시 야심에 찬 가후와 그 일족들이 막강한 세도를 믿고 우매한 임금의 권위를 찬탈하여 왕조의 기반을 위태롭게 하려는 것을 목격하고 그녀의 잘못된 행동을 바로잡기 위해서였다고 한다.

그렇다면 고개지가 장화의 글을 도해한 〈여사잠도〉를 그렸던 이유는 무엇일까? 그 또한 장화와 마찬가지로 어떤 후궁의 무도한 행위에 대한 당대의 지식인으로서의 대응으로 이 그림을 그린 것으로 보인다. 당시의 역사를 기록한 『진서』라는 책에 의하면 396년에 효무제(재위 372~396)는 총애하던 귀인 장 씨란 여인에게 농담 삼아 이런 말을 했다고 한다. "네가 이제 서른 살이 되어 가니 다른 여자를 찾아봐야겠다"라고. 이 말을 듣고 화가 치민 귀인 장 씨는 그날 저녁 술에 취한 효무제를 찾아가 살해했다고 한다. 고개지가 〈여사잠도〉를 그린 동기는 궁정 여인들을 교육하여 다시는 이런 비극이 일어나지 않도록 하기 위함이었다.

긴 비단 두루마리에 그린 〈여사잠도〉는 모두 12개의 장면으로 이루어졌다. 현존하는 〈여사잠도〉는 당대와 송대의 모사본으로, 각각 런던의 대영박물관과 베이징의 고궁박물원에 소장되어 있다. 당대에 모사한 대영박물관본은 11세기경에 앞의 세 장면과 네 번째 장면의 텍스트가 떨어져 나갔다고 한다. 우리는 12세기 후반에 제작된 고궁박물원본 〈여사잠도〉를 통해 사라진 앞부분의 본래 모습을 미루어 짐작할 수 있다.

고개지의 역사 쓰기

이제 그림으로 이야기를 돌려보자. 이 긴 두루마리 그림은 장화가 쓴 〈여사잠〉의 서문으로 시작된다. 장화는 역사가의 필법으로 서문을 써내려 간다. 이 세상이 처음 만들어졌을 때 혼돈의 상태에서 음양이 생겼으며, 복희의 통치로 하늘과 인간 세계, 부부와 군신의 구별이 생겨났다는 것이다. 장화는 특히 여성이 마땅히 갖춰야 할 덕목을 강조한다. 여성의 미덕은 부드러움에 있으며, 남편에게 순종하는 것이 가정에서 아내에게 주어진 소임이란 것이다. 12세기 남송의 화원 화가가 모사한 베이징 고궁박물원본 〈여사잠

〈여사잠도〉의 첫 장면, 베이징 고궁박물원본, 12세기 후반 남송 화원 화가에 의해 제작된 것으로 추정되는 송대 모사본, 두루마리 일부, 종이에 수묵, 27.9×600.5cm

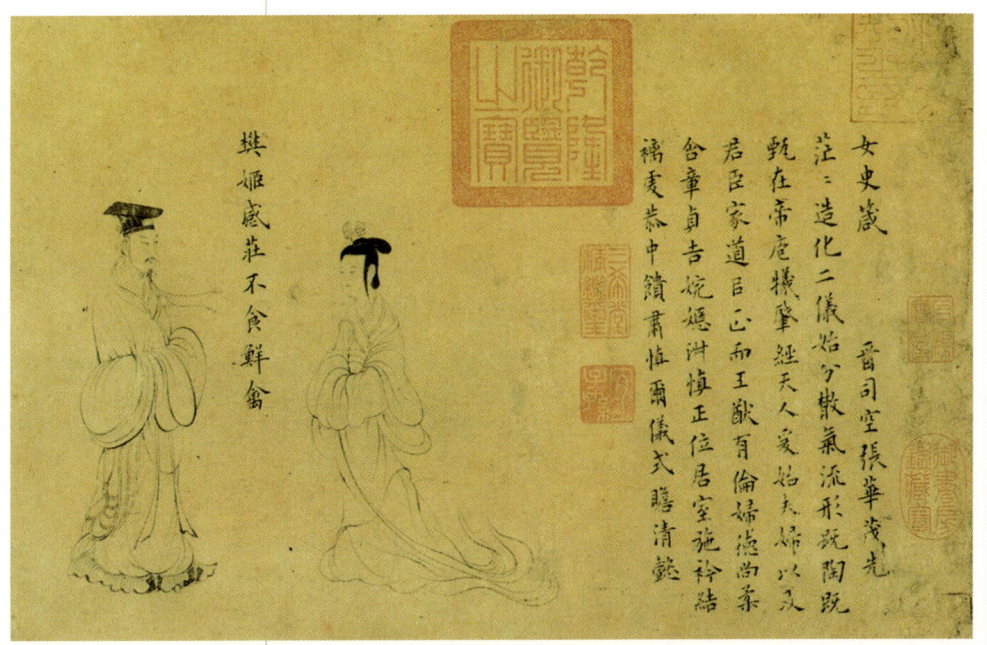

〈여사잠도〉의 두 번째 장면, 베이징 고궁박물원본

도〉는 두 남녀가 마주 선 모습을 통해 장화의 서문을 도해했다. 단순하고 간단하지만 절묘하다. 두 남녀는 각각 양과 음을 대변하며 남성은 양, 여성은 음에 속한다. 남자들에게 주어진 일은 국정에 관한 것이기에 여성은 이에 간섭해서는 안 되고 또한 남자에게 순종해야 함을 그림을 보는 이들에게 상기시킨다. 다분히 봉건시대의 전통적인 유교적 발상이라 하겠다.

내친김에 몇 장면을 더 보자. 탁자 앞에 앉은 한 여인의 모습을 그린 〈여사잠도〉의 두 번째 장면은 '번희가 초장왕의 마음을 움직이려고 고기를 먹지 않았다'[1]는 장화의 글을 도해한 것이다. 지나치게 사냥을 좋아하는 남편 초장왕(재위 696~682)을 못마땅하게 여긴 번희는 3년 동안 그가 사냥한 짐승 고기의 섭취를 거부해 그의 악취미를 고쳐 보려 했다. 결국 번희는 자신의 뜻을 이루었다고 한다.

잠깐 여기서 왜 이 그림을 두루마리로 그렸는지를 생각해보면

[1] 樊姬感莊, 不食鮮禽.

위진 남북조

〈여사잠도〉의 세 번째 장면,
베이징 고궁박물원본

어떨까. 이는 여러 장면을 연속적으로 보여주기에 두루마리만큼 적합한 매체가 없었기 때문이다. 〈여사잠도〉의 경우 장화의 글이 각 장면을 분할시키는 역할을 하는 데, 두 번째 장면의 텍스트가 앞 장면 두 남녀의 사이에 놓여 있다. 이는 잘못된 것으로 화원화가의 실수다.

종과 석경의 연주를 듣는 여인의 모습을 그린 두루마리의 세 번째 장면은 '위나라 여인이 제환공을 바로잡고자 좋아하던 음악을 듣지 않았다'[2]는 장화의 텍스트를 도해한 것이다. 제환공의 아내는 예로부터 음란한 음악을 좋아하기로 이름난 위나라의 여인으로 음악에 뛰어난 재능을 타고났다. 그러나 제환공의 아내는 제나라를 다스리는 남편을 위해 자신이 그토록 좋아하는 위나라의 음란한 음악을 멀리하고 대신 우아한 궁중 음악인 종과 석경의 연주를 듣는다. 음악으로 백성을 교화시킬 수 있다는 것이 중국인들의 전통적 사고이고 보면 백성이 조화로운 음악을 들음으로써 사회

[2] 衛女矯桓, 耳忘和音.

〈여사잠도〉의 다섯 번째 장면,
당대 모사본, 두루마리 일부,
비단에 담채색, 24.8×348.2cm,
대영박물관

역시 조화롭게 나아갈 수 있다고 생각했을 것이다. 이것이 중국인들이 생각하는 음악의 힘이다. 백성을 다스리는 막중한 자리에 있는 자의 아내는 아무리 자기가 좋아하는 것이 있어도 남편을 위해 희생하고 백성의 모범이 되어야 했다.

〈여사잠도〉의 다섯 번째 장면은 한나라 때 덕망 높은 반소班昭, 기원전 48년~기원전 6년 활동라는 여인에 관한 것이다. 성제(재위 기원전 32년~기원전 7년)는 사랑하는 여인 반소에게 가마를 타고 함께 나들이 가자고 제안했다. 그러나 반소는 성제가 이로 말미암아 국사를 소홀히 할까 염려해 가마에 오르기를 거부하는 모습을 담고 있다.

고개지는 사관으로서 〈여사잠도〉를 그린 것 같다. 그는 이 두루마리의 끝 장면을 두 명의 궁정 여인 앞에서 역사를 쓰는 '여사女史'의 모습으로 맺음으로써 마치 그녀가 두루마리 앞부분에 등장

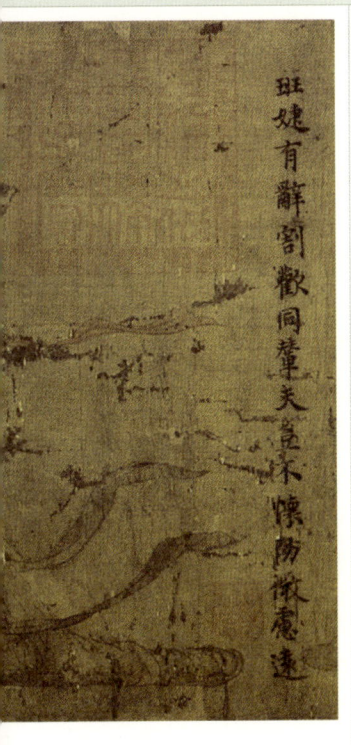

하는 사건들을 기록하는 것처럼 보이게 의도했다. 두루마리는 오른쪽에서 왼쪽으로 보는 것이다. 두루마리를 되감을 때는 역사가 그려진 그림 끝 부분부터 보게 된다. 이때 보게 되는 장면들은 '여사'의 손에 쥐어진 종이에 쓰인 잠언을 묘사하듯 전개된다. 이것은 사마천이 자신이 쓴 중국의 통사인 『사기』를 '태사공자서'로 끝맺는 것과 다르지 않다. 앞서 살펴본 한나라의 문인 무량이 자신이 바라본 세계의 역사를 자신의 사당 벽에 새겨 넣었다면, 고개지는 긴 비단 두루마리에다 그림으로 역사를 쓴 셈이다. 그 또한 사마천 및 무량 같은 역사가로서 역사를 기술한 것이다. 사관의 사명이 세계를 읽고 해석해 왕이 이 세계를 교화할 수 있도록 돕는 것에 있듯 〈여사잠도〉 또한 혼란한 시대에 대한 지식인으로서 고개지의 대응이라고 할 수 있다. 즉, '여사'를 통한 고개지의 그림으로 쓴 역사였다.

고개지의 역사 쓰기는 한나라의 저명한 학자 유향劉向(6년 졸)이 『열녀전』이란 글을 쓴 것과 같은 맥락에서 이해할 수 있다. 유향은 이 책을 쓰게 된 이유를 다음과 같이 밝혔다.

> 나와 내 아들 황문시랑 유흠(23년 졸)이 편집한 『열녀전』은 범상치 않은 여성들의 전기를 일곱 편으로 구성한 것이다. 이 책의 목적은 화복과 영욕의 원인을 드러내고, 옳고 그름이나 이익과 손해의 다름을 보이는 데 있다. 이를 네 폭의 병풍에 그렸다.[3]

『동관한기』란 책에 따르면 2세기 후반기를 살았던 대학자 채옹蔡邕이 『열녀전』을 도해했다고 한다. 한대 이후 일부 저명한 화가들은 모범적인 여성들을 중요한 주제로 다루는 전통을 지속했다. 예를 들어 3세기 위협衛協이란 인물 또한 채옹과 마찬가지로 『열녀전』을 도해했다. 그의 그림은 훗날 고개지가 〈여사잠도〉를 그리는

[3] 臣與黃門侍郎歆, 以列女傳種類相從爲七篇, 以著禍福榮辱之效, 是非得失之分畵之於屛風四堵者.

여사를 그린 〈여사잠도〉의
마지막 장면, 대영박물관

데 모델이 되었다. 이들 문인이 모범적인 여인들을 다룬 텍스트를 저술하고 또 그것을 도해한 그림을 그렸던 궁극적인 목적은 왕을 경계하기 위함이었다. 그래서 한대의 반고는 자신이 쓴 한나라의 역사인 『한서』에서 유향의 글쓰기를 다음과 같이 평하고 있다.

> 유향은 왕교王敎를 보급함에 황제는 자기와 가까운 사람부터 시작해 차츰 안에서 밖으로 퍼뜨려 나가야 한다고 믿었다. 그래서 그는 『시경』과 『서경』에서 나라를 일으키고 가문을 빛낸 모범적인 현숙한 비妃와 정절 있는 부인을 골랐다. 그는 또 정치를 어지럽히고 국가를 망친 음란하고 타락한 여인도 가려 뽑았다. 이들에 차례를 매겨 여덟 편으로 이루어진 『열녀전』을 편찬했으니 이는 천자를 경계코자 함이다.[4]

[4] 向以爲王敎由內及外, 自近者始. 故採取詩書所載賢妃貞婦, 興國顯家可法則, 及孼嬖亂亡者, 序次爲列女傳, 凡八篇, 以戒天子.

위진 남북조

〈여사잠도〉의 일곱 번째 장면, 대영박물관

사관의 준엄한 경고

〈여사잠도〉의 일곱 번째 장면은 '사람들은 자신의 얼굴을 치장할 줄만 안다. 자신의 인격을 치장할 줄 아는 이는 아무도 없다'[5]는 〈여사잠〉의 한 구절을 도해했다. 그림은 거울 앞에 앉아 시녀로 하여금 머리를 매만지게 하는 한 여인을 보여준다. 예법에 들어맞지 않는 품성은 반드시 '도끼로 고치고 끌로 다듬어 신성한 품성을 만들도록 노력하라'[6]는 말로 텍스트의 끝을 맺는다. 이것은 텍스트를 쓴 역사가 장화의 세상, 특히 통치자에 대한 준엄한 경고다. 문인 화가 고개지는 장화의 글로 쓴 역사 〈여사잠〉을 도해함으로써 그 또한 역사가의 필법으로 그림을 그리고 있다. 그림을 통해 그 또한 역사를 쓴 것이다.

[5] 人咸知修其容, 莫知飾其性.
[6] 斧之藻之, 克念作聖.

가을바람에 둥근 부채를 든 여인

《여사잠도》의 다섯 번째 장면을 장식했던 한나라의 정숙한 여인 반소에 대해 좀 더 이야기할까 한다. 반소는 명문가 출신이었다. 『한서』를 쓴 대학자 반고 또한 반 씨 집안으로 반소의 손자뻘이다. 반소는 재색을 겸비한 정숙한 여인이었다. 당연히 성제의 총애를 받았다. 기원전 18년 어느 날 성제는 우연한 기회에 조비연趙飛燕이란 무희의 춤추는 모습-조비연은 힘센 장사가 받쳐 든 옥쟁반 위에서 색정적인 춤을 추었다고 한다. 이 모습에 성제가 반했을 것이다-에 매료되어 그녀를 입궁시켜 총애했다. 이때까지 성제의 총애를 받았던 허황후許皇后와 반소는 버림을 받게 되었다. 궁중에서 자신의 입지를 공고히 하기 위해 조비연은 이 두 여인을 모함해, 같은 해 11월 마침내 성제는 허황후를 폐위시켰고, 기원전 16년에는 황후의 자리에 조비연을 앉혔다. 또한, 그녀의 누이동생을 소의昭儀에 봉해 함께 소양궁昭陽宮이란 곳에 기거하게 했다. 허황후는 폐위되고 황제는 자신을 멀리하자 반소는 상황의 절박함을 깨닫고 목숨 부지를 위해 장신궁長信宮에 기거하는 황태후의 시중들기를 자청했다.

임금을 향한 일편단심에도 버림받고 구중궁궐 깊숙이 적막한 곳에서 아무도 알아주는 이 없이 한평생을 외롭게 지내야 했던 궁녀의 모습은 자신들 또한 임금의 총애를 갈구했던 수많은 문인에게 연민의 정을 느끼게 하기에 충분했다. 당나라 시인 왕창령王昌齡, 대략 690~756은 왕으로부터 버림받은 궁녀의 비애를 세련된 필치로 너무나도 아름답게 표현한 사람이다. 그가 쓴 〈장신궁의 가을〉은 바로 성제에게 버림받은 반소를 노래한 작품이다.

빗자루 손에 들고 있노라니 날 밝으며, 황금 궁전 문 열리네.
괜스레 둥근 부채 들고 배회합니다.
백옥 같은 얼굴마저 까마귀의 까만 빛깔만도 못하네요.
그놈은 그래도 소양궁의 해 그림자 묻혀 오니 말이에요.[7]

목숨을 부지하기 위해 장신궁에서 황태후의 시중들기를 자청했던 반소는 어느 날 이른 아침 장신궁 뜰을 다 쓸고 한숨 돌리려 손에 빗자루를 쥔 채 우두커니 서 있는데 황금 궁전의 문이 열리는 광경이 눈에 들어왔다. 황금 궁전은 조비연 자매가 있는 소양궁이다. 반소는 자신이 그토록 그리는 성제가 그곳에 있을 거라는 생각에 한때 황제의 총애를 받던 옛 시절을 떠올렸을 것이다. 반소는 무심코 가슴속 깊이 간직한 둥근 부채를 꺼내들고 새벽의 텅 빈 장신궁 뜰을 거닐어 보았다. 반소에게 둥근 부채는 성제와의 사랑을 의미한다. 스산한 바람이 부는 차가운 가을날 새벽, 반소는 부채를 들고 있다. 가을날 둥근 부채 들고 임 그리워 그 임 계신 소양궁을 멀리 바라보며 멍하니 서 있는 반소의 애처로운 모습이 어찌 안타깝지 않겠는가. 시간상으로 부채와 가을은 서로 어울리지 않지만 반소의 처지를 표현하기에 싸늘한 날의 부채만큼 절묘한 것은 없을 것이다. 햇살은 임금, 해 그림자는 임금의 은총을 상징한다. 성제의 사랑이 그리운 반소는 성제가 있는 소양궁을 자유롭게 오갈 수 있는 까마귀가 마냥 부럽기만 하다.

명대 중기 쑤저우蘇州에서 활동한 엘리트 화가 당인唐寅, 1470~1523이 그린 〈추풍환선사녀도秋風紈扇仕女圖〉는 왕창령의 시와 마찬가지로 반소가 둥근 부채를 들고 뜰을 거니는 순간을 포착했다. 지금의

위진 남북조

장쑤성 쑤저우 사람으로 상인 집안 출신이었던 당인은 불우한 천재 화가였다. 탁월한 학문적 소양과 예술적 재능을 겸비한 전도유망한 청년이었으며 학업에도 열심이었다고 한다. 16세에 수재가 되었고 29세 되던 1498년에는 향시에 응시해 장원으로 급제하고, 이듬해에는 큰 야망을 품고 고향 쑤저우 엘리트 사회의 격려를 받으며 관리로서 출세의 관문인 진사시험에 응시하고자 수도인 베이징을 향해 떠났다. 그는 여기에서 장원 급제했다. 어느 순간 그의 꿈이 실현되는 듯했다. 그러나 함께 갔던 고향 친구가 과거시험의 정보를 캐려고 시험관의 하인을 뇌물로 매수했다는 사실이 뒤늦게 탄로났고 잇달아 일어난 추문에 연루되어 투옥되었다. 결국 그의 꿈은 좌절되었다. 중국 엘리트들의 천직인 관직을 향한 야망을 포기할 수밖에 없었던 것이다.

친구의 부정사건에 휘말려 자신의 꿈이 좌절됐던 당인은 임금 곁에서 그를 보좌해 천하를 교화할 기회를 바로 눈앞에서 놓친 한을 자신과 비슷한 처지의 반소의 모습을 그리는 것으로 풀어 보려 했다. 이 그림은 그가 과거시험을 치르고 고향으로 돌아온 직후였던 1499년 가을에 그린 것으로 추정되며 그의 마음이 어떠했을지 십분 짐작이 가고도 남는 작품이다.

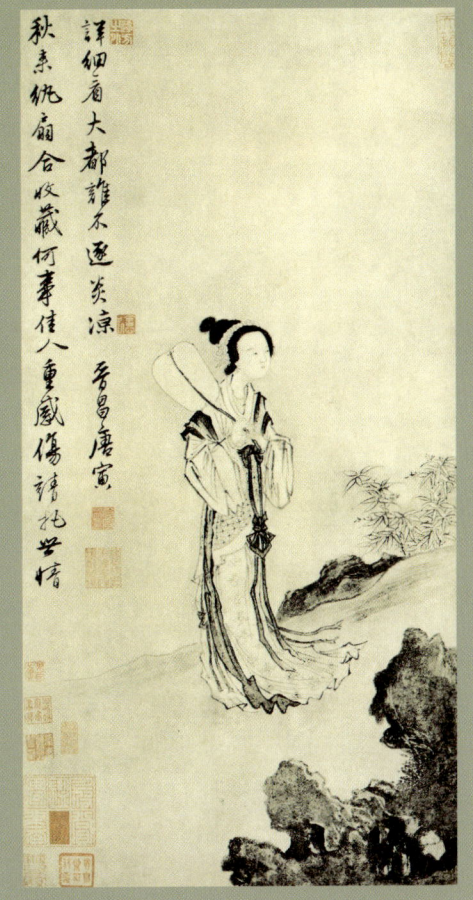

당인, 〈추풍환선사녀도〉,
족자. 종이에 수묵채색,
77.1×39.3cm, 상하이박물관

---

7 奉帚平明金殿開, 且將團扇共徘徊. 玉顏不及寒鴉色, 猶帶昭陽日影來.

589-609년 수나라, 양저우와 북중국을 잇는 대운하 건설.
627년 당 태종의 치세-정관의 치 시작.
646년 현장, 『대당서역기』 완성.
713년 현종의 치세-개원의 치 시작.
722년 창안의 수비를 용병에게 맡김-용병제 시작.
755년 안녹산의 난 발생.
763년 안사의 난 평정. 토번, 창안 함락.
780년 양세법 시행. 조용조와 잡요雜徭 등의 부세를 폐지함.
792년 환관의 전횡 시작.
808년 우·이 당쟁 시작.
875년 황소의 난.

당나라

말과 송골매 그림,
그 문화적 상징성

역사 스케치

한나라(기원전 206년~220년) 이후 거의 4백 년간 분열되었던 중국은 수나라(581~617)에 의해 재통일되었고, 그 뒤를 이은 당나라(618~907)는 중국을 세계적인 제국으로 발전시켰다. 국토의 통일, 남북을 잇는 대운하의 개통, 실크로드와 해상 교통로를 통한 국제 교역의 확장과 증대 등은 경제 성장을 촉진했다. 잘 발달한 역마 제도와 해상 교통로를 통해 외국과의 교류가 활발했다. 이미 70여 나라와 외교 관계를 맺고 있던 당나라는 지속적으로 사절과 유학생, 승려 등이 멀리 로마를 포함하여 인도, 페르시아, 사라센까지, 그리고 가까이로는 위구르, 발해, 신라, 백제, 고구려, 일본 등까지 왕래했다. 이 시기 중국인들은 타민족 문화에 대해 개방적인 태도를 보였다. 수도 창안은 100만 명의 인구를 수용했으며 아시아 전역의 상인, 학생, 순례자가 찾아오는 그야말로 세계에서 가장 큰 국제도시로 성장했다. 적어도 안녹산安祿山, 703~757의 난이 일어나기 전까지 당나라는 세계에서 가장 번영하고 강대한 국가였다.

당나라는 중국 역사상 가장 외향적인 왕조였다. 중국 최초로 율령으로 백성을 다스린 나라였으며 과거제를 통해 인재를 등용했다. 부와 명예의 상징인 관리가 되는 첩경은 과거시험이었고 가장 명망이 높은 진사시험에 시를 시험과목으로 채택한 것이 당시唐詩 발전의 계기를 가져왔다. 현재까지 2,200명의 시인이 지은 48,900편의 시가 전해진다.

태종(재위 626~649)은 능력 있는 인재를 과감히 등용해 개혁 정치를 표방했다. 그는 언로를 활짝 열어 위징魏徵, 580~643과 같은 인재들을 등용해 그들의 의견을 광범위하게 받아들였으며, 부역과 형벌을 줄이고 관제를 정비했고, 문학과 유학을 장려하고 과거를 실시하는 한편 역사서 편찬에도 심혈을 기울였다. 대외적으로는 토욕혼, 토번, 고창, 서돌궐 등 이민족과의 관계 개선과 정벌을 통해 정국을 안정시켰으며, 당나라의 판도를 더욱 확장시켰다. 이같은 모범적인 치세를 이룬 태종의 치적을 일컬어 '정관의 치'라고 부른다.

예종의 뒤를 이어 왕위에 오른 현종(재위 712~756)은 재위 초기 요숭姚崇, 송경宋璟 등 뛰어난 재상을 통해 율령 제도를 완비하는 등 개혁 정치를 진행했다. 호족 세력을 억제하는 한편 가난한 백성을 구제했으며, 둔전제와 부병제를 확대해 시행하여 번영을 구가했다. 이를 역사에서는 '개원의 치'라고 부른다. 그러나 현종은 만년에 며느리인 양귀비에게 빠져 국사를 등한시했다. 게다가 양귀비의 친척 오빠인 양국충楊國忠을 중용한 탓에 급기야 중국 역사상 가장 큰 규모의 반란을 자초하였다. 현종과 양귀비의 총애를 받고 제국 전체 병력의 40퍼센트에 해당하는 18만 대군의 병권을 장악한 절도사 안녹산은 자신과 대립했던 양국충이 재상이 되면서 전권을 장악하고 자신을 제거하려 하자 755년에 역적 양국충을 제거한다는 구실로 반란을 일으켰다. 뒤에 안녹산의 부하 사사명史思明에까지 이어지면서 9년이나 계속된 이 반란은 두 주동자의 성을 따서 '안사의 난'이라고도 부른다. 이 반란으로 현종은 쓰촨 지방으로 피신했고 그 피난길에서 사랑하는 양귀비가 그를 수행하던 병사들에 의해 살해되는 모습을 눈물로 지켜봐야 했다.

안사의 난 이후 당 제국은 서서히 무너지기 시작했다. 안녹산이 반란을 일으킨 것은 양국충과의 갈등 때문만은 아니었다. 그 뿌리는 더 깊은 곳, 바로 균전제의 붕괴에 있었다. 당나라의 토지 제도인 균전제는 농민들에게 토지를 균등하게 나눠주고 조세를 걷는 방식이다. 그런데 토지의 겸병과 지방 관리들의 횡포 등의 압박으로 생활이 어려워진 농민들이 토지를 이탈하기 시작했다. 이러한 현상은 현종에 이르러 더욱 심해졌다. 중국의 역사가 보여주듯, 당나라의 붕괴는 이처럼 토지 겸병이 늘어나면서 농민이 몰락하는 것에서 시작되었다. 균전제의 붕괴는 토지 제도에 뿌리를 둔 당의 모든 제도가 무너진다는 것을 의미했다.

균전제가 흔들리자 국가의 재정과 국방이 따라 흔들렸다. 당시의 조세 제도인 조용조와 병역 제도인 부병제는 균전제에 뿌리를 둔 것이다. 그런데 농민들이 토지를 버리고 도망하니 정부는 조용조를 제대로 거둘 수 없게 되었고, 병농일치를 기본으로 하는 징병제인 부병제도 더는 그 역할을 담당하지 못했다. 그래서 병역 제도는 점차 징병제를 포기하고 모병제와 직업군인 제도로 바뀌게 되었다.

당나라 초기에는 변방에 도호부를 두었지만 이민족들의 침입이 잦아지자 도호부로는 감당할 수 없어 더욱 강력한 경비 체제로 절도사를 두게 되었다. 문제는 절도사의 권력을 제어할 메커니즘

이 없다는 점이다. 당시 변방에서 절도사는 군사권만이 아니라 행정권과 재정권도 쥐고 있어 지방에서는 왕이나 다름없는 권력을 갖고 있었다.

균전제의 붕괴로 뿌리가 흔들리는 가운데 중앙에서는 환관들, 지방에서는 절도사들의 전횡이 날로 심해지자 당 제국은 더 존속할 수 없게 되었다.

미인도

당나라의 궁정 화가들은 미인도를 많이 그렸다. 이 시기에 그려진 미인도 가운데 최고의 걸작으로 〈잠화사녀도〉를 꼽을 수 있다. 화가의 서명은 없지만 고대 중국의 감정가들은 이 그림을 당나라의 궁정 화가인 주방周昉, 763~804 활동이 그린 것으로 보았다. 이 그림의 주제는 음력 2월 2일 봄꽃을 감상하는 날인 '화조절花朝節'이다. 화

당나라

주방이 그린 것으로 전해지는
〈잠화사녀도〉, 두루마리,
비단에 채색, 46×180cm,
랴오닝성박물관

조절은 '꽃들의 생일'이라고 한다. 이 날은 또한 용이 고개를 쳐드는 날로 여겨졌다. 용이 하늘로 올라갈 준비를 하는 시기였다. 또한, 이 날은 남녀가 들판에서 만나 사랑을 나누는 날이다. 일종의 야합이 이 시기에 이루어지는 셈이다. 야합은 자연의 음양 결합을 자극해 우주의 순조로운 순환을 유도하고자 인간이 음양 결합을 하는 것이다. 이 날 여인들은 봄나들이를 나가 종이나 비단으로 만든 조화를 머리에 꽂고 꽃을 감상한다.

미국에서 활동하는 중국 미술사가인 무홍은 이 그림에 나타난 여인들의 관능적인 아름다움을 그림과 그 소유자/관람자 사이의 관계라는 맥락에서 설명한다. 이 그림을 소유하고 감상했던 이는 누구였을까? 이와 관련하여 무홍은 다음과 같이 이 그림을 이해한다.

이 두루마리에서 여인들은 나란히 서 있지만 결코 다른 사람에게 눈

길을 던지지 않는다. 그들의 관심은 두 번째 부류의 이미지 즉, 활짝 핀 모란, 강아지, 학, 여인의 손에 들려 있는 나비, 그리고 붉고 작은 꽃 등에 집중되어 있다. 인간과 비인간이라는 두 부류의 이미지 사이의 친밀감은 그들 사이의 유비를 구축하려는 화가의 의도를 은연중 나타낸다. 꽃, 곤충, 동물과 새는 표상, 은유, 직유로 이해될 수 있다. 표상으로서 그것들은 자금성 안에 있는 황제의 정원을 구성하는 부분이며, 직유로서 그것들은 정원 안의 장식품이기도 한 여인들에게 섬세함과 연약함을 더해 준다. 그리고 은유로서 그것들은 의인화되어 여인들과 친구가 되고 서로 외로움을 나눈다. 그러므로 이 두 부류의 이미지는 하나의 내부 공간, 곧 남당(937~975) 궁전의 후궁에 속한다.

이 그림에 묘사된 아름다운 여인의 높은 머리장식과 중국 미인의 전통적인 기준인 아미 눈썹은 당대 중기 이후 유행했던 전형적인 귀부인 모습이다. 여인의 몸매는 투명한 옷을 통해 드러나 있다. 얇은 망사 옷은 속옷을 드러내 보임으로써 보는 이가 그 밑에 가려진 여성의 몸매를 감지하게 한다. 매우 관능적인 그림이다. 그림 속 관능적인 자태의 여인은 그림의 주인을 유혹하고 있다.

한간의 〈조야백〉

궁정 여인과 함께 당대 궁정 회화에서 중요한 또 하나의 주제는 동물 그림, 특히 말 그림이다. 당 태종(재위 626~649) 이세민은 당 제국을 건설하면서 출정할 때 항상 6필의 준마를 대동했다고 한다. 그의 무덤인 소릉에 있던 석조 육준마는 이 6필의 준마를 기념하려고 조각한 것이다. 이 말들은 당 제국의 창건을 상징하며

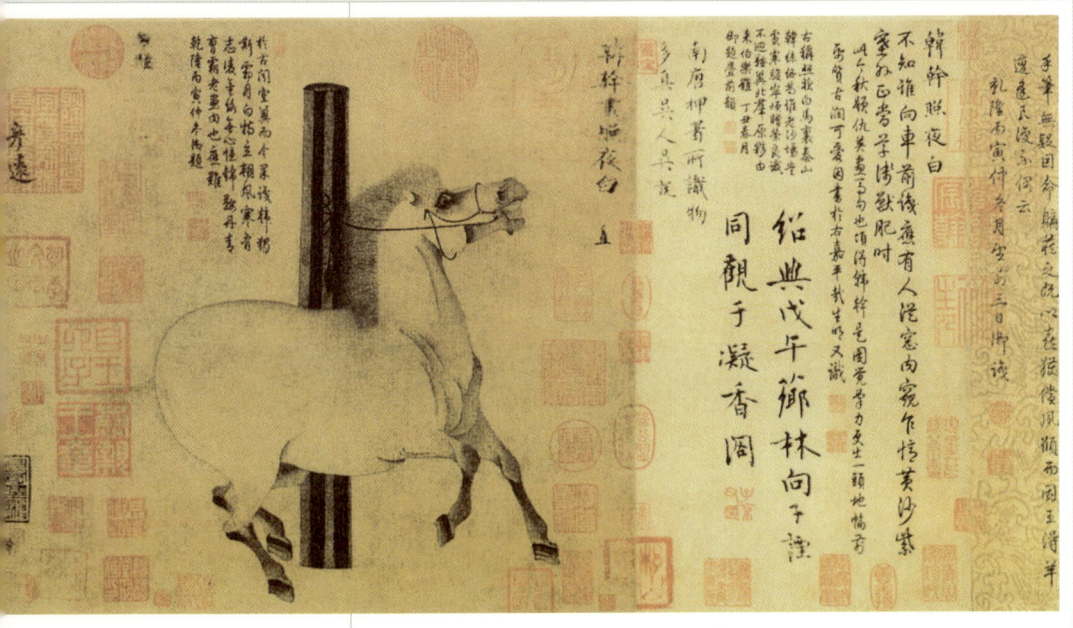

한간이 그렸다고 전해지는 그림
〈조야백〉, 당대, 8세기, 두루마리,
종이에 채색, 30.8×34cm,
뉴욕 메트로폴리탄미술관

당의 국세가 강성함을 반영한 것이다.

현종은 말을 매우 좋아했다. 특히 서역 태생의 튼튼하고 키 작은 조랑말을 좋아하여 자신의 마구간을 4만 마리 이상의 서역 말들로 가득 채웠다고 한다. 태종의 육준마와는 달리 전쟁터는 본 적도 없는 이 말들은 현종 앞에서 춤추도록 훈련되었다. 이제는 전투마가 아닌 이 말들은 궁정 여인들과 같은 존재가 되었다. 궁정 화가 한간韓幹, 740~760 활동은 현종의 명을 받아 그가 가장 총애하는 말 즉, 밤에도 하얀빛을 발한다는 조야백照夜白을 그림으로 옮겼다.

조야백과 당 현종의 문화수집

현종의 조야백을 문화수집의 관점에서 살펴보면 어떨까. 문화수집 cultural collecting이란 말은 제임스 클리포드James Clifford란 학자가 유럽의

박물관들에 전시된 비서구 문화권의 원시 예술품들을 서구의 타문화수집이란 관점에서 분석하면서 생각해낸 개념이다. 그에 의하면 자신과 자신이 속한 집단 주변의 물질 세계를 수집하고 자신이 속한 세계를 구획하는 것은 일종의 문화적 동질성을 추구하는 보편적인 행위라고 할 수 있다고 했다. 세계의 문화를 수집하는 것은 곧 세계를 지배하게 됨을 의미한다는 논리다.

우리는 고대 중국에서 행해졌던 조공을 문화수집의 맥락에서 이해할 수 있다. 조공은 중앙이 주변 지역으로부터 무언가 가치 있는 것, 특히 각 지역에 특유한 무언가를 수집하는 것이다. 각 지역의 특산물과 이색적인 풍습 및 중앙과 주변의 대표자들 간에 행해지는 의식적인 선물 교환, 결혼 및 인질과 같은 인적 교류 등이 여기에 포함된다. 이것은 주변에 대한 중앙의 문화수집이라고 할 수 있다. 고대 중국인들에게 조공은 그들이 생각하는 세계의 질서를 바로잡는 데 중요한 의미를 지닌다. 고대 중국의 전통적인 공간관념인 '오복五服'은 주변에 미치는 중앙의 문화적 영향력의 강약에 따라 중앙과의 차별적 사회 관계를 설정한 것이라고 할 수 있다. 조공에 대한 답례로 중앙은 그들의 문화적 영향력으로 주변을 '문명화'하였고, 이를 통해 세계는 부조화와 무질서의 상태에서 조화와 질서의 상태로 변환한다고 믿었다.

원림과 문화수집

조공을 통해 사방에서 수집한 기이한 사물을 소유하는 것은 곧 그 지역에 대한 상징적 지배를 의미한다. 공물로 거둬들인 사방의 진기한 동·식물 및 광물은 왕의 통치를 인정하는 신의 의사 표시인 징조로 해석될 수 있다. 그러므로 이러한 기이한 동·식물 및 광물을 하나의 제한된 공간에 집중하여 소유하는 것은 세계 지배를 의미한다.

한무제(재위 기원전 140년~기원전 87년)를 비롯한 고대 중국의 통치자들은 중앙에 원苑을 만들어 '천하'의 기이한 동·식물과 광물을 수집했다. 이러한 행위는 클리포드가 말하는 문화수집의 맥락에서 이해된다. 지상의 통치자에 대한 하늘의 의지를 나타내는 징조로 해석될 수 있는 주변 지역의 기이한 동·식물과 광물을 수집하여 원림苑林에 두는 것은 통치자가 자신의 문화적 영향력을 재확인하는 절차라 할 수 있다.

원림은 천하의 삼라만상을 포용하는 우주적 존재인 통치자가 지닌 가장 실체적인 이미지를 제공한다. 통치자가 그의 원림을 채우기 위해 순행에서의 사냥 – 가을에 행하는 통치자의 의례적 사냥은 음양오행의 관점에서 가을의 우주적 살생 행위를 모방하는 것이다 – 과 조공을 통해 이국적인 동·식물과 광물을 탐색하여 수집하는 것은 이 행위 자체가 그에게 세계의 만물을 망라하는 힘을 보증하기 때문이다. 즉, 원림은 세계의 모든 생명체를 포용하는 통치자의 힘을 세계에 공포하는 소우주로서의 상징적 기능을 갖는다.

한나라의 통치자들은 원림을 통해 그들 '천하'의 모든 지역으로부터 각 지역의 대표적인 표본들을 수집했다. 그들에게 있어 주변 세계의 기이한 동물을 수집하여 중앙의 원림에 두는 것은 제국의 생물학적인 확대를 의미했다. 통치자가 원림에서의 의례적 사냥과 투계 같은 동물의 싸움을 즐기는 것은 이를 통해 자연 세계의 상징적 지배를 기대할 수 있기 때문이었다. 통치자의 이러한 행위들은 먼 지역과 그곳의 인간과 동·식물 및 광물에 대한 상징적인 지배를 수장하게 했다.

야만과 문명

사마상여司馬相如, 대략 기원전 180년~기원전 117년와 장형張衡, 78~139 같은 한나라 문인들은 천하의 모든 동·식물군이 응집해 있는 하나의 소우주로 한나라의 심장부인 창안에 있는 한무제의 원림인 상림원上林苑을 묘사했다. 반고班固, 32~92는 〈서도부西都賦〉란 작품에서 원림인 금원禁苑에 대해 다음과 같이 언급하고 있다.

> 금원에는 구진에서 온 기린, 대완의 말, 황지의 무소, 그리고 조지의 새가 있다. 쿤룬산을 넘고 대해를 건너왔다. 다른 지방의 색다른 종류들이 3만 리 너머에서 왔다.[1]

구진은 베트남의 탄 호아Than Hoa이며, 대완은 중앙아시아에 있는 나라로서 지금의 우즈베키스탄Uzbekistan의 페르가나Ferghana다. 기원전 101년, 한나라 장군 이광리李廣利는 대완국과 4년간의 전쟁 끝에 이기고 돌아와 한무제에게 대완의 '한혈마汗血馬(피 흘리는 말)'을 헌상했다. 황지는 칸치Kanchi 즉, 지금의 인도 콘제베란Conjeveran이다. 조지에 대해 학자들의 설은 분분하나 지금의 중동 지역임에는 틀림이 없다고 한다. 광대한 지역으로부터 수집한 이러한 기이한 동물들의 다양한 공간분포는 이 동물들이 서식했던 지역과 연결되어, 통치자의 영토 내의 모든 동물군을 상징적으로 대표한다.

사냥과 조공을 통해 창안에 유입되어 상림원과 같은 한정된 울타리 안에 모이게 된 천하의 모든 이질적이며 기이한 동·식물군은 일종의 '중국화' 과정을 거치게 된다. 사방에서 중앙의 통치자에게 그들의 이국적인 산물을 공물로 바치는 것은 통치자의 영향력이 지리상의 영역을 포용하고, 인간과 동물의 종들에까지 확대되었음을 예증함으로써 그에게 통치자로서의 정치적 지배를 보

[1] 中乃有九眞之麟, 大宛之馬, 黃支之犀, 條支之鳥, 踰崑崙, 越巨海, 殊方異類, 至于三萬里.

중한다. 그의 영향권에 있는 모든 지역으로부터 유입된, 각 지역을 대표하는 기이한 산물들을 중앙의 원림이란 울타리 안에 집중시킴으로써 중국의 통치자는 그 대상들이 서식하는 지역에 대한 지배를 공포하게 된다.

중국은 '중국화'라는 중앙의 문화적 영향력에 의한 '문명화' 과정을 통해 문화적 동질성을 추구한다. 원림의 테두리 안에서는 일종의 우주적이며 지리적인 질서의식이 팽배하게 된다. 사마상여의 〈상림부〉에 의하면 한무제는 사방으로부터 수집된 동·식물과 광물을 음양오행의 기준과 그들이 원래 속해 있던 서식지의 위치에 따라 분류하고 원림에서 그에 상응하는 방향에 상징적으로 배치했다. 이를 통해 분류 대상 및 그 대상이 서식하는 지역에 대한 상징적 지배를 꾀한 것이다. 고대 중국의 통치자들은 그들의 원림을 거닐면서 기이한 동물을 감상하거나 사냥함으로써 순행을 통해 그가 통치하는 지역을 돌아보는 것과 같은 방식으로 그의 '세계'를 상징적으로 순화하게 된다.

〈춤추는 말〉, 8세기, 시안박물관

현종의 음악을 통한 문명화

『명황잡록明皇雜錄』이란 책에 의하면 현종은 중국 변방에서 조공으로 바친 말들이 춤을 출 수 있게 훈련했다고 한다. 그는 화려한 무늬를 수놓은 옷을 말들에게 입히고, 금과 은으로 고삐를 만들고, 갈기를 구슬과 옥으로 치장하게 하고 〈경배락〉이란 음악에 맞추어 춤을 추게 했다고 한다. 동물들을 춤추게 한 것은 현종이 처음이 아니다. 전국시대와 한대 텍스트들에서 동물들을 춤추게 한 수많은 예를 찾아볼 수 있다. 그 한 예로 『사기』에 의하면 진평공(재위 기원전 557년~기원전 532년)의 궁정악사인 사광師曠의 금 연주에 검은 학 16마리가 내려와 날개를 펴고 춤을 추었다고 한다. 음악에 맞춰 동물들이 춤을 춘 사실이 의미하는 것은 무엇인가? 음악을 통해 야생을 문명화했다는 것이다. 현종은 서역으로부터 들여온 야생마에 중국의 옷을 입히고 중국의 음악에 맞춰 춤추게 했다. 이것 또한 말이 생산된 지역에 대한 문명화를 의미한다. 교화의 힘이 동물에까지 미쳤다는 것이다.

 그림 속에 갇힌 송골매

우리에게 잘 알려진 당나라 시인 두보杜甫, 712~770의 〈화응畫鷹〉이란 제목의 시 한 수를 살펴보려고 한다. 이 시는 어떤 한 화가가 그린 송골매 그림을 송찬하기 위해 쓴 제화시다. 당시 시인들은 말이나 송골매 같은 동물의 그림을 송찬하는 제화시를 많이 지었다. 우리는 두보의 시를 읽으면서 송골매 그림과 현종의 애마 조야백이 가진 공통점을 발견하게 된다.

> 새하얀 깁에서는 바람과 서리 일고
> 푸른 송골매. 화공의 작품. 빼어나다.
> 몸을 도사리고 교활한 토끼를 탐한다.
> 비스듬히 노려보는 눈길, 시름에 잠긴 오랑캐 같다.
> 끈 달린 가리틀에서 발하는 빛은 발톱을 꽉 죄고
> 처마 기둥에 매달려 부르면 언제든지 튀어나올 기세다.
> 언제쯤이면 뭇 새들을 공격해
> 깃털과 피를 들판에 흩날릴 수 있을까?²

² 素練風霜起, 蒼鷹畫作殊. 攫身思狡兎, 側目似愁胡. 縧鏇光堪摘, 軒楹勢可呼. 何當擊凡鳥, 毛血灑平蕪.

명대 궁정화가
여기呂紀, 1500년경 활동
〈잔하응로도殘荷鷹鷺圖〉,
족자, 비단에 담채,
190×105.2cm,
베이징 고궁박물원

당나라

두보가 이 시를 언제 어디에서 지었는지는 확실하지 않다. 때문에 이 시를 여러 각도에서 바라볼 수 있다. 이 시를 해석하는 데 있어 크게 두 가지 점에 주목한다. 첫째, 이 시에서 두보는 송골매를 어떻게 바라보고 있는가? 그에게 송골매는 어떤 의미가 있는가? 둘째는 두보가 이 시를 언제 지었는가의 문제다. 첫 번째 질문에서 우리는 그에게 비쳤을 송골매의 이미지를 크게 두 가지로 나눠 볼 수 있다. 첫째는 위에서 살펴본 현종의 서역 말 조야백과 마찬가지로 송골매를 중국이 아닌 이민족을 상징하는 것과 둘째로 송골매를 당시 당 제국을 상징하는 것으로 보는 것이다.

두보가 이 시를 언제 지었는가? 이 문제 또한 이 시를 이해하는 데 매우 중요하다. 두보의 시는 755년에 일어난 안녹산의 난을 전후로 크게 달라진다. 안녹산의 난이 중국을 뒤흔들면서 두보의 '중국'에 대한 인식은 달라지기 시작했다. 이후로 그는 이전과는 달리 시 속에서 자신과 자기 것에 대한 강한 애착을 보이기 시작했다. 자, 그럼 먼저 두보가 이 시를 안녹산의 난 이전 즉, 한창 정치적 포부의 열망으로 가득 찼던 젊은 시절에 지었다고 가정해 보자. 두보는 전통적인 유교 교육을 받은 철저한 유교주의자였다. 젊은 시절 그는 자신이 공부한 것을 나라를 위해 이바지하고 싶어 했다. 이것은 그에게 일생의 화두였다. 당시 당나라는 중국 역사상 가장 강대했고, 그 문화의 위력을 찬란하게 발하고 있었다. 중국의 엘리트들이 꿈꾸던 가장 이상적인 시대였다. 그들은 이러한 이상적 시대에 관리로 등용되어 나라를 위해 봉사하기를 갈구했다. 당시 중국은 시를 통해 인재를 등용했다. 시는 자신을 다른 사람에게 알릴 수 있고, 또한 다른 사람이 나를 이해할 수 있는 소통의 중요한 수단이었다.

이제 그림에 시선을 옮겨서 송골매에 눈을 맞추자. 송골매는 용맹스럽고 날쌔며 매우 유동적인 동물이다. 무용武勇의 상징이다.

화공은 이 새를 매우 생동감 있게 그려냈다. 너무나도 박진하게 그렸기에 송골매가 당장에라도 그림 속에서 뛰쳐나올 것만 같다. 당시 매는 조공의 형식을 통해 동북쪽에서부터 중국으로 유입됐다. 두보가 송골매를 '오랑캐'와 연결해 놓고 있듯이 이 새는 중국의 동북쪽 즉, 초원을 달리며 용맹을 떨치는 '오랑캐'를 상징한다. 이 새는 한 화가의 손에 의해 움직이지 않는 표면에 진압되어 있다. 그림 속에 갇혀 있다. 두보는 이 그림에서 당시 중국의 위상을 본 것이다. 그림 속에 있는 송골매는 동물원 철장 속에 갇혀 있는 맹수 같은 신세가 되었다. "언제쯤이면 뭇 새들을 공격하여 깃털과 피를 들판에 흩날릴 수 있을까?" 시인의 대답은 "아니오"일 것이다. 송골매는 결코 그림 속에서 빠져나올 수 없다.

　만약 두보가 이 시를 안녹산의 난 이후에 지었다고 가정하면 어떨까. 이제 송골매는 당나라 자체를 상징한다. 그렇게도 위세를 떨치던 당 제국은 안녹산의 난 이후 너무나도 힘없이 무너지기 시작했다. 당시 중국의 엘리트들은 그들의 '세계'를 다르게 바라보게 되었다. 두보는 이 송골매의 그림을 보면서 당시 '중국'의 이미지를 머릿속에 떠올렸을 것이다. 이전에는 송골매와 같이 위력을 떨쳤지만 이제는 그림 속의 송골매와 같은 신세가 된 것이다. 화공이 아무리 빼어나게 송골매의 위용을 표현했다고 해도 이것은 살아 있는 송골매가 아니다. 환상인 것이다. 그림 속에 갇혀 있는 당 제국의 모습인 셈이다.

여윈 말 그림

조금은 지루하겠지만 다시 말 그림으로 화두를 넘겨, 고대 중국의 지식인들이 말을 어떻게 인식했는지 살펴볼까 한다. 〈준골도〉란 유명한 말 그림을 그린 공개龔開, 1222~1307는 남송(1127~1279)이 몽골에 멸망하고 이민족 치하로 들어간 원대(1271~1368)를 살면서 이미 사라진 남송에 대한 충절로 지극했던 유민遺民화가였다. 남송 때 낮은 관직에 있었던 그는 원이 중국을 지배한 후에는 이따금 서화를 팔아 연명해야 했던 배고픈 선비였다. 현존하는 공개의 작품은 〈준골도〉와 〈중산출유도〉 등 2점이다.

〈준골도〉는 예로부터 혹사당하면서도 기품을 잃지 않는 동물로 알려진 말의 이미지를 취해 심각한 역경에 처한 한족 유민을 표현한 작품이다. 공개와 같은 시대를 살았던 주밀周密에 의하면 매우 가난했던 공개는 그림을 그릴 책상조차 없어 그의 집 마룻바닥에서 아들을 무릎 꿇게 하고 그의 등 위에 종이를 펼쳐 놓고 그림을 그렸다고 한다. 이 〈준골도〉 또한 이러한 열악한 환경에서 탄생한 작품이었을 것이다. 공개에게 말은 고귀한 성품을 지닌 선비를 표상한다고 볼 수 있다. 특히 고삐에 매여 자유가 억압된 말의 모습은 어떠한 난관에도 굴하지 않는 선비의 강인한 정신의 면모를 비유적으로 나타낸다. 〈준골도〉에서 공개가 던지는 메시지는 보다 구체적이다. 한때 원기 왕성했겠으나 지금은 오랫동안 굶주린 탓에 너무나 여위어 이젠 뼈만 앙상하게 남은 말. 고개를 떨어뜨리어 처량해 보이지만 그래도 여전히 당당한 모습을 견지하고 있다. 공개에게 있어 이 말은 이민족 몽골의 치하에 살아남은, 사라진 남송에 대한 충절이 지극한 유민의 모습이다.

공개는 말 그림, 특히 여윈 말 그림을 즐겨 그렸다. 다음의 글은 공개가 〈수마도瘦馬圖〉란 그림에 써 넣은 것이다. 이 글을 통해 공개가 여윈 말 그림을

공개, 〈준골도〉, 두루마리, 종이에 수묵, 30×57cm, 오사카 시립미술관

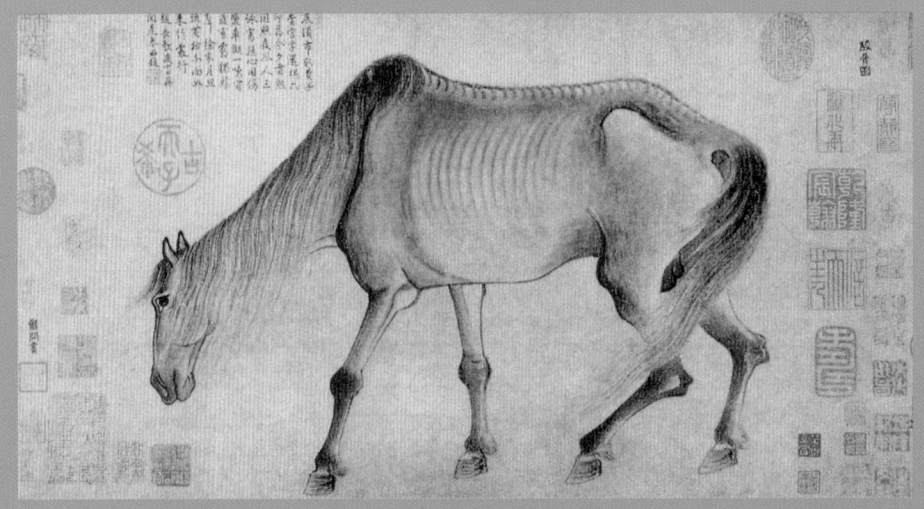

그린 의도를 엿볼 수 있다.

구름과 안개가 천관에 내려온 뒤로
이전 왕조의 열두 곳 황실 마구간은 비어 있다.
오늘날 누가 준골을 불쌍히 여길 것인가?
저녁노을 모래 언덕 위에 드리우는 그림자가 산과 같다.

경전에 이르기를 '말의 갈비뼈는 가는 것을 귀하게 여긴다. 그러나 보통 말은 10여 개의 갈빗대가 있을 뿐이다. 이것을 초과하면 준족에 속하게 된다. 천리마만이 15개의 갈빗대를 갖고 있다. 가령 살점 속에 뼈가 있다면 어찌 15개의 갈빗대가 밖으로 드러날 수 있겠는가? 밖으로 드러나 보이려면 마르지 않고는 불가능한 일이다. 그러므로 이러한 모양을 이루어 천리마가 다른 말과 다름을 보여주려는 것이다.³

'천관天關'은 하늘의 문, 지세가 험준한 관문, 궁궐, 북극성 등의 뜻을 지니고 있다. 이 가운데 궁궐은 왕이 있는 곳이고 북극성은 왕을 상징하는 별이다. 구름과 안개는 무언가 좋은 것을 가리는 부정적인 이미지를 갖고 있다. 공개에게 있어 '구름과 안개가 천관에 내려온 뒤로'는 '이민족 몽골이 중국을 지배한 뒤로'를 뜻한다고 볼 수 있다.

---

³ 一從雲霧降天關, 空盡先朝十二閑. 今日有誰憐駿骨, 夕陽沙岸影如山. 經言:"馬肋貴細, 而凡馬僅十許肋, 過此則駿足, 惟千里馬多至十有五肋." 假令肉中有骨, 鉅能令十五肋畢現于外. 現于外非瘦不可. 因成此相, 以表千里之異.

공개의 종규 그림

현존하는 또 하나의 공개 작품인 〈중산출유도〉는 8세기 당 현종의 꿈에 나타났다는 종규鍾馗를 주제로 다루고 있다. 이 그림은 누이와 함께 귀신 사냥을 나가는 종규를 묘사하고 있다. 중국인들이 갖는 종규의 이미지는 그가 귀신을 쫓는 힘을 갖고 있다는 것이다. 그래서 종규 그림은 중국인들에게 악귀를 쫓아 가정을 재앙으로부터 보호해 주는 부적 구실을 한다. 원나라 정부에 대한 강한 저항 의식이 있던 공개가 이 그림을 그린 이유는 간단하다. '악귀'인 이방인 몽골을 중국 땅에서 몰아내 줄 강력한 힘에 대한 갈망을 표출한 것이다.

공개, 〈중산출유도〉, 두루마리 부분, 종이에 수묵, 32.8×169.5cm, 워싱턴 프리어미술관

조맹부의 말 그림

조맹부趙孟頫, 1254~1322는 송 왕실의 후예다. 그는 항저우의 좋은 교육 환경에서 유교를 공부했고, 남송 정부에서 말단 관직을 지냈다. 남송이 이민족 몽골에 의해 무너지자 관직에서 물러나 그의 고향인 우싱吳興으로 돌아와 시와 그림을 벗 삼아 은거했다. 이 시기에 그는 송에 대한 충절을 견지하던 유명한 문인화가 전선錢選, 대략 1235~1307 이전과 교류하고 그로부터 그림을 배웠다.

대학자이며 서예가이자 화가인 조맹부는 몽골인들이 항저우를 함락한 후 10여 년간 원의 정부에 들어오도록 가했던 유혹과 압력을 견뎌 냈다. 하지만 결국 그는 굴복한다. 쿠빌라이는 1286년에 강남의 한족 지식인들을 회유하기 위한 노력의 하나로 남쪽의 뛰어난 한족 학자들을 등용하고자 그 지역 출신의 관리를 파견했다. 조맹부는 쿠빌라이의 제의를 받아들여 베이징으로 가기로 결정한 24명의 지식인 가운데 한 사람이었다. 그의 결정이 알려지자 대부분의 그의 친구들과 황족들은 그에게 등을 돌렸다.

조맹부는 쿠빌라이 칸의 정부에서 고관의 자리에 올랐다. 그의 막대한 영향력은 몽골 침략의 '효과'를 완화하는 데 도움이 되었지만 그는 결코 이민족 몽골에 굴복한 것에 대한 수치심을 지울 수 없었고, 그의 친구와 친척들은 그가 이민족 정부에 협력한 사실을 결코 용서하지 않았다. 조맹부는 자신이 선택한 길에 대한 고뇌와 이민족 몽골에 대한 무언의 항거를 그림을 통해 예술적으로 표현했다.

조맹부가 1296년에 그린 〈인기도人騎圖〉는 관모를 쓰고 붉은 관복을 입고 말을 탄 한 남자의 모습을 묘사하고 있다. 조맹부는 표구를 한 부분에 다음과 같은 짧은 제발을 써넣었다.

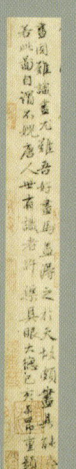

나는 어린 시절부터 말 그리기를 좋아했다. 근래에 한간의 진품 두루마리 그림 석 점을 볼 기회가 있었는데, 이제야 그가 뜻한 바를 이해하게 되었다.[4]

조맹부는 3년 뒤인 1299년에 이 그림에다 또 하나의 제발을 써넣었다.

그림을 그리기도 어렵지만 그림을 이해하기는 더욱 어렵다. 내가 말을 그리는 걸 좋아하는 까닭은 말 그림에 재주가 있어 아주 능숙하게 그려낼 수 있기 때문이다. 나는 이 그림이 당나라 인들의 것보다 부끄럽지 않다고 자부한다. 이 그림을 알아줄 심미안을 가진 이가 이 세상에 분명 있을 것이다.[5]

어떤 이는 이 그림에서 말을 탄 사람은 조맹부로 자신의 모습을 그린 것이라고 주장한다. 그 또한 당시 높은 관직에 있었고, 그림에 묘사된 고관의 모습이 후대에 알려진 조맹부의 초상화의 그것과 유사하다는 것이다. 조맹부는 어떤 특정한 사람에게 선물하기 위해서가 아니라 단순히 자신만의 즐거움을 위해 이 그림을 그렸다고 한다. 이 그림은 말과 말 주인 사이의 이상적인 관계를 보여준다. 고대 중국의 지식인들은 곧잘 자신을 천리마에 비유했다. 천리마를 알아볼 줄 아는 감식안을 지닌 진정한 주인─군주─이 나타나 자신의 출중한 능력과 인품을 알아보고 등용해 줄 것을 갈

조맹부, 〈인기도〉, 1296, 두루마리, 종이에 채색, 30×52cm, 베이징 고궁박물원

구했다. 조맹부가 당나라의 한간을 의식한 것 또한 이러한 맥락에서 이해된다. 조맹부는 중국이 찬란한 문화를 꽃피웠던 강력한 제국이던 당나라와 같이 한족이 다스리는 나라에서 자신의 능력을 마음껏 발휘하고 싶었다. 그러나 지금 조맹부가 처한 상황은 그렇지 못하다. 두 번째 그림 〈인마도人馬圖〉에서 조맹부는 이민족 정부에서 어쩔 수 없이 봉사해야 했던 자신의 모습을 보여준다. 이 그림에서 우리는 세찬 바람 앞에 선 말과 마부를 만나게 된다. 공개의 그림에서 우리는 이상적인 시대의 참된 군주를 만나지 못해 고뇌하고 고통받는 한족 지식인의 모습을 여윈 말을 통해 읽을 수 있었다. 조맹부의 그림에서는 거센 바람 앞에선 말이 그것을 대신한다.

우리는 공개와 조맹부의 말 그림을 통해 이민족이 중국을 통치하던 원대의 한족 지식인들의 고뇌를 읽을 수 있었다. 이미 지나간 시간을 돌이키길 갈망했던 원대의 지식인들에게 있어 말 그림은 이전 시대의 정신을 담았고, 중국 문화가 파괴되는 현재의 시대 상황과는 대조적인 과거의 찬란한 시대의 향수를 표현했다. 이민족 지배하에 있던 한족 문인들은 이러한 복고풍의 그림이 과거에 대한 갈망과 현재에 대한 불만을 표현하는 길이라고 보았던 것이다.

---

4 吾自小年便愛畫馬, 爾來得韓幹眞蹟三卷, 乃始得其意云.
5 畵固難, 識畵尤難. 吾好畵馬, 蓋得之于天, 故頗能盡其能事, 若此圖, 自謂不愧唐人. 也有識者, 許褧具眼.

조맹부, 〈인마도〉, 화첩 한 잎,
종이에 수묵, 22.7×49cm, 타이베이 고궁박물원

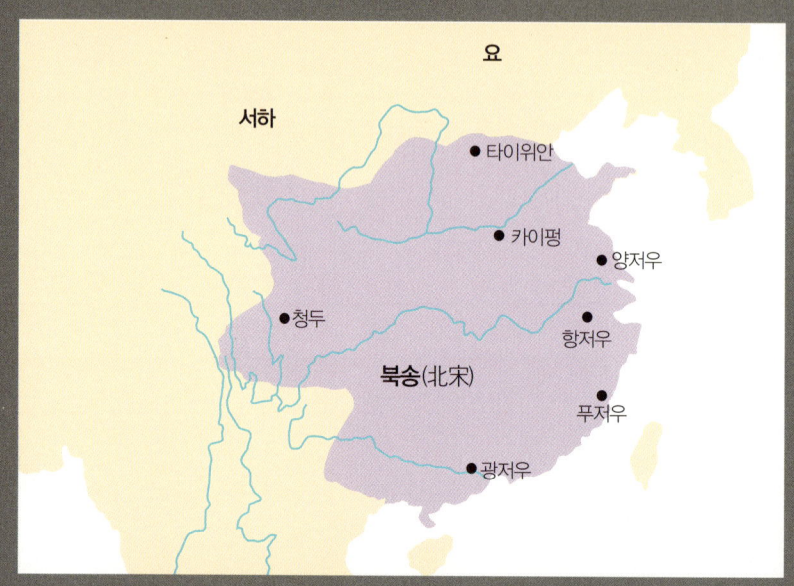

960년   조광윤, 국호를 송(북송)으로 하고 카이펑에 도읍. 북송 왕조 수립.
972년   과거에서 최초로 전시 시행.
983년   『태평어람』 완성.
1000년경 범관, 〈계산행려도〉 완성.
1004년   송, 거란과 화친 – 전연의 맹. 징더전景德鎭, 어용 자기 생산.
1005년   송, 거란에 조공(은 10만 냥, 비단 20만 필).
1020년경 새로운 볍씨의 도입으로 이모작이 가능.
1023년   최초의 지폐 발행.
1048년   활자 인쇄술 발명.
1060년   구양수, 『신당서』 완성.
1066년   거란, 국호를 요로 개칭.

북송

북송의 기념비적 산수화

역사 스케치

지속적인 내란으로 907년에 당나라가 붕괴하고 중국은 다시 분열의 시대로 접어들었다. 중국 북부는 단명으로 끝난 5개의 왕조가 주로 카이펑開封을 중심으로 흥망을 되풀이했고, 중국의 중부와 남부 지역은 당나라 말 절도사들의 후예들이 10개의 독립정부를 세웠다. 역사가들이 오대五代(907~960)라 일컫는 이 시기는 군벌들이 중국을 무력으로 통치함에 따라 3백 년간 지속했던 유교적 사회질서는 붕괴하였다.

    오대의 혼란기를 거치면서 문벌귀족이 몰락했다. 중국을 재통일한 송나라(960~1276)는 왕권을 강화하고자 과거제를 통해 유학의 소양을 갖춘 엘리트들을 관리로 선발했다. 이들은 사대부라는 새로운 지식층을 형성했다. 과거제는 유교의 부흥을 가져왔다. 문치를 중시한 송나라는 유학자들에게는 이상적인 국가였다.

송나라는 엄청난 경제적 번영을 누렸다. 10세기에 지금의 베트남 남부 지역인 참파로부터 수입한 조생종 볍씨는 이모작을 가능케 하여 농업 생산력의 비약적 발전을 가져왔다. 농산물의 잉여 생산은 작물의 상품화와 지역적 특산화로 이어졌다. 시장 경제의 시대로 진입한 것이다. 벼농사의 번창은 또한 인구의 증가와 쌀 생산의 중심지인 양쯔강 하류로의 인구 이동을 가속화해 강남은 문화와 경제의 중심이 되었다.

농업의 발달과 함께 상공업에 대한 정부의 규제와 간섭의 완화, 그리고 육로와 운하를 통한 전국적 규모의 유통망의 형성으로 상업이 발달하고, 운하 교통망을 중심으로 대도시가 발전했다. 대외무역 또한 활발했다. 비단의 대체상품으로 부상한 도자기와 원거리 항해를 가능케 한 선박의 제조는 해상무역의 번영을 촉진했다. 대형 선박을 이용해 고려와 일본 및 아랍과 동남아 각국과의 교역이 활발하게 전개됐다. 상업과 도시의 발달은 또한 화폐 경제의 발달을 가져왔다. 통화량의 엄청난 증대로 세계 최초로 지폐와 어음이 유통되기 시작했다. 경제적 여유와 함께 야간통행금지의 해제는 대도시를 중심으로 다양한 서민 문화를 꽃피게 했다.

그러나 송나라는 경제와 문화의 번영에 비해 군사적으로는 너무나 나약했다. 북방의 유목민족인 거란이 건국한 요(916~1125), 탕구트족의 서하(1038~1227), 그리고 요를 대신하여 등장한 여진족의 금(1115~1234)은 송나라에 위협적인 존재였다. 송나라는 이들과 화평의 대가로 엄청난 재정적인 지출을 감수해야 했다. 1127년에 금나라가 카이펑開封(지금의 카이펑)을 점령했다. 이로써 카이펑에 도읍을 정했던 송나라의 시대는 마감하게 되었다. 금나라에 잡혀 간 송나라 황제의 동생인 조구趙構가 금나라의 추격을 피해 강남으로 남하하여 린안臨安(지금의 항저우杭州)에 수도를 정하고 송나라의 혈통을 이었다. 역사는 이를 남송(1127~1279)이라 하고, 그 이전을 북송(960~1127)이라 부른다. 우리가 이 장에서 살펴볼 기념비적 산수화는 10세기 중반에서 11세기 후반까지 대략 100년 동안 성행했다. 북송이 중국을 다스리던 시기이다.

대안적 세계의 발견

일찍이 공자는 "지혜로운 사람은 물을 좋아하고, 어진 사람은 산을 좋아한다"[1]라고 말했다. 지혜롭고 어진 사람이 산과 물을 좋아하는 이유는 무엇일까? 종병宗炳, 375~443은 최초의 산수화론이라 할 수 있는 〈화산수서畵山水序〉란 글에서 '산수는 구체적인 형상으로 도를 아름답게 꾸며 주고 어진 사람은 이것을 즐기니 이 또한 이상적인 경지에 가깝지 않겠는가?'[2]라고 말했다. 그에 따르면 지혜롭고 어진 사람이 산수를 좋아하는 것은 산수가 형상을 통해 도를 구현하고 있다고 보기 때문이다. 도의 본질을 형상화한 산수는 도의 깨달음에 이르기 위한 심미적 대상인 것이다.

9세기 말과 10세기 초반에 이르는 당나라 말에 전란의 소용돌이를 피해 산에 은거했던 문인들은 자연에서 인간 세상에 부재한 질서의 존재를 발견했다. 그들은 장대하고 질서 있는 우주 속에 인간이 조화롭게 존재하는 모습을 산수화를 통해 상징적으로 그려냄으로써 정신적 위안을 삼았다. 오대와 그 뒤를 이은 북송의 화가들은 자연의 이상화된 이미지에 지대한 관심을 보였다. 그들은 주변 세계를 긍지를 갖고 바라보았다. 그들에게 자연은 음양의 결합을 통한 질서와 조화의 존재를 발견할 수 있는 이상적인 세계였다. 자연은 현실과는 다른 대안적인 세계였던 것이다. 그들은 자연을 '크게' 이해했다. 그리고 큰 화폭 – 주로 족자 – 에다 자연을 웅장하게 표현했다. 이러한 산수화를 미술 비평가들은 '기념비적 산수화'라고 일컫는다.

[1] 知者樂水, 仁者樂山.
[2] 山水以形媚道, 而仁者樂, 不亦幾乎.

형호의 세계 읽기

기념비적 산수화에 관해 처음으로 체계적인 이론을 확립한 사람은 10세기에 활동한 형호荊浩, 대략 870~930다. 그에 의하면 기념비적 산수화를 그리는 화가는 '사물의 형상을 마음으로 헤아려 그 본질을 파악한다.'[3] 우주 만물이 생성하고 변화하는 모습을 관찰하여 그 대상에 내재해 있는 보편적인 진리를 탐구한다는 것이다. 여기서 말하는 사물의 형상 즉, '象'은 『주역』의 중요한 개념이다. '상'은 하늘의 간접적인 의사 표명인 징조로 해석될 수 있다. 사물의 모습을 관찰함으로써 하늘의 마음을 파악할 수 있다. 그래서 자연을 관찰하고 체득한 것을 그림으로 표현하는 것은 단순히 자연의 모습을 재현하기보다는 우주 자연의 본질을 구현하는 것이다. 그림을 통해 사물의 참된 본질을 재현하는 화가의 행위는 바로 고대 중국의 텍스트들에서 말하는 성인이 자연을 관찰하고 자연의 물상을 팔괘라는 상징부호로 기호화하여 이를 토대로 우주 만상을 해석하는 문화적 행위와 같은 것이다.

　　기념비적 산수화가 세상에 모습을 드러냈을 때 신유학이 당시 중국인들의 의식을 지배하고 있었다. 유교에서 추구하는 이상적인 인간상은 '내성외왕內聖外王'을 향한 자기 수양을 통해 이루어진다. 안으로 자신의 인격을 함양하고 이를 토대로 밖으로는 백성을 교화시켜 이 세상을 평화롭게 다스리는 것이다. 그래서 유학을 '수기치인修己治人(자신을 수양하여 다른 사람을 다스린다)'의 학문이라 한다. 자기 수양의 중요한 한 방편으로 신유학은 '격물치지格物致知'를 제시한다. 즉, 사물을 관찰해 그것에 내재한 이치를 파악하고 이를 통해 궁극적으로 우주 만물을 운행하는 주체인 도의 실체를 파악할 수 있다는 것이다. 이것은 유교에서 내세우는 이상적인 인간상인 군자가 되기 위한 자기 수양의 관건이다. 이러한 인격 도야의 궁극적인 목적은 천하 통치에 참여하는 선비로서의 책무를

[3] 度物象而取其眞.

담당할 만한 역량을 키우는 데 있다. 세계에 대한 이해를 예술적으로 표현함으로써 자기 수양을 통해 쌓은 자신의 정치적 역량의 깊이가 어느 정도인지를 남에게 드러내 보여줄 수 있었다.

범관의 세계 질서 재현

형호의 생각을 그림으로 잘 표현해낸 사람은 북송 산수화의 거장인 범관대략 1023~1031 활동이다. 범관은 도교에 심취해 벼슬을 하지 않고 자연에 은거해 술을 즐기며 세속에 구애받지 않는 자유로운 삶을 살았다. 그는 진정한 은둔자였다. 본명은 중정中正이다. 성격이 소탈하고 도량이 '넓어寬' 주위 사람들은 그를 범관范寬이라 불렀다고 한다. 현존하는 유일한 작품인 〈계산행려도溪山行旅圖〉는 중국인들이 자랑하는 세계적인 걸작으로 보기 드물게 확실히 화가가 밝혀진 북송 때 작품이다. 이 그림은 두 폭의 비단을 연결해 현재 하나의 족자로 표구되어 있다. 본래는 커다란 병풍으로 표구되어 있었거나 벽에 걸렸던 것으로 추정된다.

범관은 처음에는 형호와 이성李成, 919~967의 그림을 배웠으나 후에 자연을 스승으로 삼아 타이허산太和山과 중난산終南山에 거처하면서 온종일 높은 절벽 위에 앉아 있거나 어떤 때는 추운 겨울날, 달 아래 얼어붙은 산을 헤매며 산의 '골격'을 이해하려 노력했다. 그는 산천을 누비며 사물을 관조하고 그 속에 있는 본질을 파악해 그것을 그림을 통해 예술적으로 표현했다.

중국의 산수화에서 산은 물 없이는 존재하지 않는다. 이 둘은 항상 공존한다. '지리地理'란 말이 있다. '땅의 결'을 뜻한다. 대지를 인체에 비유한다면 산은 땅의 뼈대이고 물은 핏줄이라 할 수 있다. 높은 산은 양을 표상하고 그 아래 낮게 흐르는 물은 음을 상징한다. 음양의 결합으로 자연은 영원한 주기석 순환에 놓이게

범관, 〈계산행려도〉, 족자,
비단에 수묵, 206.3×103.3cm,
타이베이 고궁박물원

1. 깎아지른 듯한 절벽에서 떨어지는 두 갈래 폭포 물줄기가 만들어 내는 우렁찬 소리가 산의 정적을 깬다.
2. 물은 음을 상징한다. 산 아래 낮게 흐르는 물은 폭포수의 소리와 함께 정적인 산을 동적으로 만든다. 절벽에서 떨어진 폭포수가 앞에 놓인 작은 바위 언덕에 막혀 두 갈래로 나뉘어 흐르다가 모퉁이를 돌아 다시 한 줄기로 합쳐진다. 음과 양은 상호 의존적이다. 그림을 압도하는 큰 산과 그 사이를 흐르는 물은 상호 보완적인 관계에 있다. 상반된 성질의 산과 물은 완전함을 기하고자 서로를 필요로 한다.
3. 바위산의 귀퉁이에 사원이 모습을 드러내고 있다.
4. 바위투성이인 산의 돌출부를 덮은 숲으로부터 짐을 실은 나귀 행렬이 모습을 드러낸다. 대자연 속 인간의 모습이다.

범관, 〈계산행려도〉 부분

북송

83

된다. 산에서 자라는 초목과 꽃들은 산과 물의 결합을 통해 생겨 난다. 생명이 유한한 초목과 꽃들은 자연의 영원한 순환의 틀 속 에서 '삶→죽음→재생'의 과정을 주기적으로 되풀이한다. 범관 은 이처럼 이상화된 세계의 모습을 〈계산행려도〉에서 예술적으로 재창조했다. 상호 보완적인 음양의 조화로운 결합을 통해 질서가 존재하는 세계를 그림을 통해 재현한 것이다.

유교적 위계질서의 세계

북송의 기념비적 산수화의 특징을 잘 보여주는 또 하나의 그림은 1072년에 북송 신종(재위 1067~1085)의 화원 화가 곽희郭熙, 대략 1010~1090가 그린 〈조춘도早春圖〉다. 범관의 〈계산행려도〉와 마찬가지로 그림의 중앙을 차지하는 큰 산은 보는 이의 시선을 압도한다. 곽희에 따르면 그림의 가운데 위치한 큰 산은 다음과 같은 상징성이 있다고 한다.

> 큰 산은 당당하게 뭇 산의 주인이 된다. 그러므로 주위에 산등성이와 언덕, 숲과 골짜기 등을 차례대로 분포시킴으로써 원근과 대소의 수령이 된다. 그 형상은 마치 천자가 빛나게 남쪽으로 향하고 모든 제후들이 조회하기에 분주하지만 조금도 천자가 거만하거나 제후가 배반하는 듯한 기세가 없는 것과 같다.[4]

이 글을 통해 우리는 곽희가 〈조춘도〉에서 유교적 위계질서의 세계를 표현하고 있음을 읽을 수 있다. 큰 산의 형상이 마치 천자가 남쪽을 향해 있고 모든 제후들이 조회하고 있는 것과 같다고 한 것은 바로 '남면南面(남쪽을 바라본다)'을 이르는 것이다. 고대 중국에서 왕은 북극성에 비유되었다. 북극성은 모든 별들의 중심이

[4] 大山堂堂爲衆山之主, 所以分布以次岡阜林壑爲遠近大小之宗主也. 其象若大君赫然當陽而百辟奔走朝會, 无偃蹇背却之勢也.

곽희, 〈조춘도〉, 1072년,
족자, 비단에 수묵채색,
158.3×108.1cm,
타이베이 고궁박물원

1. 나귀를 탄 한 선비가 두 명의 짐꾼들과 함께 산을 오르고 있다. 한 짐꾼은 나머지 두 사람에게 길을 재촉하는 것처럼 보인다.
2. 산수화에서 우리는 사원의 모습을 자주 대하게 된다. 도교적 관점에서 그림 속 사원은 파라다이스의 세계를 상징한다.
3. 어부가 노를 잡고 중앙의 큰 산을 바라보고 있다. 그는 지금 무슨 생각을 하는 것일까?
4. 외출에서 돌아온 한 가족이 집으로 향해 걸어가고 있다. 소리를 듣고 뛰어나온 개가 그들을 반긴다.

다. 하늘의 별들이 이 북극성을 중심으로 포진하고 있다. 그래서 북극성에 비유되는 왕은 항상 북쪽에 있으면서 남쪽을 바라본다. 이러한 공간 인식은 고대 중국의 도시 구도에도 적용되어 왕이 있는 궁궐은 성 안의 가장 북쪽에 위치한다.

　　〈조춘도〉의 중심축을 이루는 큰 산이 통치자에 비유되는 것은 이 그림에서 묘사하는 인물들로 입증된다. 이들은 사회계급 의식

을 반영한다. 그림의 아랫부분에 보이는 시골 사람들과 어부들은 사회의 토대를 이루는 구성원들을 표상한다. 그림의 왼쪽 아랫부분은 외출에서 돌아오는 가족과 그들을 맞이하는 개를 묘사하고 있고, 거대한 바위를 사이에 두고 그림의 반대편 아랫부분은 강가에 배를 대는 어부의 모습이 보인다.

시선을 좀 더 위로 옮기면 그림의 왼쪽 가장자리에서 큰 산 옆의 작은 산으로 난 길을 따라 산을 오르는 두 명의 여행자를 목격할 수 있다. 여기서 그림 가운데로 시선을 옮기면 중앙의 큰 산에서 나귀를 탄 한 선비가 두 명의 짐꾼과 함께 산을 오르는 광경을 포착할 수 있다. 아래에서부터 위로 올라갈수록 그림 속 인물들의 신분은 높아져 간다. 자연이라는 질서와 조화를 표상하는 공간에 신분에 따라 인물들을 차별적으로 배치함으로써 유교적 위계 질서의 세계를 표현하고 있다.

마화지, 〈모시도〉,
두루마리 부분, 종이에 수묵채색,
베이징 고궁박물원

이 그림은 남송의 마화지(馬和之, 1130~1170 활동)란 화가가 중국 최초의 시가집인 『시경』에 수록된 〈녹명〉이란 시를 도해한 것이다. 주나라의 천자가 연회를 베푸는 장면이다. 천자가 궁정의식을 거행하고 있는 이곳은 명당이다. 명당은 천자가 천문과 사계절의 변화를 살펴 월령을 반포하고, 천명을 부여받아 제후에게 분봉하는 곳이며, 신과 조상에게 제사를 지내고, 조회가 열리는 종교와 정치의 중심이며 상징적 우주의 중심이다. 명당 가운데 앉아 있는 왕을 중심으로 대신들과 제후들이 그 직위의 높고 낮음에 따라 원을 이루며 차별적으로 포진되어 있다.

봄의 이미지

곽희는 신종을 기쁘게 하려고 왕안석王安石, 1021~1086이 주도한 신법의 성공을 기리는 시각적 은유로써 〈조춘도〉를 그렸다. 이 그림은 역동적이며 조화로운 사회, 그리고 이상적인 위계질서의 존재를 묘사하고 있다. 화가는 따뜻한 봄 햇살 속에 만물이 생장하듯 정치적 통일체 즉, 국가가 통치자의 자애롭고 탁월한 경영으로 번영을 구가하고 있음을 그림으로 선언하고 있다. 그리고 감상자가 이 사실을 그림에서 읽어 내기를 기대했을 것이다. 또한, 이 그림은 상서로운 새해의 이미지로 읽힐 수 있다. 음양오행의 관점에서 본다면 봄은 겨울 동안 극에 달했던 음의 기운이 한풀 꺾이고 양의 기운이 서서히 일어나기 시작하는 때다. 봄은 새로운 생명을 탄생시키는 희망찬 계절이자 창조의 시간이다. 이 그림의 제목은 '조춘早春' 즉, 이른 봄이다. 곽희는 신종과 왕안석의 새로운 시대가 열림을 축하하려고 봄의 이미지를 끌어들여 이 그림을 그렸다고 볼 수 있겠다. 그런데 왜 봄인가? 고대 중국에서 봄의 햇살은 왕의 은택에 비유된다. 화가는 이러한 은유적인 의미를 그림으로 표현하고자 했다. 봄의 이미지를 왕의 은택과 연결하는 것은 고대 중국의 전통적인 문화관습이다. 우리는 당나라 시인 두보의 〈봄날 밤에 내리는 기쁜 비春夜喜雨〉를 통해 이러한 연관성을 읽을 수 있다.

> 좋은 비 시절을 알아
> 봄이 되니 곧 내리기 시작한다.
> 바람 따라 밤에 몰래 스며들어
> 소리 없이 촉촉이 만물을 적신다.
> 들판 길 구름 낮게 깔려 어둡고
> 강 위에 뜬 배의 불만이 밝다.
> 새벽녘 분홍빛 비에 젖은 곳 바라보니

금관성에 꽃들 활짝 피었네.[5]

두보는 이 시를 761년 봄 청두成都에서 지었다. 시인이 '좋은 비'라고 한 것은 이 비가 시의적절하게 내려 주었기 때문이다. 봄은 만물이 소생하는 계절이다. 겨울 동안 언 땅속에 갇혀 있던 만물이 무거운 흙을 박차고 싹을 터기 위해서는 촉촉이 내려주는 비가 필요하다. 그래서 고마운 비라는 것이다. 만물에 혜택을 주는 봄비는 거만하지도 않다. 바람 따라 밤에 몰래 스며들어 소리 없이 만물을 촉촉하게 적셔 준다. 백성에 대한 왕의 은혜로움도 이러한 봄비와 같은 것이다.

우리는 세 번째 연에서 이 세계에서 소외된 한 고독한 존재를 발견하게 된다. 이 시에서 시인은 두 개의 세계를 설정해 놓는다. 하나는 시인 자신이 속한 세계고 또 하나는 자신이 속해 있지 않은 세계다. 시인은 어둠이 깔린 밤 흐르는 강물 위에 배를 띄워 놓고 앉아 있다. 저 너머 강 언덕 들판은 시인이 속해 있지 않은 세계다. 시인은 이 세계에 속하지 못하고 강 위의 배 안 즉, 자신만의 세계에 고립되어 있다. 시인은 배 위에서 강 언덕을 바라본다. 그곳에는 지금 남몰래 스며든 봄비가 만물을 촉촉이 적시고 있다. 시인은 자신의 몸에 와 닿는 빗방울을 통해 그렇게 상상해 본다. 시인은 만물을 적시고 있을 봄비의 존재를 보려고 저 너머 강 언덕을 바라본다. 그러나 시인은 봄비를 볼 수 없다. 구름이 낮게 깔린 어두운 밤이 그의 시야를 가리고 있기 때문이다. 배 위 밝은 불빛은 시인 자신의 고립된 상황과 동시에 그의 출중한 능력과 임금에 대한 충절을 비유하고 있다. 이 불빛 또한 구름에 가려 강 언덕에서 볼 수 없다.

시인은 배 위에서 밤을 꼬박 새웠나 보다. 날이 밝자 밤새 비에 젖은 곳이 보이기 시작한다. 그곳은 온통 분홍빛으로 물들었

[5] 好雨知時節, 當春乃發生, 隨風潛入夜, 潤物細無聲, 野徑雲俱黑, 江船火獨明, 曉看紅濕處, 花重錦官城.

북송

작자 미상, 〈심산회기도〉, 10세기,
족자, 비단에 수묵채색,
106.5×54cm, 랴오닝성박물관

다. 밤에 내린 봄비의 은혜를 입어 만물이 꽃을 활짝 피운 것이다. 분홍빛 꽃이 만발한 곳은 금관성이다. 청두의 다른 이름이다. 중국은 역대로 여러 왕조에서 이곳을 도읍으로 삼았다. 그래서 금관성은 임금이 있는 곳을 상징한다. 이곳은 왕의 혜택을 받고 있다. 그리고 강 위에서 시인은 자신이 속하지 못한 저 너머의 세계를 바라보고 있다.

도교적 낙원의 세계

중국 랴오닝성 예마오타이葉茂台에 있는 요나라 귀족 여인의 무덤에서 10세기 중반 또는 그보다 조금 뒤의 시기에 제작된 것으로 추정되는 그림 〈깊은 산에서의 바둑 모임深山會棋圖〉이 발견되었다. 발굴 당시 이 그림은 무덤 벽에 걸려 있었다고 한다. 기념비적 산수화는 10세기 중반에서 11세기 후반까지 100여 년간 지속했다. 초기에 제작된 기념비적 산수화 중 현존 작품은 매우 드물다. 그래서 이 그림의 발견은 기념비적 산수화의 성격을 규명하는 데 매우 중요하다. 중국 미술 비평가들은 도교적 관점에서 이 그림을 해석해, 이 그림 속의 산은 실제적인 산이라기보다는 도교의 낙원을 재현한 것이라고 주장한다.

중국인들에게 산은 오래전부터 신선들이 사는 불사의 땅으로 여겨졌다. 아마도 최소한 한나라 때까지 중국인들은 산을 인간과 하늘의 세계를 연결하는 우주축으로 인식했다. 산은 또한 이 세계를 창조한 원초적 기의 정화가 강하게 응집되어 있는 공간으로, 신선을 지향하는 도인들이 신선과 신령들을 만나고, 불사를 위한 단약을 제조하는 데 필요한 식물과 광물을 채취할 수 있는 곳이다. 그들은 이곳에서 자신을 정화하려고 명상수련을 할 수 있으며 신선들이 사는 파라다이스로 통하는 입구를 발견할 수 있다. 중국

작자 미상, 15세기, 〈은거도〉,
족자, 종이에 수묵채색

인들은 이것을 '동천洞天'이라 일컫는다. 하늘로 통하는 동굴을 뜻하는 말이다. 동천이란 다른 세계로 통하는 관문에 대한 개념이 확대된 형태가 산에 있는 사원이다. 우리가 위에서 살펴본 〈조춘도〉에서도 사원의 존재를 발견할 수 있다. 도교 사원이다. 의미가 확대된 동천이라고 할 수 있다. 그림을 보면 두 명의 종복과 함께한 사람이 동천으로 보이는 동굴을 향해 걸어가고 있다. 동굴을 통과하면 큰 건물과 그 앞뜰에서 바둑을 두는 사람들의 모습이 보인다. 바둑은 신선들의 놀이다. 이곳이 도교적 낙원임을 말해 준다. 우리는 다른 그림들에서도 이와 유사한 구도를 찾아볼 수 있다. 그 한 예는 작자 미상의 명대 그림이다. 큰 소나무 사이로 동천으로 보이는 아치형의 거대한 바위와 그 너머로 신선들이 사는 무릉도원의 세계를 암시하는 듯한 웅장한 건축물들이 자리 잡고 있다. 그림의 왼쪽 아랫부분은 이상향의 세계로 향해 가는 두 명의 인물이 보인다. 한 사람이 다른 한 사람을 동천 너머 파라다이스의 세계로 인도하고 있는 것처럼 보인다. 동천을 통과하면 바둑을 두는 두 사람과 다른 한 사람이 그것을 지켜보는 테라스로 올라갈 수 있다. 그 뒤에는 궁전 같은 건물과 독특하게 생긴 높은 봉우리들이 놓여 있다. 이 모든 장면들은 요의 무덤에서 출토된 그림의 그것들과 밀접하게 대비된다. 우리는 이러한 대비를 통해 요의 무덤에서 출토된 그림이 도교의 낙원을 묘사하고 있음을 알 수 있다.

박산향로와 산수화

미술 비평가들은 〈심산회기도〉의 가운데를 차지하는 큰 산에도 주목한다. 그들의 해석에 따르면 이 그림은 도교에서 지향하는 낙원의 세계를 재현한 것이다. 고대 중국인들은 성스러운 산을 하늘과 땅을 연결하는 축으로 인식했다. 엘리아데Eliade에 의하면 세 개의 공간 즉, 천상 세계·지상 세계·지하 세계를 하나의 축으로 연결하는 우주축은 세계의 중심이다. 이러한 우주축이 있는 곳을 고대 중국인들은 낙원으로 여겼다. 〈심산회기도〉의 가운데에 있는 수직적 구도의 큰 산은 우주축을 상징한다.

'큰 산이 하늘과 땅을 연결하는 축'이라는 인식은 한대에 이르러 박산향로를 통해 시각적인 형태를 띠게 된다. 당시 중국인들은 이 세계가 기에 의해 창조되었으며, 성스러운 산은 기의 정화가 강하게 모인 공간으로 여겼다. 그래서 상대 청동기부터 한대의 철기에 이르기까지 고대 중국의 예술품을 장식하는 문양에 우주적 기를 상징하는 구름 문양이 많이 나타나는 것도 이 같은 믿음과 연관이 많다. 박산향로에 묘사된 산은 실제로 존재하는 산이 아니라 이 향로의 주인이 죽은 후 사후 세계에서 그의 영혼이 머무는 것으로 여겨지는 낙원이다. 박산향로는 파라다이스가 있는 우주축의 축소판이다. 박산향로를 통한 파라다이스의 재현은 이후 산수화가 탄생하는 데 길을 열어 주었다. 〈심산회기도〉의 큰 산과 한대에 유행한 박산향로가 유사한 구도를 하고 있다는 점이 매우 흥미롭다. 〈심산회기도〉와 박산향로가 파라다이스의 재현이란 맥락에서 같게 이해될 수 있다.

중국 허베이성 만청현滿城懸에 위치한 한무제의 이복형인 유승(기원전 113년 졸)의 무덤에서 출토된 박산향로, 청동기에 금 상감, 높이 26cm, 지름 15.5cm, 허베이성박물관

1. 금으로 상감한 파도 문양이 산의 아랫부분을 장식하고 있다. 이를 통해 이 박산향로에서 묘사하고 있는 산이 파도 치는 동해 위에 떠 있는, 당시 중국인들이 동쪽 유토피아로 여겼던 봉래산을 상징하고 있음을 알 수 있다. 박산향로는 죽은 자의 영혼을 신선이 사는 곳으로 무사히 인도하려는 의도에서 만들어졌다. 이 향로에는 신의 축복을 기원하고 죽은 자의 황천길이 험난하지 않도록 보살피고 도와 하루빨리 선계로 가서 영생을 얻기를 바라는 염원이 반영되어 있다.
2. 금으로 상감한 구름 문양이다. 구름은 우주를 창조한 기를 상징한다.
3. 이 박산향로에는 동천을 상징하는 여러 개의 구멍이 뚫려 있다. 여기에서 토해 내는 향 연기는 소용돌이치는 구름, 더 나아가 이 향로가 묘사하고 있는 성산에 응집해 있는 이 세계를 창조한 기를 상징한다고 볼 수 있다. 그래서 향을 피운 박산향로는 보는 이에게 우주의 기운에 둘러싸인 성산을 바라보는 듯한 상징적인 감동을 하게 한다.

1067년 신종 즉위.
1069년 왕안석 개혁 단행.
1084년 왕선, 〈연강첩장도〉 완성.
1085년 철종 즉위. 사마광이 재상이 되어 신법을 폐지하고 구법을 부활.
1100년 휘종 즉위.
1115년 여진, 아골타가 황제로 칭하고 금 건국.
1120년 금, 송에 요 협공 요청. 청계에서 농민 봉기-방랍의 난.
1122년 금의 군대 연경 함락.
1123년 송과 여진의 제1차 협정. 금, 연운 16주를 송나라에 반환.
1125년 금에 의해 요나라 멸망. 송의 휘종 퇴위하고 흠종 즉위.
1127년 금, 북송 도읍 카이펑 함락. 송 휘종과 흠종 납치-정강의 변. 북송 멸망.

북송 말

북송 말 평원 산수화

역사 스케치

태조(재위 960~976) 조광윤이 송나라를 건국한 지 100년 정도가 지났다. 그동안 송나라 정부는 중국 역사상 그 어떤 왕조보다도 유교적 이상에 들어맞는 정치를 펼쳤다. 유학을 지향하는 지식인들에게 송나라는 가장 이상적인 국가였으며 덕분에 이 시기의 중국은 찬란한 문화를 꽃피웠다. 하지만 일찌감치 몰락의 징후들이 보이기 시작했다. 문치주의를 표방한 만큼 아무래도 군사 방면에서는 열약할 수밖에 없었던 것이다. 역사의 아이러니다. 위협적인 북방 이민족들과 맞서 싸울 힘이 없었던 송나라는 매년 거액의 재물을 주는 조건으로 그들과 타협할 수밖에 없었다. 북송(960~1127) 후반기에는 이로 말미암은 막대한 재정적 피해가 누적되었고 이것이 대내적인 위협 요소가 되었다. 지식인들 사이에서는 점차 자성의 목소리가 높아졌다. 이제 문치주의는 자체 모순을 발견하고 이를 개혁해야 할 단계에 이른 것이다. 당시 지식인들은 이 위기를 타개할 방안을 세우기 시작했다.

1067년 약관의 나이에 왕위에 오른 신종(재위 1067~1085)은 2년 후 개혁적 성향을 지닌 왕안석王安石, 1021~1086을 중용해 부국강병을 위한 일련의 정치 개혁을 단행했다. 왕안석이 주도한 개혁의 궁극적 목적은 경제력을 바탕으로 국방력을 증강함으로써 요와 서하의 위협에 대처하자는 것이었다. 그러나 그의 신법, 이를테면 농민이 지주에게 예속되는 것을 막도록 낮은 금리로 융자해 주는 청묘법과 중소상인에게 낮은 금리로 융자해주는 시역법은 대상인의 이해관계를 위협했으며, 조세 부담의 균등화를 추구한 방전균세법은 대지주들의 이익을 노골적으로 침해하는 것이었다. 대상인과 대지주는 전통적인 수구 세력이며 그 사회의 기득권층이었다. 신법에 대한 기득권층의 반발이 거세지면서 정계는 왕안석을 주축으로 개혁을 추구하는 신법당과 사마광司馬光, 1019~1086과 소식蘇軾, 1037~1101을 중심으로 한 보수적인 구법당으로 갈라졌다. 특히 구법당은 개혁 세력이 주도하는 신법의 모순을 깊이 인식하고 그 모순을 최소화하여 점진적인 발전을 달성하려 했으며 기층 민중을 성장시키는 것이 부국강병의 요체라 주장했다. 구법당은 자신들의 이익을 저해하는 신법에 팽팽히 맞섰다. 왕안석의 신법을 둘러싼 당파 간의 반목은 깊어만 갔다. 이들 간의 격렬한 당쟁은 송나라를 몰락의 길로 내밀었다. 신법당과 구법당은 서로 반대파를 숙청하는 길을 모색하는 데 온 힘을 기울였다. 왕안석은 개혁에 반대하는 대다수의 관리를 관직에서 쫓아냈고, 상황이 역전되면 구법당이 같은 일을 되풀이했다.

이 장에서 살펴볼 평원 산수화는 바로 이 시기에 탄생했다. 반대파에 밀려 유배된 문인들은 자아표현의 방법이 필요했고 평원 산수화는 이들의 욕구를 충족시킨 예술적 표현수단이 되었다. 그렇다면 어떻게 평원 산수화가 이 같은 기능을 감당할 수 있었을까?

 왕선의 그림 〈연강첩장도〉

북송 정부가 왕안석의 개혁 정책을 둘러싸고 신랄한 정치 논쟁에 휘말렸던 11세기 후반, 화가들은 자연의 재현보다는 점차 자신의 감정을 표현하는 그림 작업에 눈을 돌렸다. 이 장에서는 당시 왕안석의 개혁에 반대 뜻을 견지했던 보수파의 핵심 인물이던 소식, 그리고 그와 교류했던 왕선王詵, 대략 1048~1103이란 문인이 그린 〈연강첩장도〉를 중심으로 이 시기 그림에 대한 문인들의 인식을 살펴볼 것이다.

먼저 그림의 세계에 빠져 보자. 이미 알고 있듯 두루마리는 오른쪽에서 왼쪽으로 펼쳐 가며 감상한다. 이 긴 두루마리의 오른쪽에는 두꺼운 안개가 강의 모습을 가리고 있고 왼쪽 끝 강 건너에는 안개가 걷힌, 몇 개의 봉우리로 이루어진 섬이 자리 잡고 있다. 제목 그대로 '연강첩장煙江疊嶂', 안개 낀 강과 겹겹이 쌓인 산을 그린 그림이다. 이 그림을 감상하다 보면 자연스럽게 안개 낀 강에서 강 건너 몇 개의 산봉우리가 있는 섬으로 눈길을 옮기게 된다.

오른쪽 끝 성긴 나무와 관목들이 자라는 두 개의 작은 언덕에서 그림 속 여행을 시작하자. 독자는 이 작은 언덕에서 배를 타고 여행하는 자신의 모습을 상상하며 이 그림을 감상해보라. 이 강 언덕과 강 건너 섬 사이, 짙은 안개에 싸인 넓은 강이 그림의 3분의 2 이상을 차지한다. 배를 타고 왼쪽으로 나아갈수록 안개는 점차 옅어지고 멀리 산이 형체를 드러낸다. 두터운 구름이 산을 수놓고 있다. 나뭇잎 색으로 보아 그림 속의 계절이 가을임을 알 수 있다.

그림의 오른쪽은 안개 낀 강 '연강'을, 왼쪽은 겹겹이 쌓인 산 '첩장'을 표현하고 있다. 우리의 시야를 가리는 짙은 안개는 몰이해에 대한 은유로 사용되있다. 안개가 걷히는 것은 깨달음의 상태

왕선, 〈연강첩장도〉, 1084, 두루마리, 비단에 수묵채색, 45.2×166cm, 상하이박물관

를 의미한다. 그림이 오른쪽의 '안개 낀 강'에서 왼쪽 '겹겹이 쌓인 산'으로 진행되는 것은 몰이해의 상태에서 깨달음의 상태로 변환되는 것을 시각적으로 표현한 것이다.

이 그림을 그린 왕선은 개국공신의 후예로, 왕족의 일원으로 인정받아 궁궐에서 자랐다고 한다. 1069년에 신종의 누이동생인 촉국공주1051~1080와 결혼해 황제의 매제가 되었으나 신종의 개혁 정책에 동조하지는 않았다고 한다. 왕선이 소식을 알게 된 것도 이 무렵이었다. 소식과 의기투합한 왕선은 이후 20년간 소식의 절친한 친구이자 든든한 후원자가 되었다.

왕선이 〈연강첩장도〉를 그린 것은 1084년 두 번째 유배지에서였다고 한다. 그런데 그가 왜 유배를 갔을까? 그 이유는 이렇다. 1080년 봄에 왕선의 아내 촉국공주가 병으로 죽었다. 몇 달 후 음력 5월에 신종은 공주를 간호했던 시녀로부터 왕선이 병상에 누워 있는 아내가 보는 앞에서 한 궁녀와 성관계를 가졌다는 말을 듣고

북송 말

격분해 왕선을 쥔저우_{均州}라는 곳으로 귀양을 보냈다고 한다.

11세기 후반 신종이 중국을 통치하던 시기 북송의 예술과 문화는 절정에 달했다. 뛰어난 학자들과 문인들이 북송의 수도인 카이펑에서 활발히 활동했다. 그러나 바로 이 시기에 수많은 북송 최고의 지성들이 왕안석의 실패한 개혁 정책과 뒤이은 당쟁에 휘말려 목숨을 잃었다. 신종이 죽은 지 20년이 채 되기 전 대부분의 인재가 세상을 떠났다. 그들 대다수가 유배지에서 생을 마감했으며, 북송의 대내외 상황 또한 걷잡을 수 없을 정도로 악화하였다. 아직 유배가 풀리지 않은 상황에서 왕선은 희망이 보이지 않는 암담한 현실과 절친한 친구들을 잃은 데 대한 비애를 그림으로 표현했다. 첫 번째 유배지였던 쥔저우의 아름다운 경관에 대한 기억이 예술적 영감으로 작용했으며 이 그림을 통해 두보가 쓴 〈가을날 기부에서 가슴속 생각을 노래하다〉란 시를 시각적으로 표현했다. 200행이나 되는 매우 긴 이 시에서 두보는 안녹산의 난 이후 무너

99

져 가는 조정과 빛을 잃어 가는 중국 문화에 애통해했다. 수도 창안은 티베트에 의해 유린당하는 수모마저 겪어야 했다. 그는 무능한 정부를 신랄하게 비판했다. 두보가 처했던 시대 상황과 당시 신법을 반대하는 무리의 처지는 비슷했다. 즉, 소식과 그의 친구들은 뛰어난 자질을 갖췄음에도 왕은 자신의 뜻을 받아주지 않았고, 외세에 의해 무너져 가는 조국의 모습을 보고서도 어찌지 못하고 자신을 한탄했던 두보에게서 자신들의 모습을 발견했던 것이다. 옛일을 통해 현재를 이야기할 수 있다. 고대 중국의 문인들이 자주 사용했던 현실 비판의 전형적인 방법이었다.

그림에 대한 새로운 인식

이제 이야기를 소식에게로 돌려보자. 온건하고 점진적인 개혁의 필요성을 역설했던 소식은 지방관을 역임하면서 급진적인 혁신이 가져온 민중들의 고통과 시행착오의 후유증을 직접 목격했다. 그는 여러 차례 비판적인 글을 통해 왕안석 신법의 폐단을 신랄하게 질책했다. 1079년 음력 7월, 소식은 시를 통해 개혁파의 정책을 비판했다는 이유로 투옥되었다. '문자로 현실을 풍자했고', '조정을 우롱했으며', '황제를 비난했고', '임금을 존중하지 않았으며 충절을 잃었다'라는 이유로 탄핵받은 것이다. '오대시안烏臺詩案'이란 사건이었다. 『자치통감』의 저술로 유명한 사마광을 비롯한 스물아홉 명의 문인이 소식의 시에 동조했다는 이유로 이 사건에 연루되었다.

  소식은 사형받을 위기에 처했으나 우여곡절 끝에 죽음을 면하고 그해 겨울 황저우黃州란 곳으로 유배되었고, 신법을 비판한 시가 포함된 시집을 편집하고 유포하는 데 재정적 지원을 한 왕선은 관직을 박탈당했다. 1085년 음력 3월, 신법을 지지하던 신종이 죽고 8세로 왕위에 오른 철종(재위 1086~1100)을 위해 그의 조모 고후가 수렴청정을 했다. 평소 개혁파에 비판적 생각을 가졌던 고후가 보수파들을 다시 조정으로 불러들임으로써 정국은 역전되었다. 정세가 바뀌어 보수파가 득세를 하자 1085년 겨울 왕선과 소식은 수도 카이펑으로 돌아올 수 있었다.

소식이 〈연강첩장도〉를 본 것은 왕선이 이 그림을 그린 지 4년 후인 1088년이었다. 그 해 음력 12월에 아우인 소철蘇轍, 1039~1112과 함께 왕정국王定國, 1048~1104 이후이란 친구를 찾아간 소식은 왕정국의 서재에서 〈연강첩장도〉를 접하였다. 왕선의 그림을 본 소식은 그의 그림에 열광했다고 한다. 왜? 소식은 왕선이 이 그림을 통해 두보의 시를 시각적으로 표현한 것에 놀랐던 것이다. 시를 시각화하여 표현한 것이 그렇게 대단하고 놀랄 만한 일인가? 그런 점에서 이 그림의 역사적 의의를 잠깐 살피자.

고대 중국 문인들은 전통적으로 시를 자신들의 사상과 감정을 표현하는 고상한 수단으로 여겼다. 11세기 후반부에 접어들면서 소식을 중심으로 그와 교류한 문인들은 그림이 시와 같은 기능을 갖고 있음을 인식하기 시작했다. 그림 또한 시와 마찬가지로 자신들의 마음을 표현할 수 있는 중요한 수단으로 여겨지게 된 것이었다. 시는 외부 세계에 내재한 본질을 파악해서 시인의 내면 세계를 통해 표출된다. 시와 마찬가지로 그림 또한 자신의 내면 세계를 외부 세계와의 융합으로 표현해 낼 수 있으며, 그림을 통해 나의 '세계 읽기'를 다른 이에게 보여줄 수도 있다. 이 시기에 와서 그림 또한 시나 서예와 마찬가지로 사회 명사들의 모임에서 세계를 읽어낼 수 있는 자신의 인격 도야의 수준과 정치적 역량을 남에게 드러낼 수 있는 매우 중요한 매개체로 인식하게 된 것이다. 한마디로 그림으로 자신의 마음을 표현할 수 있다는 것이다. 또한, 그림을 통해 감상자는 그린 이의 마음을 읽을 수도 있다. 이러한 인식을 토대로 이 시기 문인들은 의식적으로 그림을 그리기 시작했다. 문인화의 개념이 생긴 것 또한 이때부터였다. 왕선의 〈연강첩장도〉에 와서 산수화는 자연의 본질과 세계 질서의 존재를 읽고 재현하는 그림에서 화가의 감정을 표현하는 그림으로 변환하게 되었다. 이후 그의 그림은 문인들이 산수화를 자기 수양과 자아표현의 중요한 한 가지 수단으로 활용하는 데 선구적 역할을 하였다.

평원 산수화

왕선의 그림을 구도적 측면에서 훑어보자. 우리가 이제까지 살펴본 왕선의 〈연강첩장도〉는 11세기 후반에 유행했던 평원 구도의 산수화이다. 산수화의 구도에 관해 곽희는 자신이 쓴 『임천고치』란 책에서 다음과 같이 말하고 있다.

> 산을 그리는 데에는 삼원법이 있다. 산 아래에서 산마루를 쳐다보는 것을 고원이라 하고, 산 앞에서 산 뒤를 넘겨다보는 것을 심원이라 하며, 가까운 산에서 먼 산을 바라보는 것을 평원이라고 한다.[1]

앞서 살펴본 북송 전반기에 유행했던 기념비적 산수화는 고원 구도의 산수화다. 큰 산의 아래에서 그 산의 꼭대기를 우러러보는 것이다. 곽희가 그린 〈조춘도〉에서 산 아래에 도착한 어부가 고개 들어 큰 산을 경건하게 바라보고 있던 모습을 기억할 것이다. 고원 구도의 산수화는 큰 산의 울타리 속에서 그 큰 산을 우러러보는 것이다. 이에 비해 평원 구도의 산수화는 큰 산의 울타리 바깥 멀리서 큰 산을 같은 눈높이에서 바라보는 것이다. 큰 산은 보는 이가 속하지 않는 세계다. 이방인인 셈이다.

고원 구도의 산수화는 유교적 위계질서의 세계를 표현한다. 그림 속 주봉인 큰 산을 여러 개의 작은 봉우리들이 둘러싼 모습은

[1] 山有三遠。自山下而仰山前、謂之高遠。自山前而窺山後、謂之深遠。自近山而望遠山、謂之平遠。

마치 북극성을 중심으로 수많은 별이 자리 잡는 것과 같다. 북극성은 왕을 상징한다. 이러한 구도의 산수화는 왕을 중심으로 유교적 위계질서 속에 안정을 누리는 국가를 표상하는 것으로 읽힌다.

소식을 중심으로 북송 후반기 문인들이 자아표현의 중요한 한 가지 수단으로 인식하기 시작했던 산수화는 바로 왕선이 그린 〈연강첩장도〉 같은 평원 구도의 산수화다. 당시 문인들은 이 구도의 산수화가 자신들의 비애감을 시각적으로 표현할 수 있는 회화 양식으로 생각했다. 그들이 왜 이 구도의 산수화를 자신들의 감정을 표현할 수 있는 수단으로 인식하였는지를 살펴보자.

'평원平遠'이란 용어는 중국 후난성 둥팅후洞庭湖의 남쪽, 샤오수이瀟水와 샹쟝湘江이란 두 줄기의 강이 합류하는 곳의 아름다운 경관을 여덟 가지 주제로 나누어 그린 그림인 〈소상팔경도〉 중 두 주제인 '평사낙안平沙落雁'과 '원포범귀遠浦帆歸'의 첫 자에서 따온 것이다. 그럼 과연 이 두 주제가 어떤 의미가 있는 것인지 찬찬히 그 세계 속을 들여다보자. 조금은 길지만 그래도 흥미로운 여행이다.

'평사낙안'은 평활한 모래사장으로 내려오는 기러기란 뜻이다. 먼저 기러기에 관해 살펴보자. 고대 중국인들은 기러기를 어떻게 인식했을까? 기러기는 철새다. 이 새는 이동할 때 '대장' 기러기의 통제 아래 V자 대형을 이루며 질서정연하게 날아간다. 이러한 기러기의 모습은 그래서 질서와 조화, 특히 위계질서의 이미지를 지닌다. 철새인 기러기는 불변의 일정에 의해 움직인다. 봄에는 북쪽으로 날아가고, 가을에는 남쪽으로 날아온다. 그런데 고대 중국의 시에는 기러기를 주제로 다룬 작품이 유난히 많다. 왜일까? 다음은 두보의 〈돌아가는 기러기〉란 시이다. 이 시를 통해 그 의문을 풀어 보자.

천 리 헝양衡陽의 기러기는

올해도 북쪽으로 돌아가는구나.
짝 이루며 나그네 바라보곤 날아오른다.
한 마리 또 한 마리 사람을 뒤로하고 날아간다.
구름 속에서 서로 부르며 재촉하니
모래사장에서 밤 지새는 건 드물다.[2]

헝양衡陽은 중국의 남쪽, 샹쟝湘江 유역에 있는 도시다. 북쪽은 왕이 있는 곳이다. 그래서 북쪽으로 날아가는 기러기는 임금을 위해 봉사하는 관료를 상징한다. '북쪽으로 돌아가는 기러기'는 북쪽 임금 계신 곳에 있으면서 그를 보필하는 무리에서 배제되어 멀리 남쪽에서 방랑하는 시인 두보와 대조를 이룬다. 갈 곳 있는 기러기의 이동과 갈 곳 없는 시인의 방랑. 멀리 날아갈 수 있는 자유로운 기러기와 무리에서 소외되어 홀로 남은 시인. 이 시에는 임금 계신 창안으로 돌아가고픈 시인의 열망이 깊이 배어 있다. 두보는 다른 시에서 '떨어지는 기러기는 날아오름을 잃었다'[3]라고 노래했다. 북쪽으로 날아가는 기러기에 반해 모래 위로 내려오는 기러기는 억울하게 남쪽에 유배된 문인에 비유된다.

평활한 모래사장을 뜻하는 '평샤'는 고대 중국의 문화 관습에서 샤오샹瀟湘(샤오수이와 샹쟝)과 밀접하게 연결된다. 샤오샹은 예로부터 수많은 문인이 유배생활을 했던 곳이다. 그래서 샤오샹은 유배의 이미지를 지닌다. 이 샤오샹의 중심부에 창사長沙란 도시가 있으며, 길게 뻗은 그곳의 모래사장에서 그 이름이 기원한다. 언제부터인가 창사가 '평샤'와 연결되기 시작했다. 그 이면에는 굴원屈原이란 전국시대 초나라의 애국 시인이 있었다. 굴원은 초나라의 왕족 출신으로 외교에 탁월한 능력을 발휘해 왕으로부터 각별한 신임을 받았다. 이 때문에 다른 신하들의 미움을 받아 그들의 참소로 추방당했다. 임금에 대한 충절한 마음을 견지했으나 그로부터 버림받은 후

[2] 萬里衡陽雁, 今年又北歸. 雙雙瞻客上, 一一背人飛. 雲裏相呼疾, 沙邊自宿稀.
[3] 落雁失飛騰.

실의에 빠져 강호를 방황하던 굴원은 자신의 뜻을 펼칠 수 없음을 깨닫고 바위를 껴안고 미뤄쟝泪羅江에 몸을 던졌다. 그 뒤 50년도 채 되지 않아 초나라는 당시 강대국이던 진나라에 의해 멸망했다.

굴원의 이름은 평푸이다. 그가 죽은 샤오샹의 긴 모래사장은 '굴평'의 모래사장인 것이다. 샤오샹은 초나라 땅이다. 창사를 달리 평사라 일컫는 것은 충신인 굴원을 의식한 것이다. 굴원은 고대 중국의 문인들에게 출중한 능력과 임금에 대한 충절한 마음을 지녔지만 임금이 자신을 알아주지 않아 뜻을 펴지 못하는 '불우'한 문인의 대명사다. 그래서 굴원과 관련된 '평사'와 그 평활한 남쪽의 모래사장으로 내려오는 기러기 '낙안'은 곧고 뛰어난 인재가 부당하게 유배되었음을 은유적으로 표현한 것이다. 이것이 고대 중국 문인들이 생각하는 '평사낙안'에 관한 문화 관습이다.

'원포범귀'는 먼 포구로부터 돛배를 타고 돌아온다는 의미다. 중국 시에는 '돌아가자'를 주제로 한 작품이 많다. 그 돌아감의 궁극적인 목적지는 어디일까? 이것은 그 시를 쓴 시인이 누구이며, 그가 또 어떤 상황에서 시를 짓게 되는가에 따라 달라진다. 〈귀거래사〉를 쓴 도연명에게 돌아감은 공직생활에서 물러나 전원으로 돌아감을 뜻했고, 당나라 시인 왕유의 시에 배어 있는 돌아감은 현실사회를 떠나 근본으로 돌아가는 것이다. 소식과 같이 유배지의 문인들이 갈망하는 돌아감은 유배의 상태에서 벗어나 수도로 돌아와 절친한 친구들과 다시 만나고 잃었던 지위와 명예를 되찾는 것이다. 이들이 갈구하는 것은 정치 세계로 복귀하는 것이다. 권력의 중심에서 멀어진 그들은 자신들의 복귀에 계기를 마련해줄 새로운 권력자의 출현이나 정책의 전환을 기다렸다. 그들에게 '돌아감'은 왕이 그들을 용서해주는 것을 의미한다. 이러한 바람을 시각적으로 잘 표현한 것이 왕선의 그림 〈연강첩장도〉이다.

낙엽의 이미지

한 작품을 더 감상하자. 곽희가 1070년대 말에 그린 〈수색평원도樹色平遠圖〉다. 제목에서도 알 수 있듯 이 그림 또한 평원 구도의 산수화다. 늦가을 황허黃河 주변의 풍경을 담은 그림의 왼편에는 두 노인이 시동들의 부축을 받으며 황허가 굽어 보이는 누각을 향해 가고 있다. 앞장 선 두 사람은 짐을 든 채 걸음을 재촉하고 있으며 누각 위에는 누군가 앉아 그들의 도착을 기다린다. 두루마리의 오른쪽 강 가운데에서 두 명의 사공이 잠시 배를 멈춰 인사를 주고받는다. 그리고 그 너머 강가엔 두 명의 여행자가 나귀와 함께 먼 산을 향한다.

그림의 시간적 배경은 늦가을이고, 인물들은 대체로 늙고 지친 모습이다. 전체의 분위기가 침울하다. 평소 곽희와 친분이 두터웠던 소식은 1087년에 이 그림을 보고 다음과 같은 시를 지었다.

외로운 기러기 석양으로 떨어지는 모습 바라보니
멀리서 바람과 비가 같은 내에 있지 않음을 알았다.
이 사이에 시구 있으나 알아주는 이 없으니
양양에 있는 맹호연에게 부쳐 보낸다.
나뭇잎 떨어지니 시인은 가을을 원망하고
평원을 못내 겨워 시 읊으니 시름겹다.
만 개 계곡물 흐름 다투는 곳 보려면
다른 날 호랑이 머리 고 선생을 귀찮게 해야겠지.[4]

11세기 후반에 접어들면서 평원 구도는 문인들 사이에 유행했다. 당시 개혁파와 보수파 간의 당쟁에 휘말려 수많은 문인이 유배를 갔다. 유배의 당사자들이 겪은 고초와 억울하게 유배 간 동료에 대한 동정, 그리고 정부에 대한 비판이 평원 구도 산수화란 형태를 통해 표출되었다. 소식은 위에서 살펴본 '평원'에 관한 문화 관습을 잘 알고 있었다. 평원 구도로 짜인 이 그림은 그를 시름겹게 하기에 충분했다. 외로운 기러기가 석양으로 떨어지는 모습은 소식을 우수에 젖게 만들었다. 기러기와 함께 이 시에서 주목해야 할 것은 '떨어지는 나뭇잎'이다. 이 또한 평원 구도와 관련된 하나의 문화 관습을 형성하고 있

곽희, 〈수색평원도〉, 두루마리, 비단에 수묵채색,
35.9×104.8cm, 뉴욕 메트로폴리탄미술관

곽희, 〈수색평원도〉 부분

다. 가을 낙엽은 사람들을 쓸쓸하게 만든다.

고대 중국의 문인들에게 가을 바람과 낙엽은 또 다른 특별한 의미를 지닌다. 이와 관련된 문화 관습은 『초사』에 수록된 〈상부인湘夫人〉이란 작품에서 시작된다.

상제의 딸이 북쪽 물가에 내려오는데
바라봐도 보이지 않으니 수심에 찬다.
한들한들 가을바람 부니
둥팅후 물결 일고 나뭇잎 진다.[5]

상제의 딸은 요임금의 딸인 상부인을 가리킨다. 상부인은 상수이湘水란 강의 여신이다. 한나라 때 왕일王逸이란 학자는 '가을 바람이 세차면 초목이 흔들리고, 샹수이가 물결치면 나뭇잎이 떨어진다고 말한 것은 임금이 정치를 조급하게 하면 백성이 수심에 차고 어진 이가 상처받음을 말하려는 것이다'[6]라고 풀이했다. 또한, 당나라 때 이주한李周翰이란 자는 이 시를 '가을 바람이 세차면 초목이 흔들려 떨어지고 강과 호수에 물결이 이는 것은 소인배가 권력을 얻고 군자는 방축됨을 비유하는 것이다'[7]라고 해석했다. 그래서 소식의 처지에서 본다면 가을바람에 둥팅후의 물결이 일고 나뭇잎이 떨어지는 것은 신종의 성급한 개혁 단행으로 백성이 고초를 겪으며, 신법당이 집권함에 따라 구법당의 뛰어난 인재들이 방축됨을 의미한다. 소식이 곽희의 그림을 보고 시를 쓴 1087년은 조정이 세 개의 당으로 분열되어 당쟁이 치열하던 때다. 수많은 인재가 당쟁에 휘말려 희생되었을 것이다. 그래서 '나뭇잎 떨어지니 시인은 가을을 원망하고, 평원을 못내 겨워 시 읊으니 시름겹다'라고 한 것이다.

---

[4] 目盡孤鴻落照邊, 遙知風雨不同川. 此間有句無人識, 送與襄陽孟浩然. 木落騷人已怨秋, 不堪平遠發詩愁. 要看萬壑爭流處, 他日終煩顧虎頭.

[5] 帝子降兮北渚, 目眇眇兮愁予. 嫋嫋兮秋風, 洞庭波兮木葉下.

[6] 言秋風疾, 則草木搖, 湘水波, 而樹葉落矣. 以言君政急, 則衆民愁, 而賢者傷矣.

[7] 言秋風疾, 則草木搖落, 江湖生波, 喻小人用事, 則君子棄逐.

1127년 흠종의 동생 조구, 난징에서 고종으로 즉위. 남송 정부 수립.
1128년 금, 남벌군을 일으킴.
1130년 고종, 원저우로 도망. 악비, 항금抗金 투쟁.
1131년 진회秦檜, 남송의 재상이 됨.
1141년 남송, 금과 화친조약 체결.
1162년 남송 고종이 태상황으로 물러나고 효종 즉위.
1165년 효종이 금과 재교섭해 평화협정을 맺음. 이후 40년간 평화 유지.
1177년 주희, 『사서집주』 완성.
1188년 몽고 테무친이 칸에 오름.
1189년 남송 효종 퇴위.

남송
1

남송 고종의 문화 프로젝트

역사 스케치

실질적인 북송의 마지막 왕 휘종(재위 1100~1126)은 예술을 사랑한 황제였다. 중국 역사상 최고 예술품 수집가의 한 사람으로, 그가 수집한 예술품은 그림만 6천 점이 넘는다. 자신 또한 뛰어난 화가였던 휘종은 '수금체瘦金體'라는 독특한 서체로도 유명하다. 그는 최초로 화원이라는 기구를 설치해 예술가들을 후원했다. 휘종의 재위 기간에 여진족이 발흥했다. 1114년 여진족은 종주국인 요의 국세가 약해진 틈을 타 독립해 그로부터 1년 후 국호를 금(1115~1234)이라고 했다. 1118년 휘종의 조정은 금과 함께 요를 협공함으로써 그들의 오랜 숙원이던 연운 16주의 수복을 꾀했다. 1125년 독자적으로 요를 멸망시킨 금은 그 여세를 몰아 송을 공략했다. 궁지에 몰린 휘종은 그의 아들에게 왕위를 물려주었다. 1127년 북송의 수도 카이펑을 함락한 금은 휘종과 흠종을 포함한 3천

109

명의 황실 식솔들을 포로로 잡아 그들의 근거지인 북쪽으로 끌고 갔다. '정강의 변'이라 일컬어지는 이 사건으로 북송 왕조는 막을 내렸고, 끌려간 두 황제는 평생 남쪽으로 돌아오지 못했다.

　　탈출에 성공한 휘종의 아홉째 아들인 조구趙構는 강남으로 도피해 북쪽으로 끌려간 휘종과 흠종의 뒤를 이어 새로운 정부를 수립하였으니 그가 바로 고종(재위 1127~1162)이다. 조구는 왕위에 오르자마자 도망치기에 바빴다. 금군의 추격에 쫓겨 고종과 그의 정부는 남하를 계속해야 했다. 금의 추격대는 망명 정부의 황제를 체포할 목적으로 항저우와 닝보寧波를 점령해 고종을 바다로 내몰았다. 고종은 한동안 나룻배에 몸을 의탁해 해안을 따라 이리저리 떠돌아야만 했다. 1130년대 초반, 전세가 호전되어 금군이 양쯔강 이북으로 철수하고서야 비로소 고종은 린안臨安(지금의 항저우)으로 돌아올 수 있었다. 1138년에 그는 린안을 도읍으로 정했으나 여전히 이곳은 임시거처라는 뜻의 행재行在로 불렸다. 새로운 도읍이 송 황실의 역대 조상의 능묘가 있는 카이펑을 대신할 수는 없었던 것이다.

　　남송(1127~1279) 정부의 재건은 1131년에 시작되었다. 1132년에 조정을 린안으로 옮긴 고종의 정부는 매우 불안한 정국을 이끌어 갔다. 고종은 자신의 통치를 정당화할 필요를 절실히 느꼈다. 적법한 절차를 밟아 왕위에 올랐던 흠종은 아직 포로의 상태로 살아 있었고, 황실의 역대 조상의 능묘가 있는 카이펑은 접근조차 못 했다. 1141년 금과의 평화협상에서 그가 제시한 유일한 조건은 1135년에 사망한 부친 휘종의 시신과 생모를 무사히 돌려받는 것이었다. 그 대가로 남송은 매년 은 25만 냥과 비단 25만 필을 여진족에게 바치고 비한족 국가인 금나라의 신하가 되는 굴욕적 협정을 체결해야 했다. 고종은 효도의 의무를 다하고자 너무나 엄청난 대가를 치른 것이다. 고종은 백성에게 중국을 다스리라는 천명을 이어받았다고 주장하는 북방 금의 통치자에 대항해 그가 되살린 왕조의 정통성을 확신시켜야 했다. 그의 새로운 남송 왕조를 정당화하려는 고종의 프로젝트 일부는 화가들에게 자신을 옹호하는 일련의 그림들을 의뢰하거나 후원하는 것이었다.

〈서학도〉와 휘종의 세계 읽기

왕은 백성을 잘 다스려야 한다. 하지만 휘종은 그렇지 못했다. 그는 정치에서는 무력한 군주였다. 이 장에서 감상할 첫 번째 그림 〈서학도瑞鶴圖〉는 휘종이 1112년에 일어난 어떤 한 사건을 기념하여 그린 것이다. 도대체 어떤 일이 벌어졌기에 그림으로 남길 정

휘종, 〈서학도〉, 두루마리,
비단에 수묵채색, 51×138.2cm,
랴오닝성박물관

남송 1

도로 애착을 가졌던 것일까? 이 두루마리에 적힌 제발이 그 의문에 답을 제시한다.

1112년 정월 15일 밤 북송의 수도 카이펑의 하늘에 상서로운 구름이 몰려오고 한 무리의 학이 궁궐 위를 맴돌았단다. 정월 15일은 중국에서 상원절 또는 원소절이라 일컫는 정월대보름날이다. 상원은 도교에서 받드는 천관대제의 생일날로, 중국인들은 이 날을 천관대제가 지상에 복을 내리는 날로 여긴다. 하지만 핵심은 한 무리의 학에게 있다. 예로부터 중국은 학의 출현을 길조로 여겼으며 그렇기에 상서로운 동물로 인식되었다. 당연히 천관대제가 지상에 복을 내린다는 정월대보름날 밤 스무 마리의 학들이 날아와 휘종의 궁궐 위를 맴돌았다는 사실은 아주 좋은 징조로 해석될 수 있었으리라. 고대 중국의 통치자들에게 징조는 자신들의 통치에 대한 하늘의 의사표시를 의미했기에 중요하게 여겨졌다. 징조를 통해 하늘의 신은 지상의 통치자를 격려하거나 충고 또는 경고한다. 결국 징조는 하늘이 지상의 통치자들과 의사소통을 하기 위한 수단이었다. 그렇기에 휘종 궁궐 위를 맴돈 학 무리는 하늘의 신이 휘종의 통치를 인정하고 그에게 축복을 내리는 즉, 그의 통치에 대한 긍정적 의사표시로 해석될 수 있었던 것이다.

휘종이 중국을 다스리던 당시 송은 거란족 요로부터 끊임없는 압박을 받고 있어, 정치적으로나 군사적으로 난관에 봉착해 있었다. 이 어려운 시기에 휘종의 '중국' 통치에 대한 좋은 징조가 출현했다는 것은 크게 환영할 만한 사건이었다.

고종의 프로젝트와 이당의 그림

왕조의 부흥과 정통성이라는 주제에 몰두했던 고종을 위해 당시 대표적인 화원 화가 이당李唐, 대략 1070~1150은 은과 주나라의 교체기를 살았던 백이와 숙제 형제에 관한 유명한 그림 〈채미도〉를 그렸다. 이들 형제는 고죽국 왕의 아들로, 부친이 죽은 후 왕위를 사양하고 서백창(주나라 문왕)의 덕을 사모해 주나라로 달려갔다. 그러나 주나라 무왕이 부친 문왕이 사망하자 그 죽음을 예의에 맞게 애도하지 않고 국왕인 은나라 주왕紂王을 쳤다. 이는 불효이며 의롭지 못한 일이라고 여긴 백이와 숙제 형제는 주나라의 곡식을 거부하고 수양산에 은거해 충절을 버리고 국왕을 시해한 새로운 통치자를 위해 봉사하기보다는 차라리 굶어 죽는 길을 택했다. 그렇기에 이들 형제가 무언가 진지하게 토론을 벌이는 장면을 담은 〈채미도〉는 변함없는 충정을 표현하고 있다. 한 제발에 따르면 이 그림의 의도는 그들의 충정을 금나라로 돌린 중국인들을 비판하기 위한 것이었다.

또한, 이당은 긴 두루마기 그림인 〈진문공복국도晉文公復國圖〉를

이당, 〈채미도〉, 두루마리 일부,
비단에 수묵채색, 27×90cm,
베이징 고궁박물원

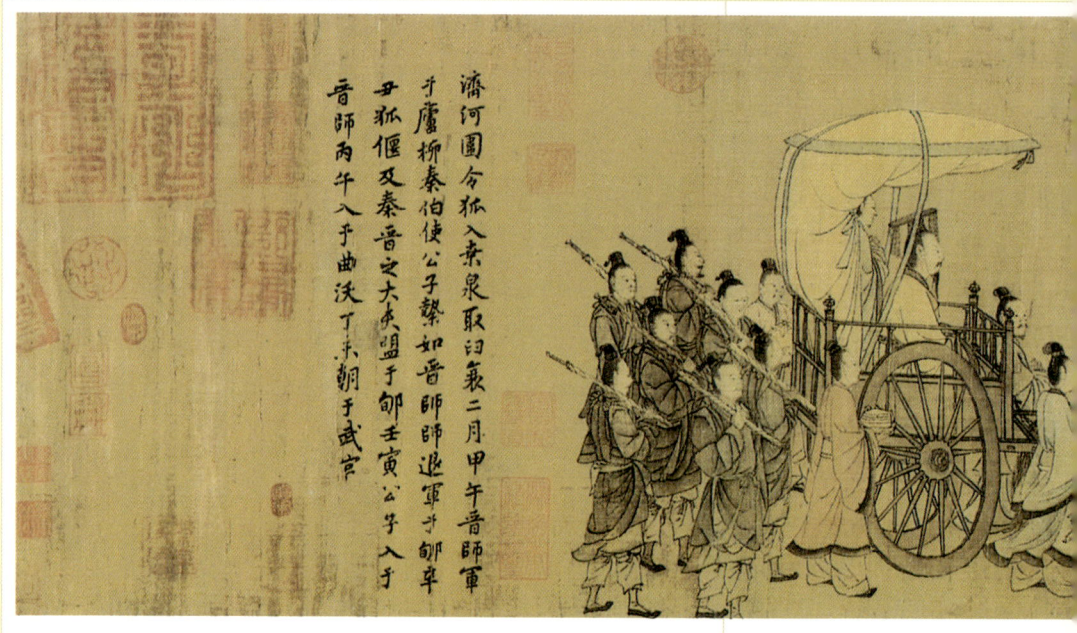

이당, 〈진문공복국도〉,
두루마리 부분, 비단에 수묵채색,
29.4×827cm,
뉴욕 메트로폴리탄미술관

그렸다. 춘추시대(기원전 770년~기원전 476년) 오패의 한 사람으로 진나라를 부강하게 하였던 진문공(재위 기원전 636년~기원전 628년) 중이重耳가 나라를 되찾는 내용을 묘사한 그림이다. 이는 그의 후원자인 고종이 자신의 남송 왕조를 정당화하려는 프로젝트의 하나로 그린 것이다. 고종은 『좌전』에 언급된 진문공이 나라를 되찾는 이야기와 관련된 원문을 비단 두루마리에 적고 이당에게 이것을 도해하도록 지시했다. 이 그림은 총 여섯 장면으로 이루어진 〈진문공복국도〉의 마지막 부분으로 현재 뉴욕 메트로폴리탄미술관에 소장되어 있다.

　진문공은 진헌공이란 제후의 아홉 번째 아들이었다. 왕위 쟁탈전에서 밀려 고국을 떠나 여러 나라를 떠돌던 19년간의 긴 망명 끝에 조국으로 돌아와 그의 통치권을 되찾았다. 그의 상황은 고종의 경우와 흡사했다. 이 그림에는 진문공이 자신의 영토를 되찾았듯 잃어버린 북중국을 되찾아 송 왕조의 부흥을 염원했던 고종의

마음이 잘 반영되어 있다.

고종은 또한 이당에게 비운의 삶을 살았던 여인 채문희蔡文姬, 177년 생의 이야기를 다룬 〈문희귀한도文姬歸漢圖〉를 그리게 했다. 채문희의 원명은 채염蔡琰으로 동한시대(25~220) 유명한 학자이던 채옹蔡邕, 133~192의 딸이었다. 15세에 결혼했으나 2년 뒤 남편과 사별하고 195년 동탁의 난으로 혼란했던 때 흉노족에 납치되어 흉노족장과 결혼해 두 아들을 낳았다. 채옹과 친분이 두터웠던 조조曹操, 155~220는 정권을 잡고서 옛정을 생각해 사신을 보내 몸값을 주고 친구의 딸을 고향으로 돌아올 수 있게 했다. 이 그림은 채문희가 지었다 전해지는 18수의 〈호가십팔박胡笳十八拍〉을 도해한 그림의 일부로 12년간의 흉노 생활을 마감하고 남편, 그리고 두 아들과 이별하는 장면을 그리고 있다.

1127년 휘종과 함께 포로로 잡혀갔던 고종의 어머니 위현비韋賢妃는 1141년 금나라와의 협상 끝에 풀려나 1142년 항저우로 귀환하게 되었다. 고종이 이당에게 이 그림을 의뢰한 것은 이 무렵이었다. 고종은 이 그림을 통해 어머니에 대한 자신의 효성을 강조했다. 이민족의 땅에서 결혼하고 두 아들까지 낳은 채문희가 내린 귀국 결정은 결코 쉬운 선택이 아니었을 것이다. 채문희는 이민족 땅에서 낳고 기른 두 아들을 포기하고 조상의 땅으로 돌아갈 것을 선택했다. 고종은 이러한 선택에 주목했다. 이것은 곧 중국에 대한 충성을 의미했다. 북중국을 회복하고 자신의 정부가 굳건하게 일어나려면 백성의 변함없는 충성심이 절실하게 필요했던 것이었다.

 마화지의 〈모시도〉

고종이 자신의 정권을 정당화하고자 기획했던 프로젝트에는 이당

알려지지 않은
14세기의 한 화가가 그린
이당의 〈문희귀한도〉의 모사본,
두루마리, 비단에 채색,
뉴욕 메트로폴리탄미술관

의 그림 외에도 중국 최초의 시가집인 『시경』의 내용을 도해한 마화지馬和之, 1130~1170 활동의 〈모시도毛詩圖〉가 포함된다. 〈모시도〉는 고종이 직접 글씨를 쓰고 마화지가 도해한 것이다. 이 작업은 1160년대에 시작해 고종 사망 후에도 그 뒤를 이은 효종(재위 1162~1189)에 의해 계속 이어졌다.

　여기서 잠깐 마화지란 인물을 살펴보자. 그는 고종의 치세 기간 동안 최고의 화원 화가로 평가받았으나 결코 화원에 예속된 것은 아니었다. 도리어 유교 교육을 받고 고종의 치세 기간에 공부시랑이란 고관을 지낸 전형적인 문인 출신의 관료였다. 그림에 대한 재주가 워낙 뛰어나 고종의 의뢰로 그림은 그렸지만 궁극적으로 그는 문인이었다.

남송 정부의 생존과 부흥을 위해 고종은 문인계층의 충성을 확보해야 했다. 이들로부터 협조를 얻기 위한 계획 중 하나는 전통적인 유교 문화의 틀에서 통치의 정당성을 주장하는 것이었다. 『시경』의 도해는 이러한 의도에서 이루어졌다.

『시경』은 서주 초반인 기원전 11세기부터 춘추시대 중반인 기원전 7세기 후반에 지어진 민간가요와 사대부들의 작품 및 왕실의 연회와 의식, 그리고 제사를 거행할 때 부르던 노래 가사를 후대 사람들이 정리하여 편찬한 것이다. 총 305편의 시를 풍風·아雅·송頌 등 세 부분으로 나누어 엮었다.

고종과 효종은 이 305편의 시를 비단 두루마리에 옮겨 적고 그림이 들어갈 부분을 남겨 두어 마화지에게 도해를 명했다. 현재 20여 폭의 두루마리-두 황제와 마화지의 합작품이 『시경』 전체를 모두 아우른 것은 아닌 듯하다-가 전해진다. 각 두루마리에는 여러 편의 시를 해서체로 쓴 고종의 글씨와 이를 도해한 마화지의 그림이 담겨 있다. 각 시의 처음에는 한나라 때 모형毛亨이란 사람이 그 작품에 대해 쓴 작은 서문을 덧붙였고 그림 앞에는 시의 제목을 반복해 적어 놓았다.

여기서 살펴볼 마화지의 두루마리는 『시경』 국풍 가운데 빈풍에 속하는 〈칠월〉과 소아에 속하는 〈기러기〉란 작품이다. 모두 두루마리에 도해한 것으로, 현재 뉴욕에 있는 메트로폴리탄미술관에 소장되어 있다. 다음은 〈칠월〉이란 시의 일부이다.

유월에는 앵두랑 머루 따 먹고
칠월에는 아욱이랑 콩 삶아 먹네.
팔월에는 대추를 떨어뜨리고

마화지, 〈칠월〉, 두루마리 부분,
비단에 수묵채색,
뉴욕 메트로폴리탄미술관

시월에는 벼를 베어

봄 술을 담아

장수를 기원한다네.

칠월에는 오이 따 먹고

팔월에는 박을 켜며

구월에는 삼씨를 줍는다네.

씀바귀 캐고 가죽나무 패

우리 농부들 먹인다네.[1]

[1] 六月食鬱及薁, 七月亨葵及菽.
八月剝棗, 十月穫稻. 爲此春酒,
以介眉壽. 七月食瓜, 八月斷壺.
九月叔苴, 采茶薪樗, 食我農夫.

이 시는 순박한 농촌 생활상을 1년 사계절, 열두 달로 나누어

七月

노래했다. 마화지는 시의 내용을 그림으로 표현했다. 크게 세 부분으로 이루어진 이 그림을 오른쪽부터 살펴보자. 한 사람이 하늘의 별자리를 관찰한다. 구름을 경계로 왼쪽에는 소녀들이 뽕잎을 줍고 있다. 그들 아래에는 세 명의 남자들이 호미와 쟁기로 밭을 가는 농부들의 모습을 지켜보고 있고 또 그 아래에는 밭을 가는 농부들을 위해 음식을 나르는 아낙네와 아이가 보인다. 가운데 나무를 경계로 밭 왼쪽에는 잔치를 벌인다. 연주에 맞춰 춤을 추는 이가 한껏 연회의 흥을 돋우고 있다.

    이 그림은 유교적 유토피아 세계를 표현하고 있다. 그 이유가 무엇인지 찬찬히 풀어나가자. 마화지는 선택적으로 시의 내용을

〈칠월〉 부분

그림으로 표현했다. 그런데 시에서는 하늘을 바라보는 사람에 관한 언급이 전혀 없다. 이 장면을 집어넣은 것은 순전히 마화지의 독창적인 아이디어다. 하늘의 별자리를 관찰하는 사람은 아마도 그 나라의 사관일 것이다. 별자리를 관찰하는 것은 기후를 예측하기 위해서다. 사관에게 주어진 막중한 책무 중 하나가 천문을 관찰해 책력을 만드는 것이다. 한 해가 저물 무렵이면 사관은 새해의 책력을 왕에게 바친다. 새해 아침이 밝으면 왕은 이것을 만백성들에게 나눠주며 그들은 책력을 참고로 농사를 짓는다. 만약 사관이 만든 책력이 잘못되어 농사를 망치면 백성은 그 책임을 왕에게 묻는다. 그만큼 정확한 책력을 만드는 것은 왕에게 매우 중요한 일이었다. 왜냐하면 먹을 것이 넉넉해야 백성이 좋은 마음을 가지게 되며 그래야 교화도 이룰 수 있는 법이기 때문이다.

두루마리의 두 번째 장면은 백성이 평화롭게 농사짓는 모습을 그리고 있고, 마지막 장면은 잔치를 벌이는 광경을 묘사하고 있다. 사관이 천문을 제대로 관찰해 이를 토대로 올바른 농사 일정을 작성하고, 이를 보고 농사를 지은 백성이 풍성한 수확을 거둬들이니 당연히 잔치를 벌일 수밖에 없었으리라. 이것이 지상의 낙원이 아니고 무엇이겠는가.

다음의 시는 〈기러기〉란 작품이다.

기러기가 날아간다.
날개를 푸드덕거리며.
우리는 길을 떠나
들판에서 고생했지.
사람들을 불쌍히 여기시고
홀아비와 과부를 보고 슬퍼하셨네.

기러기가 날아가다
연못 가운데로 모여든다.
우리는 담을 쌓아
많은 집을 지었지.
비록 고생은 되었지만
마침내 편안히 집에 살게 되었네.[2]

[2] 鴻雁于飛, 肅肅其羽, 之子于征, 劬勞于野, 爰及矜人, 哀此鰥寡. 鴻雁于飛, 集于中澤, 之子于垣, 百堵皆作, 雖則劬勞, 其究安宅.

남송 1

마화지, 〈기러기〉, 높이 25cm,
두루마리, 비단에 수묵채색,
뉴욕 메트로폴리탄미술관

이 시는 유랑민들이 안정된 생활을 하게 된 것을 기뻐하며 옛 떠돌이생활을 돌이킨 작품이다. '기러기의 본성은 연못에 평안하게 깃드는 것이다.'[3] 그래서 연못에 내려앉은 기러기는 혼란한 시대나 오랜 전쟁 탓에 살 곳을 잃고 떠돌던 백성이 편안한 거처를 얻어 안정된 생활을 하게 되었음을 비유한다. 이 시는 왕조의 수복을 은유적으로 표현하고 있다. 전통적인 해석에 따르면 이 시는 오랜 전쟁으로 고통받는 백성에게 안정된 생활과 희망을 안겨 준 주나라 선왕宣王(재위 기원전 827년~기원전 782년)을 찬양하기 위해 지은 것이라고 한다.

고종은 이 시를 무척 좋아했다고 한다. 마화지의 그림에는 한 쌍의 기러기가 갈대 속 자신들의 새끼들이 있는 보금자리로 돌아오는 모습을 그리고 있다. 기러기가 내려앉는 것은 고종에게 있어서 잃어버린 평화를 되찾는 것을 상징한다고 볼 수 있다. 고종이 이 시를 그토록 좋아했던 연유를 이제야 잘 깨달을 수 있으리라.

[3] 鴻雁之性, 安居澤中.

〈유민도〉

지금까지 살펴본 그림들은 국가의 권위를 옹호하는 그림들이라고 할 수 있다. 또한, 대체로 이 그림들은 조정에 종사하거나 통치자를 위해 그림을 그리는 예술가들 즉, 궁정 화가들이 그린 것이다. 이와 대조적으로 궁궐의 울타리 바깥에서 이뤄진 그림들은 불만이나 저항의 메시지를 담을 수 있다. 그림은 이러한 메시지의 표현을 가능하게 한다.

가장 유명한 한 가지 예는 1074년 관료였던 정협 鄭俠이 그린 〈유민도遺民圖〉다. 이 그림은 재상 왕안석의 개혁 정책이었던 신법의 결과로 물자 부족이 발생하자 카이펑의 안상문 지역에서 굶주림에 허덕이던 백성을 묘사하고 있다. 정협은 원래 왕안석의 부하였으나 이후 그의 개혁에 반대해 왕안석에게 몇 차례 진정서를 올렸으나 무시당하자 비밀리에 이 그림을 신종에게 바쳤다고 한다. 기록에 의하면 신종은 이 그림을 보고 왕안석의 개혁 정책을 잠정적으로 중단할 것을 명했다 한다. 정치적으로 첨예한 문제를 건드린 탓일까? 몇 세기 후까지 이 그림은 모본조차도 목숨을 부지하지 못했다.

현존하는 〈유민도〉는 거지와 거리에서 볼 수 있는 또 다른 빈곤한 이들을 그린 일련의 그림들로서, 1516년에 주신周臣, 1472~1535 활동이 그린 것이다. 그는 발문에서 '천하에 대해 경고하고 훈계하고자' 이 그림을 그렸다고 토로했다. 당시 문인들이 이 두루마리에 붙인 발문들은 정협의 〈유민도〉와 이 그림을 비유했다. 한 발문은 경제공황을 가져온 환관들의 전횡을 비판하려고 이 그림이 탄생했음을 넌지시 비추고 있다.

주신 〈유민도〉의 일부, 두루마리 형태로 표장된 화첩 그림, 종이에 수묵채색, 32.9×843.9cm, 호놀룰루예술원

1194년 광종(1189년 즉위) 불명예 퇴위.
1200년 주희 사망. 이즈음 선종이 성행하기 시작.
1206년 몽골 부족을 통일한 테무친, 칭기즈 칸으로 옹립. 몽골제국 성립.
1208년 남송, 금과 다시 화의. 칭기즈 칸 원정 시작.
1215년 몽골족이 북중국의 대부분을 장악.
1219년 칭기즈 칸, 서방 원정(~1224).
1224년 영종 사망. 후계자 문제로 쿠데타 발생. 이종 즉위.
1227년 몽골, 서하를 멸망시킴. 칭기즈 칸 사망.
1234년 몽골과 남송 연합군 공격으로 금나라 멸망.
1259년 1258년 몽골의 송나라 침공으로 굴욕적인 화친 맺음-약주 화약.

남송 2

남송의 서정적 그림

역사 스케치

고종의 뒤를 이은 효종은 금과 다시 교섭해 평화협정을 체결했다. 이로써 이후 남송은 비정상적인 평화 속에서 성장과 번영을 구가했다. 그러나 이 기간에 남송 황실은 두 차례의 심각한 위기를 맞았다. 첫 번째 파란은 1194년 조정 대신들이 강제적으로 정신적인 문제가 있던 광종을 폐위시킨 것이었고 그 뒤를 이은 영종(재위 1194~1224)이 후계자를 남기지 않아 야기된 쿠데타가 두 번째였다. 이 때문에 남송 조정은 도덕적 권위를 크게 손상 받았다.

　당시 지식인들은 이러한 정치적 위기 상황을 중국 문화의 정체 문제와 관련지어 인식했고, 유교 사상의 부활만이 중국 문화의 근본을 공고히 하는 최상의 길이라 생각했다. 지식인으로서 사회 전반에 흐르는 무력감에서 벗어나기 위한 유일한 대응책은 도덕을 통해 이 사회를 변화시키는 것이라고 믿었던 남송의 보수적 성향의 학자들은 조정에서 멀리 떨어져 나갔다. 그리고 명상을 통한 자기 수양과 인간사에 대한 철학적 숙고에 초점을 맞추기 시작했다. 그 대표적인 인물인 주희朱熹는 사회 질서와 좋은 정부를 위한 토대로 개인의 도덕적 수양을 강조했다.

자국의 강력한 힘을 주변 세계에 과시했던 한나라나 당나라와 달리 외세의 위협에 무력했던 남송은 점차 바깥보다는 안을 돌아보게 되었다. 변화보다는 안정을 희구했던 당시 정부의 경향과 자기성찰을 중시하는 신유학의 영향 등으로 남송은 내향적인 성향을 띠기 시작했다. 이러한 남송 문화 전반의 내향적 경향은 예술에도 영향을 미쳐, 자연의 재현에 치중했던 북송과는 달리 서정적인 그림으로 바뀌었다. 또한, 신유학의 '격물치지格物致知'의 영향으로 전체 세계의 모습보다는 하나의 대상에 초점을 맞추는 경향으로 흘러갔다.

부채 그림, 시와 그림의 앙상블

고대 중국인들은 부채에 그림을 그렸다. 한 면은 시를 적고 다른 한 면에는 그림을 그렸다. 이때 시는 시인의 내면을 통해 바라본 세계를 글로 표현한 것이고 그림은 화가가 시인을 대신해 시인의 눈에 비친 세계를 시각적으로 표현한 것이다. 그래서 부채는 '정情'과 '경景'을 동시에 담게 된다. 이 부채에 표현된 시는 대체로 가장 짧은 형식인 절구絶句의 형태를 취한다. 부채에는 절구와 그림의 결합을 통해 시인의 감정과 그의 눈에 비친 외부 세계가 서로 융합되어 있다. '정경교융情景交融'의 경지를 이룬 것이다. 이러한 부채는 남송 때 성행했다. 송대로 들면서 생명력을 잃기 시작한 '시詩' 장르가 부채를 매개로 그림과의 결합을 통해 새로운 돌파구를 모색한 것이다.

북송 초기 기념비적 산수화에는 족자가 잘 어울렸고, 북송 말의 서사적 그림에는 두루마리가 적합한 매체였다. 부채는 화첩 그림과 함께 남송의 서정적 취향을 가장 잘 반영한 매체라 할 수 있다. 앞서 남송은 내향적 자기성찰의 경향을 보여준 시대라 이야기했는데 부채를 통해 시와 그림이 상호 보완적 관계를 맺게 되었다. 화원 화가의 그림과 당시唐詩가 부채 양면에서 서로 어울림으로써 시와 그림이 만나게 된 것이다.

왜 당시인가?

남송은 이민족 금에 밀려 북쪽 중국과 그 수도였던 카이펑을 잃고 남하하였다. 따라서 상실감과 과거에 대한 향수가 유달리 팽배했던 시대였다. 이 시기에는 경제적 번영과 인쇄술의 발달로 작가와 독자층이 확대되었다. 이전에는 소수 엘리트들이 독점했던 책이 목판인쇄가 등장함에 따라 대량생산이 가능해졌고 덕분에 당시가 널리 유포되었다. 과거에는 정부 관료를 비롯한 문인계층이 시인의 주류를 이루었던 데 반해 이 시기에는 상인을 중심으로 한 도시인들이 대다수를 차지하게 되었다. 그들의 시 쓰기는 주로 당시나 북송 시를 인용하거나 극히 일부를 개작하는 수준에 그쳤다.

남송 시대 중국인들이 당시, 특히 절구를 애호한 데에는 몇 가지 이유가 있다. 남송 시대에 들어 한때 북송 시단을 풍미했던 황정견黃庭堅, 1045~1105의 시풍을 따르던 진여의陳與義, 1090~1138와 양만리楊萬里, 1124~1206 등과 같은 일부 문인들이 당시를 공부하기 시작하면서 당시를 숭상하는 강호시파江湖詩派가 문단을 주도하게 된 것이다. 북송 소식 문단의 스타일에 대한 반발과 당대(618~907) 문학에 대한 향수에 기인한 것이었다. 여기에 더해 효종의 후원은 당시와 절구에 대한 애호를 부추겼다. 그들이 당시에 강한 애착을 보인 또 다른 이유는 당시가 곧 세계적인 제국을 건설했던 당나라를 상기시키기 때문이었다. 한때 천하를 호령하다 사라진 제국에 대한 그리움이 당시에 대한 애착과 맞아떨어진 것이다.

　　남송 시대 부채 그림과 화첩 그림을 그린 이들은 황실에 예속된 화원 화가들이었다. 그들의 후원자는 황제와 후궁, 귀족, 그리고 도시의 문인계층과 상인 자본가들이었다. 화원 화가들은 후원자들을 위해 그림을 그렸다. 그들이 그림 속에 창조한 세계는 고객의 것이었다. 그림을 통해 후원자들이 머릿속에 그리던 시 세계를 시각적으로 표현하고 그들을 위해 당시의 세계를 상기시키고 재창조했던 것이 화원 화가들의 역할이었던 셈이다.

 이종의 글씨와 마린의 〈좌간운기도〉

부채는 크기가 작지만 고상해 황족이나 고관 또는 그 밖의 명사들에게 경의를 표하기 위한 선물로 적합했다. 남송에는 이러한 부채 및 화첩 그림이 특히 유행했다. 이 부채의 한 면은 1256년 남송의 이종(재위 1224~1264)이 왕유王維, 701~761가 지은 〈종남별업終南別業: 중난산 별장〉의 셋째 연을 쓴 것이다. '중난산 별장'은 당나라의 수도였던 창안 남쪽 중난산終南山에 있는 왕유의 별장 망천장輞川莊을 가리킨다.

　　중년부터 자못 불도를 좋아하더니
　　늙마에는 남산 기슭에 집을 장만했다.
　　흥이 일어날 때마다 혼자 나서니
　　자연의 아름다움 나만 알고 있지.
　　걸어서 다다르니, 개울이 끝난 곳.
　　앉아서 바라보니, 구름이 이는 때.

남송 2

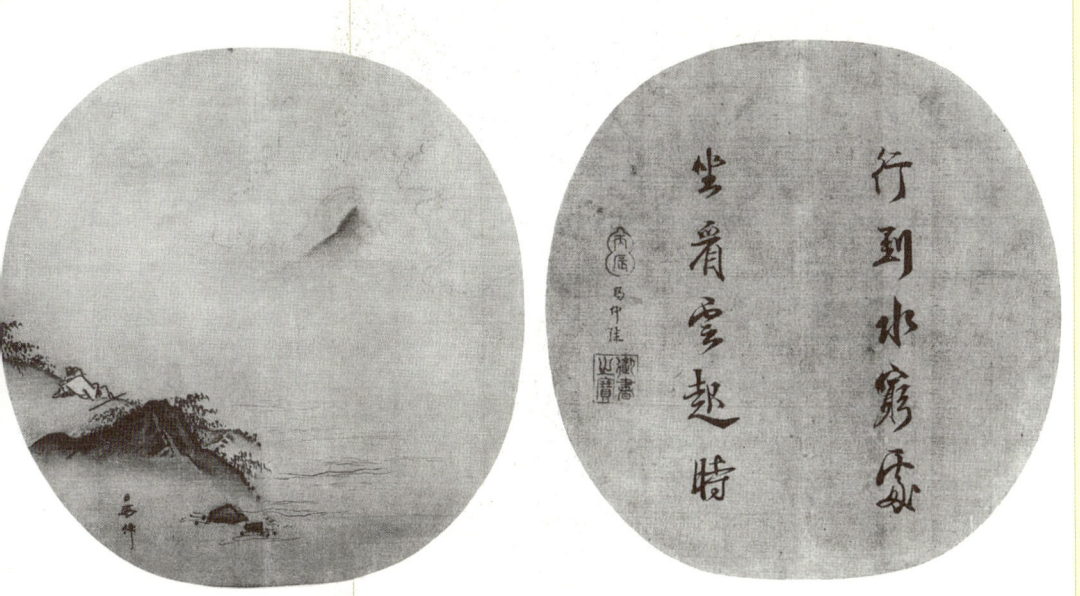

1256년에 남송의 이종이 쓴 글씨(오른쪽),
마린이 그린 〈좌간운기도〉(왼쪽),
부채 모양의 화첩, 비단에 수묵,
25.2×25.2cm,
클리블랜드미술관

우연히 숲 속의 노인을 만나니
웃으며 얘기하며 돌아갈 줄 모른다.[1]

    이종의 글씨는 위의 시에서 셋째 연에 해당한다. 황제가 쓴 글씨가 있는 부채의 다른 한쪽 면에 당시 화원 화가였던 마린馬麟, 대략 1180~1256 이후이 시의 내용을 시각적으로 표현한 〈좌간운기도坐看雲起圖〉를 그렸다.

    앞서 살펴봤던 북송의 기념비적 산수화는 음양의 결합을 통해 질서와 조화가 존재하는 이상적인 세계를 표현했다. 산수화에 표현된 인물과 동물들은 이 조화로운 세계의 일부를 이룬다. 이에 반해 마린의 그림에서 볼 수 있듯이 12세기 후반과 13세기 초반의 산수화에는 명상에 잠긴 문인들의 모습이 등장하기 시작한다. 이것은 내향적인 자기성찰의 세계를 표현하는 남송 산수화의 특색이다.

[1] 中歲頗好道, 晚家南山陲, 興來每獨往, 勝事空自知, 行到水窮處, 坐看雲起時, 偶然值林叟, 談笑無還期.

마린의 〈병촉야유〉

마린이 그린 부채 그림 〈병촉야유秉燭夜遊: 촛불 들고 밤에 노닌다〉는 한 귀족이 궁궐 문 앞에 앉아 초대한 손님들의 도착을 기다리는 모습을 담고 있다. 다른 작품과 달리 이 그림에는 짝을 이루는 시가 보이지 않는다. 어떤 학자는 원래 이 그림과 짝을 이루던 시가 분명히 있었을 것이지만 없어졌을 가능성이 크다고 언급하고 '사라진' 그 시는 아마도 영종과 그의 아내 양매자楊妹子, 1162~1232 혹은 이종이 북송 시인 소식의 〈해당海棠〉에서 '밤 깊어 꽃이 잠들까 봐, 높다랗게 촛불 밝혀 붉게 화장한 이 비춘다'의 구절을 보고 지었을 것으로 추측한다. 아래에 그 작품을 소개한다.

> 동쪽 바람은 산들산들 붉은빛을 맴돌고
> 향기로운 안개는 뭉게뭉게 달은 행랑으로 굴러든다.
> 밤 깊어 꽃이 잠들까 봐
> 높다랗게 촛불 밝혀 붉게 화장한 이 비춘다.[2]

이 시의 배경에는 당 현종과 양귀비에 관한 이야기가 있다. 그 대략적 줄거리는 이렇다. 하루는 심향정에 오른 현종이 양귀비가 보고 싶어 그녀를 불렀다. 때마침 술에 취해 있던 양귀비는 황제를 알현할 수 없었다. 고력사와 시녀가 양귀비를 부축해 왔는데, 그녀는 아직 술에 취한 모습이 역력했고 화장은 지워지고 머리는 헝클어졌으며 비녀는 아무렇게나 꽂혀 있었다. 그 모습을 본 현종은 웃으면서 양귀비를 꽃에 비유해 "귀비가 술에 취했겠느냐? 해당화가 아직 잠이 부족한 거지"라고 말했다 한다.

소식의 시는 당나라 시인 이상은李商隱, 812~858의 〈꽃 아래에서 취하여〉 즉, '손님은 흩어지고 술기운 깬 깊은 밤에, 다시 붉은 촛불 잡고 시든 꽃 감상한다客散酒醒深夜後, 更持紅燭賞殘花'를 의식하고 지

[2] 東風嫋嫋泛崇光, 香霧霏霏月轉廊. 只恐夜深花睡去, 更燒高燭照紅妝.

남송 2

마린, 〈병촉야유〉,
부채 모양의 화첩 한 잎,
비단에 수묵채색, 24.8×25.2cm,
타이베이 고궁박물원

은 것이라 한다. 이상은의 시 가운데는 〈등락유원登樂遊原: 락유원에 올라〉이 있다.

해질녘 마음이 시원치 않아

수레를 몰아 옛 언덕에 올랐다.

석양은 한없이 좋구나,

황혼이 가깝기는 하지만.[3]

[3] 向晚意不適, 驅車登古原. 夕陽無限好, 只是近黃昏.

마원, 〈월야상매도〉,
화첩의 한 잎으로 표장된
부채 그림, 비단에 수묵채색,
25.1×26.7cm,
뉴욕 메트로폴리탄미술관

깊은 밤 높다랗게 불 밝힘은 붉게 피운 꽃이 시들지 않길 바라는 간절한 마음에서이다. 석양은 아름답지만 그 아름다움은 오래가지 못한다. 마린의 〈병촉야유〉는 당시 남송의 이미지를 대변한다. 외세에 밀려 '시들어 가는' 남송을 바라볼 수밖에 없는 회한이 그림에 배어 있다.

마원의 매화 그림

남송의 화원 화가인 마원馬遠, 1190~1225 활동이 그린 부채 그림 〈월야상매도月夜賞梅圖: 달밤 매화 감상〉는 달 아래에서 매화를 감상하는 한 선비를 그리고 있다. 송나라 시인 양만리는 '숲 속에 핀 매화는 은둔한 선비 같아 황야의 기운은 넘치고 세속의 티끌은 묻어 있지 않다'⁴며 매화를 예찬했다. 그림 속의 선비는 달빛 아래 앉아 매화를 바라보며 매화와 자신을 동일시하는 '물아일체'의 순간을 경험하고 있으리라. 그것이 아니면 성기고 뒤틀린 매화 가지 사이로 비치는 밝은 달을 바라보고 있는지도 모르겠다. 그의 뒤에 한 소년이 금琴을 들고 서 있다. 남송 시대 문인들은 아름다움을 예찬했다. 여기에는 축소되어 가는 제국과 사라져 버린 유토피아에 대한 비애와 향수가 배어 있다. 당시는 불안한 시대였다. 매화는 겨울이 가기 전 가장 먼저 피는 꽃이다. 따뜻한 봄이 오고 있음을 예고하는 꽃이기에 희망을 준다. 밝은 달을 바라보는 은둔자는 매화처럼 깨끗한 마음을 지닌 선비다. 매화를 보면서 그 마음을 닮은 선비는 어지러운 세상에서 새로운 '봄'의 도래를 꿈꾸는 희망을 품을 수 있다.

 바람에 휘몰린 강기슭의 이별

하규夏珪, 1200~1240 활동의 스타일로 그린 〈바람에 휘몰린 강기슭〉은 우인友人의 이별 순간을 포착한 것이다. 떠나는 배 위의 한 사람은 이별의 슬픔을 견디려 무릎을 꿇고 앉았고, 그를 떠나보내는 다른 이는 고개를 떨어뜨린 채 힘없이 반대편으로 걸어가고 있다. 나뭇잎을 때리며 부는 세찬 바람은 이별의 슬픔을 더한다. 친구와의 이별은 중국 시인들이 애용했던 주제다. 왕유가 쓴 아래 두 수의 송별시는 이 그림과 매우 잘 어울린다.

> 남쪽 나루에서 그대를 보내려니 눈물이 주르르.
> 둥저우東州로 가는 그대 나를 슬프게 하네.
> 전해 주게나. 옛 친구는 초췌해져
> 뤄양에 있던 때와는 같지 않다고.⁵

⁴ 林中梅花, 花如隱士, 只多野氣, 無塵氣.
⁵ 送君南浦淚如絲, 君向東州使我悲. 爲報故人憔悴盡, 如今不似洛陽時.

남송 2

작자 미상,
〈바람에 휘몰린 강기슭〉,
화첩 한 잎, 비단에 수묵,
뉴욕 메트로폴리탄미술관

하늘이 차니 먼 산이 맑다.
해 저무니 긴 강이 급하다.
닻줄을 푸니 그대는 이미 먼 곳에
그대를 바라보며 우두커니 서 있다.[6]

화첩 그림 속 서정 여행

남송의 키워드는 상실감과 향수였다. 그리고 이 키워드는 시와 그림을 통해 표출되었다. 남송의 수도 항저우에서 생활하는 도시민들은 자연친화적인 전원생활과 점점 거리가 멀어졌다. 자연히 그들에게 시와 그림은 '잃어버린' 자연과의 조화를 회복할 수 있는 문화적 표현수단이었다. 이 같은 상실감에서의 회복은 남송 말 암

[6] 天寒遠山淨, 日暮長河急. 解纜君已遠, 望君猶佇立.

담한 정치현실로부터 등을 돌린 문인들의 은둔생활을 주제로 다룬 산수화로 표출되었다. 그림에 나타난 자연 속 은거생활은 과거에 대한 향수와 함께 항저우라는 대도시에서 바쁘게 살아가는 도시인들의 가슴속에 대안적 세계로 자리 잡았다.

화첩 그림은 바로 이러한 배경에서 탄생했다. 이상화된 전원생활을 담은 화첩 그림은 도시인들을 위해, 은둔생활을 그린 그림은 이를 염원하지만 현실적으로 그 꿈을 이룰 수 없는 이들을 위해 준비되었다. 그런가 하면 여행 그림은 항저우를 떠나 여행할 수 없는 이들을 위해 그려졌다. 부채 그림과 마찬가지로 화첩 그림 또한 주로 화원 화가나 직업 화가들이 그렸으며 항저우의 도시인들의 대리만족과 향수를 충족시키기 위한 그림이 그들의 주된 관심사였다.

남송 시대 화첩에 그린 산수화는 대체로 서정적인 여행을 주제로 다루고 있다. 제임스 케힐James Cahill은 화첩 그림 속 서정여행을 크게 은둔, 여행, 정관, 귀환 등 네 범주로 나눠 다루고 있다. 그와 함께 화첩이 전하는 서정여행에 기꺼이 초대받자.

1. 은둔

고대 중국에서 은둔은 자신이 속했던 사회와의 철저한 단절을 의미하지 않는다. 그런 까닭에 도시에서 생활하는 문인이 잠시 도시를 벗어나 아름다운 호숫가나 강가에 별장을 짓고 여름 한 철을 '은둔자'로 지낼 수도 있었다. 아름다운 자연에 둘러싸인 은둔자. 그는 불안하고 혼탁한 세상에서 잠시 벗어나 현실과는 다른 세계를 음미할 수 있었다. 그러나 바깥 세계와의 연결고리를 완전히 끊지는 않았다. 〈절벽 아래 은사의 집〉이란 화첩 그림을 보라. 절벽 아래 은사의 집은 왼쪽으로 산모퉁이를 돌아 멀리 언덕 너머 작은 오솔길로 연결되어 있다. 이 그림에는 도연명陶淵明, 365~427의

〈귀원전거歸園田居〉가 썩 잘 어울리리라.

들 밖이라 사람의 일 드물고
후미진 골목이라 찾아오는 이 적다.
대낮에도 사립문 닫아 두고
빈방에서는 세속 생각 끊겨 있다.
이따금 마을의 굽이진 길에서
풀 섶 헤치며 사람들과 내왕한다.
서로 만나도 다른 말은 않고
'뽕과 삼이 얼마나 자랐소'라는 말뿐.
뽕과 삼은 하루가 다르게 자라고
나의 농토는 나날이 넓어지지만
항상 두려운 건 서리나 우박 내려
잡초 덤불과 함께 시드는 것이라네.[7]

13세기 초에 활동한 화원 화가인 하규의 그림 〈노닐다〉에서도

작자 미상, 〈절벽 아래 은사의 집〉,
화첩 한 잎, 비단에 수묵채색,
23.9×25.3cm, 타이베이 고궁박물원
(왼쪽)

하규, 〈노닐다〉,
부채 모양의 화첩 한 잎,
비단에 수묵담채, 24×24.9cm,
오사카 시립박물관(오른쪽)

[7] 野外罕人事, 窮巷寡輪鞅. 白日掩荊扉, 虛室絕塵想. 時復墟曲中, 披草共來往. 相見無雜言, 但道桑麻長. 桑麻日已長, 我土日已廣. 常恐霜霰至, 零落同草莽.

연결고리의 흔적은 여실히 남아 있다. 은신처와 바깥 세계를 연결하는 작은 다리를 건너 먼 산을 바라보며 서 있는 한 은둔자를 보라. 그는 미지의 바깥 세계에 대한 호기심이 발동해 아침 안개에 싸인 먼 산을 바라보며 생각에 잠겨 있다. 아마 그림 속 선비는 멀리 여행을 떠나고 싶은 것일 게다.

2. 여행

하규가 그린 〈산시청람山市晴嵐〉은 여행 중의 장면을 담고 있다. 여행을 주제로 다루는 화첩 그림들은 산속의 절이나 누각 혹은 주막을 향하는 여행자의 모습을 포착한 경우가 많다.

3. 정관

세 번째 주제 '정관靜觀'을 다룬 그림들은 여행길에 멈춰 서 무언가를 바라보며 사색에 잠긴 여행자의 모습이 특색이다.

1220년경에 마원이 그린 화첩 그림 〈고사관폭도 高士觀瀑圖: 폭포를 바라보는 선비〉는 소나무 아래에서 폭포의 소용돌이 물살을 바라보는 한 선비의 모습을 보여준다. 선비 뒤로 한 소년이 그의 지팡이를 들고 서 있다. 그림 속에 난간이 보인다. 선비는 산에 오르고 있었다기보다는 사색에 잠겨 정원을 노닐고 있다. 반하트 Barnhart 는 이 그림을 이백李白, 701~762의 〈방대천산도사불우 訪戴天山道士不遇: 다이톈산戴天山의 도사를 찾아갔으나 만나지 못함〉를 시각적으로 표현한 것으로 해석하고 있다.

물소리 가운데 개 짖는 소리 들리고
복사꽃이 비에 젖어 짙다.
이따금 숲 깊숙이 사슴 보이고
정오가 되어도 계곡에는 종소리도 들리지 않는다.

하규, 〈산시청람〉, 화첩 한 잎,
비단에 수묵, 24.8×21.3cm,
뉴욕 메트로폴리탄미술관

거친 대나무가 푸른 아지랑이를 가르고
하늘 나는 샘물은 푸른 봉우리에 걸려 있다.
아무도 그대 간 곳을 모르니
시름 겨워 두세 그루 소나무에 몸을 기댄다.[8]

    이 시는 이백의 작품 중 명시로 평가되는 작품이다. '은거한 친구를 찾아갔으나 만나지 못함'은 당나라 시인들이 즐겨 쓰던 주제 중 하나다. 내친김에 시의 세계에 좀 더 발을 담가 보자. 첫째 행 '물소리 가운데 개 짖는 소리 들리고'는 자연 속 은둔자의 세계에 이방인이 들어섰음을 의미한다. 개 짖는 소리는 이 세계에 인간의 존재가 출현했음을 알리는 신호이기 때문이다. 시인은 개 짖는 소리를 통해 친구의 집이 멀지 않음을 알게 된다. 친구 또한 이 소리를 통해 그의 세계에 이방인이 '침범'했음을 알았을 것이다. 비에 젖어 짙은 빛을 발하는 복사꽃은 시인이 찾아온 이곳이 유토피아의 세계임을 알려준다. 예민한 독자라면 복사꽃이 도연명의 〈도화원기桃花源記〉 이야기의 암시임을 눈치 챘을 것이다. 시인 이백은 우링武陵의 어부와 마찬가지로 복사꽃에 맺힌 이슬이 떨어져 만든 개울물을 따라 친구가 사는 복사꽃 핀 샘터를 찾아왔다.

    깊은 숲 속에서 얼핏 모습을 나타내는 수줍음 많은 사슴은 바깥 세상에 경계심 많은 은둔자를 대변한다. 사슴의 출현 또한 은둔한 친구가 그 근처 어딘가에 '숨어' 있음을 암시한다. 개 짖는 소리에 은둔자는 숲 속에 숨어 누가 찾아왔는지를 살핀다. 아무리 깊은 산속일지라도 절간은 있게 마련이다. 당연히 정오가 되면 절에서 종을 울리지만 그 시간이 되어도 종은 울리지 않고 침묵만이 흐를 뿐이다. 이 고요함 속에서 시인은 자신이 '문명'의 세계에서 너무 멀리 왔음을 깨닫는다. 그는 지금 '황야荒野'의 세계에 와 있는 것이다.

[8] 犬吠水聲中, 桃花帶雨濃. 樹深時見鹿, 溪午不聞鐘. 野竹分靑靄, 飛泉挂碧峰. 無人知所去, 愁倚兩三松.

남송 2

이곳에 있는 모든 존재들은 시인을 피하고 있다. 은둔한 친구와 수줍은 사슴, 그리고 구름에 모습을 가린 대나무까지도. 다만 고결함을 상징하는 소나무만이 시인의 곁을 떠나지 않는다. 그는 은둔한 친구를 찾지 못함에 실망하고 이 소나무에 기댄다. 시인과 독자는 소나무가 은둔한 친구를 상징한다는 걸 알고 있으리라. 이곳은 음양이 조화를 이룬 유토피아의 세계다. 은둔한 친구는 이곳에서 자연과 조화를 이루며 살고 있다. 시인 이백은 이곳의 세계와

마원, 〈고사관폭도〉, 1220년 경, 화첩 한 잎, 비단에 수묵채색, 26×27cm,
뉴욕 메트로폴리탄미술관

하규, 〈연수임거도〉,
화첩 한 잎, 비단에 수묵,
25×26.1cm, 베이징 고궁박물원

어울리지 못하는 이방인이다. 이 세계가 그를 받아 주지 않는다.

4. 귀환

마지막 패턴은 미지의 세계를 여행하고 자신의 은신처로 돌아와 안정된 생활을 다시 시작하는 은사를 주제로 다룬다. 이 범주의 전형적인 그림은 하규의 〈연수임거도煙岫林居圖〉같이 하루의 일과를 끝내고 그의 초가집으로 돌아오는 농부나 어부의 모습으로 나타난다. 간혹 촌부의 모습으로 나타나는 은둔자가 자신의 내면 세계의 안식처라고 할 수 있는 은거지와 바깥 세계를 상징적으로 연결하는 다리를 건너려는 순간을 묘사한 것이 전형적이라 할 수 있다.

은둔한 문인 대신 농부나 어부를 주인공으로 등장시키는 이 범주의 그림에는 일종의 과거에 대한 향수가 짙게 깔렸다. 해질 무렵 하루의 일과를 끝낸 촌부가 자신의 초가집으로 돌아오는 목가적인 모습은 보는 이에게 잃어버린, 다시는 돌이킬 수 없는 '순박한 전원생활의 향수를 자아내게 한다. 이 같은 '돌아가자'는 노자 철학의 핵심이다. 『노자』는 '본래의 뿌리로 돌아가자', '아기의 상태로 돌아가자', '순박한 상태로 돌아가자' 등 유독 '돌아가자'를 강조한다.

 이 범주의 그림과 잘 어울리는 시가 있다. 당나라 시인 왕유가 쓴 〈산속 가을 저녁〉이란 시다.

> 빈산, 새로 비 오신 뒤
> 저녁이 되자 날씨는 가을.
> 솔 사이로 밝은 달빛 비춘다.
> 맑은 샘물 바위 위로 흐른다.
> 대숲 왁자하더니, 빨래군 돌아가는군.
> 연잎 흔들리더니, 고깃배 내려가는군.
> 봄의 풀들아, 질 테면 져라,
> 왕손은 스스로 머물 것이니.[9]

 이 시에서 시인은 빨래하는 아낙네와 어부를 통해 이미 살펴본 남송의 그림과 마찬가지로 '하루 일과를 끝내고 집으로 돌아가는' 주제를 다루고 있다. 이 시의 배경은 가을이다. 가을은 겨울과 함께 새로운 생명이 탄생하는 봄으로 돌아갈 수 있는 시점이다.

 하규가 그린 또 다른 그림 〈귀가하는 농부가 있는 겨울풍경〉에는 해질 무렵 하루의 일과를 끝내고 귀가하는 농부의 모습에 겨울이라는 시간적 배경이 더해졌다. '하루의 끝'에서 '한 해의 끝'으로 시간이 확대되었다. 여기서 북송 때 곽희가 그린 〈조춘도〉를

[9] 空山新雨後, 天氣晚來秋. 明月松間照, 淸泉石上流. 竹喧歸浣女, 蓮動下漁舟. 隨意春芳歇, 王孫自可留.

머릿속에 상기하라. 집으로 돌아오는 한 가족이 떠오르는가? 이 그림은 '이른 봄'이라는 주제를 통해 새롭게 거듭나는 '중국'에 대한 염원을 반영하고 있다. 하규의 그림에서는 겨울을 시간적 배경으로 삼음으로써 새로운 시대의 도래를 염원하고 있다. 일종의 이상적인 시대였던 과거에 대한 향수가 배어 있는 셈이다.

선비의 시선

버드나무 아래에서 거니는 한 선비를 그린 〈산경춘행도山徑春行圖〉는 영종의 재위 기간에 남송의 유명한 화원 화가였던 마원이 그린 화첩 그림이다. 그림의 오른쪽 위에는 다음과 같은 짧은 제화시가 적혀 있다.

소매를 스치는 들꽃은 바람결에 춤추네.
사람을 피해 나는 새는 울음을 그쳤다네.[10]

새와 들꽃을 통해 황제의 출현에 마음 설레는 궁녀들을 상징적으로 암시하고 있는 이 제화시는 당시 황제였던 영종의 비인 양매자가 쓴 것으로 여겨진다. 자신 또한 화가이자 시인, 그리고 서예가였던 그녀는 당시 화원 화가들의 막강한 후원자였다. 양매자는 간혹 황실의 연회에서 황제의 요청으로 화원 화가들의 그림에 제화했다. 그녀의 우아한 글씨는 타이베이의 고궁박물원에 소장된 마원의 〈화등시연도華燈侍宴圖〉와 같이 현존하는 당시 화원 화가들의 작품들에서 확인할 수 있다.

양매자 같은 황족들의 제화가 덧붙여졌다는 것은 황족을 비롯한 귀족들의 예술적 취향이 화원 화가들의 화풍에 직접적인 영향을 주었음을 의미한다. 예술상의 문제에서도 당시 화원 화가들과 귀족들은 긴밀하게 교감했으며, 그들의 그림은 당시 남송 조정의 서정적인 분위기를 반영하고 있다.

〈산경춘행도〉의 시간적 배경은 봄이다. 들에 핀 봄꽃이 새들을 유혹하고 봄꽃과 새들의 지저귐, 그리고 봄 내음이 선비를 유혹해 들판으로 이끈 듯하다. 그러나 자세히 보면 버드나무 아래에 서 있는 선비의 시선이 새를 향해 있지 않음을 알 수 있다. 그의 시선은 양매자가 쓴 제화시를 향해 있다. 한 손을 올린 채 넋이 나간 듯, 약간은 위압당한 눈길로 그림의 오른쪽 위에 적힌 양매자의 제화시를 바라보고 있다.

[10] 觸袖野花多自舞, 避人出鳥不成啼.

마원, 〈산경춘행도〉, 화첩의 한 잎, 비단에 담채색, 27.4×43.1cm, 타이베이 고궁박물원

1271년 몽고, 국호를 원이라 칭함. 역참 체계 확립.
1275년 『동방견문록』의 저자 마르코 폴로, 원의 수도 다두에 도착하여 쿠빌라이 알현.
1276년 몽골의 강남 점령.
1279년 남송 멸망.
1318년 강남의 차세茶稅를 증수增收.
1314년 과거제 실시. 색목인·한인·남송인 차별 구분.
1321년 시정時政에 대한 망언 금지.
1333년 각지에서 수해와 한해 발생.
1334년 정부에서 소금 판매. 황허 범람. 이후 몇 년간 지속.
1340년 1335년에 폐지한 과거 다시 실시.

원대

원대 문인들의 묵희

 역사 스케치

원대元代(1271~1368)는 이민족인 몽골이 중국을 지배하던 시대였기에 한족 중국인들은 불행할 수밖에 없었다. 한족들에 대한 몽골 정부의 통제는 가혹했다. 남부에 집중되어 있던 문인들은 관리의 선발에서 몽골 정부로부터 차별대우를 받았다. 한족 문인들이 관리가 되는 길은 사전에 봉쇄되었다. 1315년에야 비로소 몽골 정부는 과거시험을 통한 인재등용을 재개했지만 전체 인구의 절반이 훨씬 넘는 한족에게 할당된 양은 합격자의 4분의 1이었다. 게다가 지역별 할당제를 적용해 성마다 합격자의 수를 제한했으며 이것은 강남 지역에 집중된 문인들이 관리가 되는 길을 더욱 어렵게 만들었다. 더욱 중요한 것은 관료의 약 2퍼센트만이 과거시험을 통해 등용되었다는 사실이다. 강남 문인들에 대한 몽골 정부의 박해는 정치에 국한되지 않았다. 1340년대 잦은 자연재해로 말미암아 줄

어든 재정을 보충하고자 강남의 부유층에게 과중한 세금을 부과했다.

이러한 한족 문인들에 대한 몽골 정부의 박해 탓에 이 시대 대부분의 문인은 관직을 향한 야망을 포기했다. 자신들이 계승한 전통 문화가 이민족을 교화시켜 중국 문화를 중흥시킬 수 있다고 믿어 몽골 정부에 봉사를 수락한 조맹부 같은 일부 지식인을 제외하고 대부분의 문인은 은둔의 길을 선택해 다시 좋은 세상이 오기를 기다렸다.

원대에는 경제적으로 여유 있는 문인들이 그렇지 못한 문인들의 강력한 후원자 역할을 했다. 그들에게 그림은 사회적으로 높은 지위에 있거나 권력 있는 사람에게 자신을 소개하거나 접근하기 위한 수단 또는 다른 사람으로부터 받은 경제적인 혜택에 대한 답례로 활용되는 매우 간접적인 경제적 교환가치를 지녔다. 이러한 경제적인 이점보다 더 긍정적인 측면은 문인들에게 그림은 자신들이 속한 엘리트 집단의 정체성을 확인시켜 주는 강력하고 고상한 매체라는 것이다. 원대 문인들은 명문 출신이거나 지방의 지주로서 문학적 소양을 갖춘 사대부들이다. 이 엘리트 집단 내에서 그림과 글씨는 어떤 문화적 공감대를 형성하는 즉, 그들의 관계를 확인하고 지속시키고자 서로 주고받는 예술 행위였다. 이 행위는 종종 그들의 사교 모임에서 이루어졌다. 문인들은 그들의 만남과 헤어짐을 기념하려 그림을 그렸으며, 이 그림은 그들의 사회적 유대의 징표로서 유통되었다.

시와 산문은 전통적으로 문인이 자아를 표현할 수 있는 고상한 수단이었다. 이 시기에 종종 이 두 장르의 문학은 그림에 글을 쓰는 이른바 '제화題畵'의 형태로 표현되었다. 한 공간 안에 회화, 글, 그리고 서예가 삼위일체가 되는 그림이야말로 원대 문인이 자아를 표현할 수 있는 고상한 매체로 자리 잡게 되었다. 몽골 정부의 차별로 관리가 되고자 했던 야망이 위협받았던 문인들에게 그림은 그들의 문화적 자주성을 주장할 수 있는 공간이었다.

대부분의 원대 문인들은 은둔의 길을 택했고 자신들이 선택한 길에 대한 변명이 필요했다. 잘 알려진 전원시인 도연명은 〈귀거래사〉라는 걸작을 남겼다. 왜 관직을 박차고 전원으로 돌아갈 수밖에 없었는지 그 이유를 후대 독자들에게 알리고 싶었던 것이다. 혼란한 시대에 자신들의 문화적 정체성을 보존할 수 있는 대안은 은둔이었고, 문학과 예술을 통해 그들은 자아를 추구했다. 이 장과 다음 장에서는 '변명'의 수단으로 그림을 선택한 원대 문인들의 작품 세계에서 잠시 노닐 것이다. 여기서는 그들이 그린 대나무, 고목, 바위, 매화, 난 그림을 감상하며 어떻게 그들이 자아표현을 했는지 살펴보려 한다. 이 소재들은 청렴한 선비의 이미지와 들어맞는 상징성을 지녔다. 그들은 그림을 묵희墨戱 즉, 붓과 먹으로 할 수 있는 문인들의 놀이로 여겼지만 자신을 드러내는 심각한 놀이였음은 틀림없다.

대나무를 그리지 않고 '쓴다'

14세기 초반 중국 회화는 중요한 전환점을 맞는다. 이 시기 예술가들은 그림의 사실적 재현보다는 서예 기법으로 그린다는 점에 초점을 맞추었다. 이러한 변혁은 조맹부가 주도했다. 그는 〈수석소림도秀石疏林圖〉란 그림의 제발에서 다음과 같이 밝혔다.

> 바위를 그릴 때는 비백飛白의 기법으로, 나무는 대전大篆으로, 그리고 대나무는 예서체로 그려야 한다. 만약 이와 같이 할 수 있는 이가 있다면 그는 '글씨와 그림이 본래 같다'라는 이치를 깨닫게 될 것이다.

¹ 石如飛白木如籒, 寫竹還應八法通. 若也有人能會此, 方知書畫本來同.

조맹부, 〈수석소림도〉,
두루마리, 종이에 수묵,
27.5×62.8cm, 베이징 고궁박물원

원대의 문인화가들에게 그림은 더는 현실 세계의 재현이나 특정한 주제에 대한 서정적 발로가 아니었다. 그들에게 그림을 그리는 궁극적 목적은 글이나 서예와 마찬가지로 자아표현에 있었다. 원대의 탕후湯垕는 〈화론畵論〉이란 글에서 '산수화, 묵죽, 매화와 난, 마른 나무, 기이하게 생긴 바위, 꽃과 새 그림 등 붓과 먹을 가지고 노는 것은 고상하고 빼어난 선비가 자신의 흥취를 맡기고 생각을 표현하기 위해서다'라고 말하고 있다.[2] 이 시기 문인들이 가졌던 그림에 대한 생각이 잘 드러나는 대목이다.

　그림에 서예 기법을 적용하는 원대 문인들의 경향은 수묵으로 그린 대나무와 고목, 그리고 바위 그림에 가장 잘 나타난다. 간혹 이 세 가지 상징적 주제들은 한 작품 속에 통합된 형태를 띠었으며 원대 문인들의 자아표현에서 이 결합이야말로 가장 설득력 있는 주제였다. 대나무와 고목, 그리고 바위는 모두 전통적으로 고대 텍스트를 통해 형성된 상징적 의미가 있는 것들이다. 어떤 주제와 관련해 형성된 문화 관습은 그림의 대상 선택에 중요한 역할을 한다. 이 주제들은 대체로 청렴한 선비에 비유되었다. 문동文同, 1019~1079과 소식 같은 북송 문인들은 이 세 가지 주제들이 지닌 상징성의 잠재력을 처음으로 제기했다. 여기 문동의 그림에 인용

[2] 山水墨竹, 梅蘭, 枯木, 奇石, 墨花, 墨禽等, 遊戲翰墨, 高人勝士, 寄興寫意者.

된 소식의 글을 예로 들어본다.

> 대나무는 차가우나 빼어나고, 나무는 여위지만 오래 견디고, 바위는 흉하지만 문채를 이룬다. 이들을 '세 가지 이로운 벗'이라 한다. 깨끗하니 가까이할 수 있고, 아득히 멀리 세속에 초연하니 구속받지 않는다. 나는 이러한 사람이 그립구나. 아하! 이러한 사람을 다시 볼 수 있을까?[3]

거센 바람에 휘어질지언정 부러지지 않는 대나무는 고결함과 굳건함을, 오랜 세월동안 추운 겨울을 견뎌 낸 고목은 생존을, 바위는 인내를 표상한다. 이 밖에도 원대 문인들은 그림의 주제로 추운 겨울에도 푸름을 잃지 않는 소나무, 세찬 눈보라와 엄동의 추위를 견디고 가장 먼저 꽃을 피우는 매화를 즐겨 그렸다. 몽골이란 이민족의 치하에서 혼탁한 세상에 물들지 않고 고결함을 꿋꿋하게 지키려 했던 한족 지식인들의 취향과 잘 맞아떨어졌던 것이다.

이 중에서도 대나무는 유연하면서도 탄력 있는 속성으로 일찍부터 군자에 비유되었다. 하지만 문인 화가들의 시선을 끌기 시작한 것은 북송 때부터였고 이는 소식과 문동의 만남에서 비롯되었다. 문동이 그린 휘어진 대나무 그림 〈묵죽도〉를 보고 그의 제자이자 친구인 소식은 대나무의 속성을 '휘어지지만 꺾이지는 않는다'라고 정의하고 모진 세파에서도 끝내 지조를 잃지 않았던 문동에게 빗대었다. 즉, 그는 대나무처럼 세상에 순응하지만 결코 꺾이지 않는 지조를 지녔다는 것이다.

소식은 문동의 〈묵죽도〉에 쓴 발문에서 이 휘어진 대나무가 문동의 임지인 링양陵陽 북쪽 벼랑에서 자라며, '대 꺼풀이 채 벗겨지기 전 나무좀으로 손상 받았고', '험준한 바위산에서 고생했기 때문에' 이렇게 휘어진 모양을 띠게 되었다고 설명한다.[4] 문동

[3] 竹寒而秀, 木瘠而壽, 石醜而文, 是爲三益之友. 粲乎其可接, 邈乎其不可囿. 我懷斯人, 嗚呼其可復觀也.
[4] 紆竹生於陵陽守居之北崖, 蓋岐竹也. 其一未脫籜爲蝎所傷, 其一困於嵌巖, 是以爲此狀也. 吾亡友與可爲陵陽守, 見而異之, 以墨其形……以爲好事者動心駭目詭特之觀, 且以想見亡友之風節, 其屈而不撓者, 蓋如此云.

원대

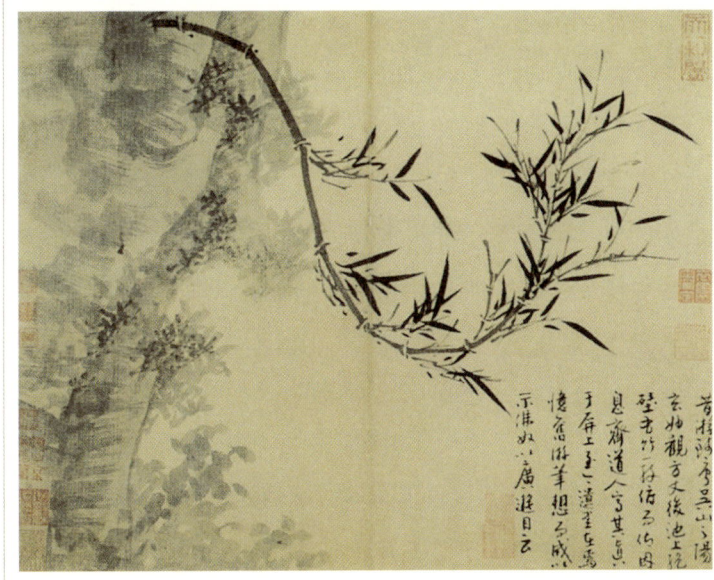

오진, 『묵죽보책』의 한 잎, 1350,
화첩, 종이에 수묵,
41.3×52cm,
타이베이 고궁박물원

이 쓴 〈우죽기紆竹記: 휘어진 대나무에 관한 글〉에 따르면 그는 열악한 주위환경의 영향을 받아 정상적으로 발육하지 못한 휘어진 대나무를 보고 '휘어졌지만 꺾이지 않는' 그 불굴의 정신에 감명 받았다고 전한다. 개혁파와 보수파가 박빙을 벌이다가 개혁파가 득세하자 보수파에 속한 문동은 '박해'를 감내해야 했다. 이런 문동으로서는 자연히 척박한 환경에서도 꿋꿋하게 휘어진 대나무에 동정심을 갖는 것은 너무 당연한 일이었다.

 바람에 날리는 대나무 그림

1350년 대나무를 심는 날(죽취일竹醉日: 대나무가 술에 취하는 날)인 음력 5월 13일, 원대 최고의 묵죽 화가로 평가받는 오진吳鎭, 1280~1354은 그의 걸작 중 하나인 〈소식이 그린 '풍죽도風竹圖'를 모방하여〉를 그렸다. 이 작품 역시 휘어진 대나무를 묘사한 것으로, 그림과 완벽한 조화를 이루는 그의 글씨는 소식이 바람에 날리는 대나무

문동, 〈묵죽도〉, 1070년경, 족자,
비단에 수묵, 132.6×105.4cm,
타이베이 고궁박물원

151

를 그리게 된 배경을 설명하고 있다. 산속에서 폭풍우를 만나 비를 피하려 친구 집에 들른 소식은 옷이 비에 흠뻑 젖었음에도 아랑곳하지 않고 흥에 겨워 바람에 휘날리는 대나무 그림을 촛불 아래에서 그렸다고 한다. 후에 이 그림은 돌에 새겨졌다. 오진은 우싱吳興이란 곳으로 여행하던 중 이 돌을 발견했다. 그러나 이미 둘로 쪼개진 후였다. 소식이 실각해 유배를 갔을 때 누군가의 명에 의해 이 돌이 파괴되었던 것이다. 오진은 이 부서진 돌을 탁본했다.

    오진이 대나무를 그리기 시작한 것은 여행에서 돌아온 직후라 한다. 문동과 소식을 의식하고 그린 유명한 『묵죽보책墨竹譜册』은 그가 71세 되던 해인 1350년 음력 5월 1일에 작업을 시작해서 한 달 반 만에 완성한 책이다. 이 화첩의 스물한 번째 잎은 문동의 휘어진 대나무 그림 〈묵죽도〉를 모방해 그린 것이다. 오진은 이민족 몽골 치하의 원대를 살았던 문인이다. 몽골 정부에서 멀리 떨어져 은둔을 택했던 그에게 휘어진 대나무는 모진 역경에 휘어질지언정 결코 절개를 꺾지 않았던 자신의 모습을 대변해주는 것이었다.

오진,
〈소식이 그린 풍죽도를 모방하여〉,
1350, 족자, 종이에 수묵,
32.5×109cm, 프리어미술관

소나무 아래서 바람소리를 듣다

중국 회화에는 소나무 아래에서 바람소리에 심취한 문인의 모습을 담은 그림이 많다. 그렇다면 소나무 아래에서 바람소리를 듣는 것은 어떤 함축적 의미가 있을까? 우선 늘 푸른 소나무는 지조를 굽히지 않는 고결한 선비와 자신을 알아줄 진정한 군주를 기다리는 인재에 비유된다. 바람은 왕을 상징한다. 바람의 목적은 다른 무언가에 영향을 끼치는 것이다. 바람에 비유되는 왕의 본분은 자신의 문화적 영향력을 통해 백성에게 좋은 영향을 주어 그들을 교화시키는 것이다. 그렇다면 소나무와 바람의 만남, 소나무에 스치는 바람소리는 무슨 의미이겠는가? 당나라의 한유韓愈, 768~824는 먼 길을 떠나는 절친한 친구인 맹교孟郊, 751~814를 위로하려고 쓴 〈송맹동야서送孟東野序〉란 글에서 사물이 소리를 내는 것을 다음과 같이 파악하고 있다.

> 대체로 사물은 평정함을 얻지 못할 때 소리를 낸다. 소리 내지 않는 초목은 바람이 흔들어 울게 한다. 물 또한 소리를 내지 않지만 바람이 일렁이게 하여 울게 한다. 물이 뛰어오르는 것은 물결이 서로 부딪쳐 흐르기 때문이며, 물이 치달리는 것은 무엇인가가 막혀 통하지 않기 때문이요, 물이 끓는 것은 가열했기 때문이다. 쇠붙이와 돌은 소리 내지 않는 것을 쳐서 울리게 한다. 사람의 말도 그러하여 부득이 한 것이 있은 후에야 말을 한다. 사람이 노래를 부르는 것은 생각이 있어서이고 곡을 하는 것은 그리움이 있어서이니, 대체로 입에서 나와 소리를 내는 것은 아마 모두 평정하지 못함이 있어서일 것이다.[5]

한유에 의하면 모든 사물은 평정을 잃을 때 소리를 낸다고 한다. 본래 초목과 물은 소리 내지 않는데 본래의 평정함이 흩뜨려져 움직이면 소리를 낸다는 것이다. 이들이 소리를 울리는 것은 바람에 의해서다. 사람 또한 이와 마찬가지여서 마음의 평정이 깨지면 자신의 소리를 울린다. 기쁨으로 평정이 깨지면 기쁜 소리를 내고 슬픈 일로 평정이 깨지면 슬픈 소리를 낸다. 그래서 옛 선비들은 그 사람이 내는 소리를 듣고 그 사람의 마음을 헤아렸다. 문인들은 글로 소리를 낸다. 그들에게 문학은 자신의 소리를 내는 고상한 방법이었다.

소리에 대한 한유의 생각은 이후 고대 중국의 문인들이 공유했던 사물의 소리 냄에 대한 문화 관습을 형성한다. 이 같은 생각

[5] 大凡物不得其平則鳴, 草木之無聲, 風撓之鳴, 水之無聲, 風蕩之鳴, 其躍也或激之, 其趨也或梗之, 其沸也或炙之. 金石之無聲, 或擊之鳴, 人之於言也亦然. 有不得已者而後言, 其謌也有思, 其哭也有懷. 凡出乎口而爲聲者, 其皆有弗平者乎.

이 그림으로 표현된 가장 전형적인 예는 12세기 한 무명 화가가 그린 〈송하예장松下曳丈: 소나무 아래에서 지팡이를 끌며〉이다. 이 그림에는 한 선비가 지팡이를 짚고 소나무 아래에서 고결한 선비를 상징하는 소나무와 대나무를 스치며 나는 바람소리를 주의 깊게 듣고 있다. 대나무는 본래 폭풍우가 몰아쳐도 좀처럼 잎사귀를 떨어뜨리지 않지만 이 그림을 그린 무명의 화가는 땅바닥 위에 대나무의 잎사귀를 떨어뜨려 놓았다. 대나무는 충절한 선비의 표상이기에 낙엽을 떨어뜨린 대나무는 버림받은 선비를 상징한다. 그렇다면 소나무 아래에서 바람소리를 듣는 문인의 모습은 어떠한 의미가 있을까? 자신과 동일시되는 소나무에 스치는 바람소리로 왕의 존재를 깨닫는 자를 뜻한다. 땅바닥에 잎사귀를 떨어뜨린 대나무는 버림받은 선비를 표상하므로 이 그림의 선비는 고결한 인품을 지녔지만 간신배들에 둘러싸여 자신의 진가를 몰라주는 왕에게 버림받아 유배된 자이다. 그는 바람소리로 왕의 존재를 깨닫고 그리워한다. 그렇기에 소나무 아래에서 선비가 들은 소나무의 바람소리는 한유의 이론을 빌리면 필시 몹시 애절했을 것이다.

작자 미상,
〈소나무 아래에서 지팡이를 끌며〉,
12세기, 화첩으로 표장된
부채 그림, 비단에 수묵채색,
타이베이 고궁박물원

오진의 바람에 날리는 대나무 그림 역시 한유에서 시작한 소리에 관한 문화 관습의 전통을 따르고 있다. 이민족인 몽골의 치하에 살았던 한족 지식인 오진. 바람에 날리는 대나무는 아마 오진 자신의 모습일 것이다. 세찬 바람에 비록 그 줄기를 휘었지만 결코 꺾이지 않는 대나무를 통해 이민족의 시대를 살아가는 자신의 모습을 보여주는 것이다.

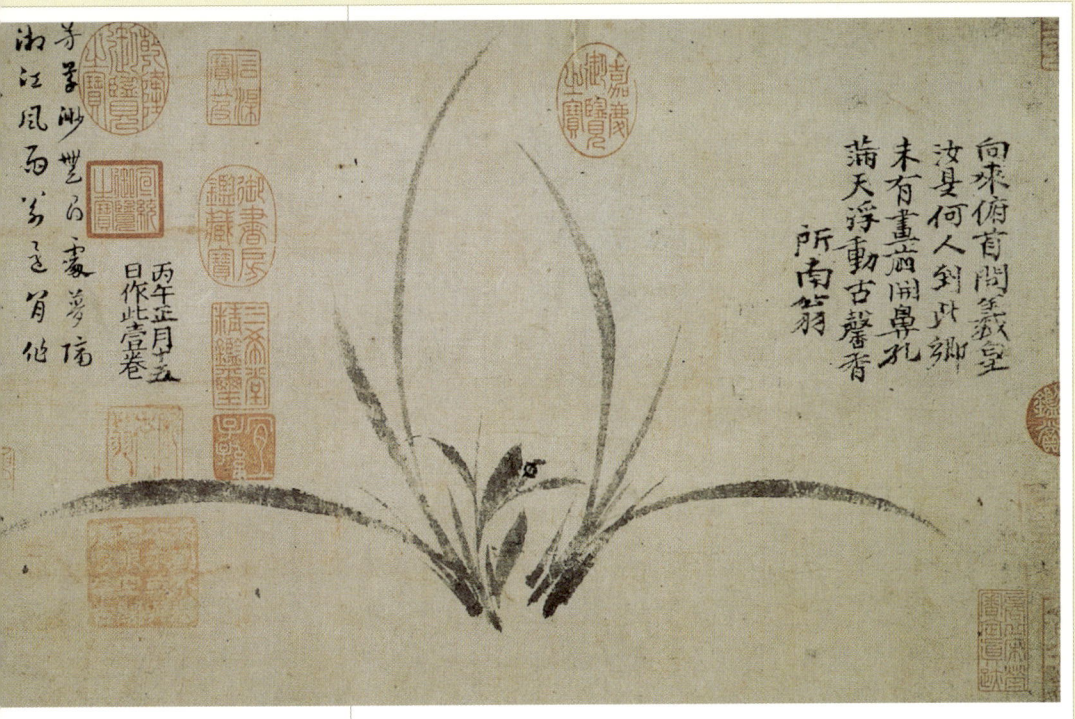

정사초, 〈난〉, 두루마리,
종이에 수묵, 25.8×42.7cm,
오사카 시립미술관

정사초의 뿌리 없는 난초 그림

몽골의 한족 지식인들에 대한 탄압은 너무 완강했기에 그들의 어떤 저항도 헛된 것이었다. 원대 초 몽골 정부에 봉사를 거부하거나 사라진 송에 충절한 마음을 노골적으로 표현하는 것은 현실적으로 거의 불가능했다. 그럼에도 벼슬자리를 주겠다는 몽골 정부의 유혹을 뿌리치고 원나라에 대한 저항의식을 숨기려 하지 않은 사람들이 있었다. 이들 대부분은 송나라에서 관직생활을 경험했던 자들이다. 사람들은 이들을 나라 잃은 백성을 뜻하는 '유민遺民'이라 불렀다. 대부분의 유민은 가난 속에 살았다. 이민족에 대한 항거가 모두 수포로 돌아가자 좌절에 빠진 유민들은 미묘하고 상징적인 방법으로 새로운 왕조에 저항의식을 표명했다.

뿌리 없는 난 그림을 그린 정사초鄭思肖, 1241~1318는 남송의 유민으로서 이민족 몽골이 중국을 지배했던 원대를 살았다. 그의 본명은 정모鄭某였다. 송이 이민족에 의해 망하자 그는 이름을 '사초思肖'로 바꾸었다. '肖'는 '조趙'라는 글자 일부다. 송 황족들의 성이 조 씨임을 생각하면 '사초'는 조광윤趙匡胤이 세운 송을 생각한다는 의미를 담고 있다. 그의 자인 '소남옹所南翁'은 '남쪽을 향해 있는 노인'이란 뜻이며 이 남쪽에는 사라진 남송의 수도 항저우가 있었다. 한마디로 송을 향한 한결같은 마음을 가슴속에 간직하겠다는 뜻이다.

1306년 정사초는 황야에서 남의 이목을 받지 못한 채 '꽃을 활짝 피운' 교양 있고 불만에 가득 찬 선비에 대한 은유로 난 그림을 그렸다. '중국'의 영토를 강탈한 이민족 몽골에 대해 강한 저항의식을 견지하던 그에게 난은 남송을 향한 자신의 충정을 상징했다. 송의 애국지사였던 그는 몽골에 대한 저항의식을 뿌리 없는 난 그림을 통해 상징적으로 표현했다. 그림 속에서 난의 뿌리를 감싸고 있어야 할 흙을 아예 제거함으로써 몽골이 '강탈한' 흙에 뿌리내림을 거부했다.

뿌리 없는 난 그림을 그린 정사초가 살던 시대의 선비는 감히 글을 통해 자신을 표현하지 못했다. 글로 쓴 모든 것은 반역의 이중적 의미가 있는지 검열관이나 환관에게 철저히 조사하게 했다. 따라서 이 그림은 정치적 항거의 가장 완곡한 표현의 하나라 할 수 있다. 제화시에서도 그는 아무것도 드러내지 않는다. 단지 다음과 같이 말할 뿐이다.

머리 숙이고 희황에게 물어보았지
당신이 누구냐고. 그리고 이곳에 왜 왔느냐고.

그림을 그리기 전에 콧구멍을 열었지
온 하늘 가득히 떠도는 옛 향기라네.⁶

 왕면의 거꾸로 매달린 매화 그림

이번엔 매화 그림이다. 거꾸로 매달린 매화 그림 〈단교향설도斷橋香雪圖: 눈 내린 끊어진 다리〉를 그린 왕면王冕, 1287~1359은 지금의 저장성 사오싱紹興 사람으로, 경세제민의 포부를 안고 여러 차례 과거시험에 응시했으나 계속 낙방했다. 그리하여 강호를 유랑하는 신세로 지내다 난세의 도래를 예감하고 고향으로 돌아가 져우리산九里山이란 곳에 은거했다. 그는 관리의 꿈을 접고 이곳에서 수천 그루의 매화나무를 심고 시와 그림을 벗 삼으며 은둔한 문인의 삶을 살았다. 그러나 끝내 공명을 향한 미련을 버리지는 못해 1359년 주원장의 군대가 저장성에 진입했을 때 그를 찾아가 군사고문을 자청하고 사오싱을 함락할 계책을 제시했다고 한다. 그러나 그 계획은 실패로 돌아갔고 왕면은 얼마 안 있어 세상을 하직했다.

관리가 되는 길이 좌절되자 왕면이 생계를 위해 선택한 길은 그림을 그리는 것이었다. 그는 묵매에 뛰어난 능력을 발휘했다. 왕면 묵매의 대표작이라 할 수 있는 이 거꾸로 매달린 매화 그림은 원대 묵매의 극치를 보여준다. 다음은 왕면이 그의 그림에 쓴 제화시다.

한 그루 겨울 매화 백옥 가지는
따사로운 바람에 눈송이를 휘날린다.
외로운 산의 처사는 한결같은 마음인데
누군가 생황의 노래 싣고 끊어진 다리를 건넌다.⁷

⁶ 向來俯首問羲皇, 汝是何人到此鄕. 未有畵前開鼻孔, 滿天浮動古馨香.
⁷ 一樹寒梅白玉條, 暖風吹亂雪飄飄. 孤山處士情如故, 誰載笙歌過斷橋.

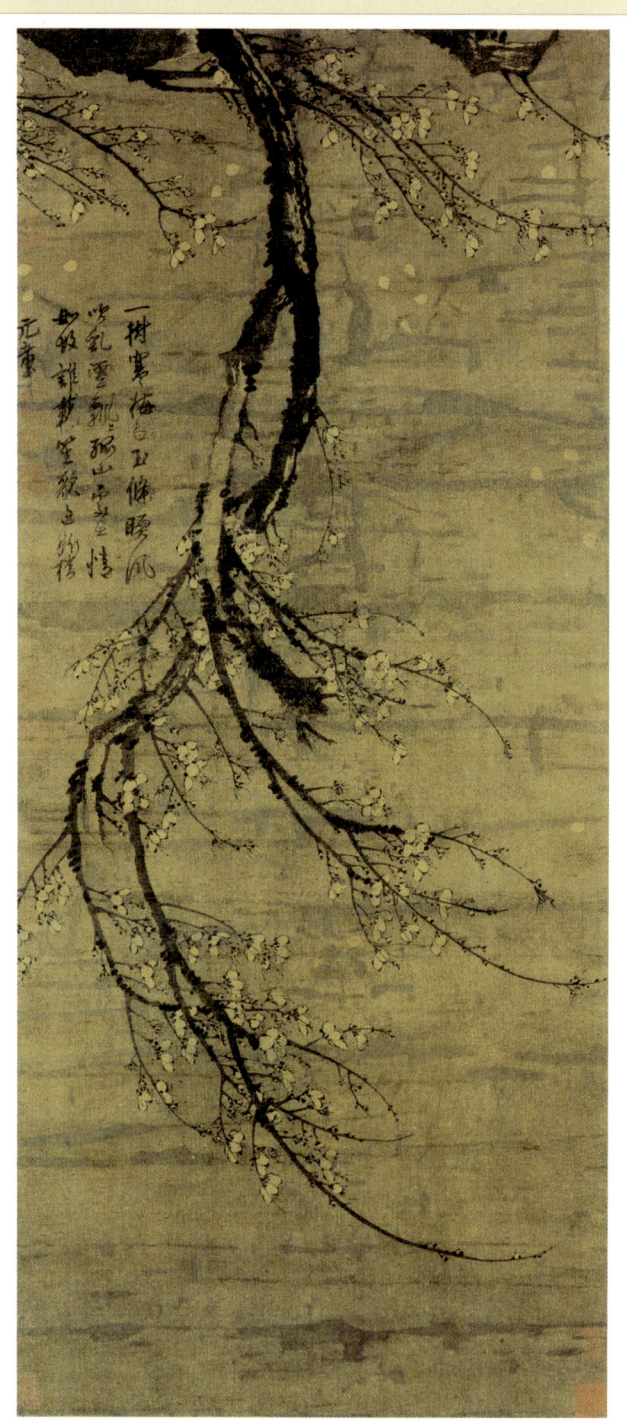

왕면, 〈단교향설도〉, 족자,
비단에 수묵, 141.3×53.9cm,
타이베이 고궁박물원

다른 꽃들이 모두 져버린 겨울에 피는 매화는 세속에 물들지 않은 지조 높은 선비를 상징한다. 마지막 눈이 녹기도 전에, 말라 버린 심지어 다 죽어 가는 가지에서 꽃을 피우는 매화는 불굴의 의지와 재생, 그리고 청순한 아름다움의 표상이다. 또한, 다른 꽃들보다 늦게 피는 까닭에 사람들의 이목을 끌지 못하고 소외된 청렴한 선비에 비유되기도 한다.

북송과 남송이 교체되는 난세를 살았던 육유陸游, 1125~1210란 시인은 매화를 '역 바깥 끊어진 다리 가에 적막하게 주인 없이 피었구나'[8]라고 노래했다. '끊어진 다리'는 사람이 찾지 않는 적막한 공간에 매화가 피었음을 말한다. 왕면은 애국 시인으로 이름 높았던 육유가 쓴 이 시를 의식한 탓에 자신의 매화 그림 제목에 '끊어진 다리'를 집어넣었다. 세상 사람의 발길이 닿지 않는 역 바깥, 그것도 끊어진 다리 위에 핀 매화를 통해 왕면은 세상 사람들이 알아주지 않는 자신을 표현하고자 했다. 더 나아가 왕면은 끊어진 다리 위에 매화를 거꾸로 매달리게 했다. 이를 통해 왕면은 이민족이 지배하는 '뒤집힌' 시대를 사는 자신을 표현하고 싶었을 것이다.

왕면은 이 그림에서 눈이 덮여 백옥처럼 새하얀 매화 가지의 모습을 이른바 '비백' 기법으로 표현했다. 매화의 백옥 가지가 따사로운 바람에 눈송이를 휘날린다. 왕면은 아직 눈이 채 녹지 않은 겨울인데도 '따사로운 바람'이란 표현을 사용했다. 따사로운 바람은 봄에 불어야 맞는 이치이니 시간상으로 잘 어울리지 않는다. 하지만 중국에서 전통적으로 바람이 왕의 존재를 상징한다는 것을 상기한다면, 독자는 왕면이 식물의 생장을 돕고자 불어오는 따사로운 바람으로 백성에게 덕으로 혜택을 주는 왕의 존재를 말하고 있음을 알아챌 것이다.

[8] 驛外斷橋邊, 寂寞開無主.

한편 왕면의 경우에도 한유의 '소리 이론'을 적용할 수 있겠다. 눈의 새하얀 색깔은 고결함을 상징한다. 자신에게 불어온 따사로운 바람에 대한 매화의 반응은 가지를 덮은 눈송이를 휘날리는 것이었다. 소리 없는 시각적 울림이었다.

다음에 등장하는 '외로운 산의 처사'라는 표현은 어지러운 세상을 피해 매화를 벗 삼으며 자연에 은거한 북송 때의 시인 임포林逋, 967~1028를 가리킨다. 왕면은 자신을 임포에 비유했다. '생황의 노래'는 인간이 만들어낸 소리다. 누군가 이 생황의 노래를 부르며 매화가 핀 끊어진 다리를 지나고 있다. 이 인간 세상의 소리가 속세의 모든 번뇌를 잊고 자연 속에 묻혀 사는 왕면의 심기를 건드렸다. 왕면은 조맹부와 비슷한 생각을 하고 있었나보다. 사라진 송나라의 황족이었던 조맹부는 이민족 몽골의 지배를 좋아하지 않았지만 몽골 정부의 제의를 받아들여 고관이 되었다. 비록 이민족의 치하이지만 '중국' 문화가 여기서 끊어져서는 안 된다는 생각에 주위 사람들의 비난에도 관리의 길을 걸으며 중국 문화를 중흥하게 하려고 노력했다. 하지만 조맹부와 달리 왕면은 중국 문화의 부흥을 주도할 기회를 얻지 못했다.

이렇듯 거꾸로 매달린 매화 그림에는 왕면의 복잡한 심경이 반영되어 있다. 어찌 보면 이 그림은 세상에 대한 그의 소리 없는 외침이라 하겠다.

진홍수의 〈귀거래혜도〉

여기서는 명·청의 교체기에 살았던 진홍수陳洪綬, 1599~1652라는 문인 화가의 작품 한 폭을 가지고 국화와 관련된 이야기를 풀어 보려 한다. 살펴볼 두루마리 그림 〈귀거래혜도歸去來兮圖〉는 진홍수가 만년에 제작한 인물화로, 1650년 여름 항저우 시후西湖에서 11일 동안 그린 그림들 가운데 하나다. 이 그림을 그린 배경에는 당시 미술품 수집가이자 감정가로 이름 높았던 주양공周亮工, 1612~1672이 있다. 그는 진홍수의 열렬한 후원자이자 오랜 벗이었다. 1649년에 푸젠성의 재정과 인사를 담당하는 관직인 포정사布政使로 임명된 주양공은 만주족 청나라 정부에 협조한 최초의 한족 중국인 중 한 사람이었다. 그림 속 주인공 도연명은 혼란한 시대를 살면서 자신의 정체성을 지키고자 관직을 박차고 고향으로 돌아가 은거한 사람이다. 진홍수는 베이징으로 가는 길에 시후에 있는 자신을 찾아온 친구 주양공에게 혼탁한 세상에서 관직을 박차고 전원으로 돌아가는 도연명의 모습을 그린 일련의 그림들을 보여주면서 그의 벗이 일찌감치 관직에서 물러나 곤혹스러움에서 일탈할 것을 넌지시 충고했다. 그러나 주양공은 친구의 충고에 귀를 기울이지 않았다. 몇 년 뒤 주양공은 부정 사건에 휘말려 규탄을 받고 투옥되는 곤욕을 치렀다.

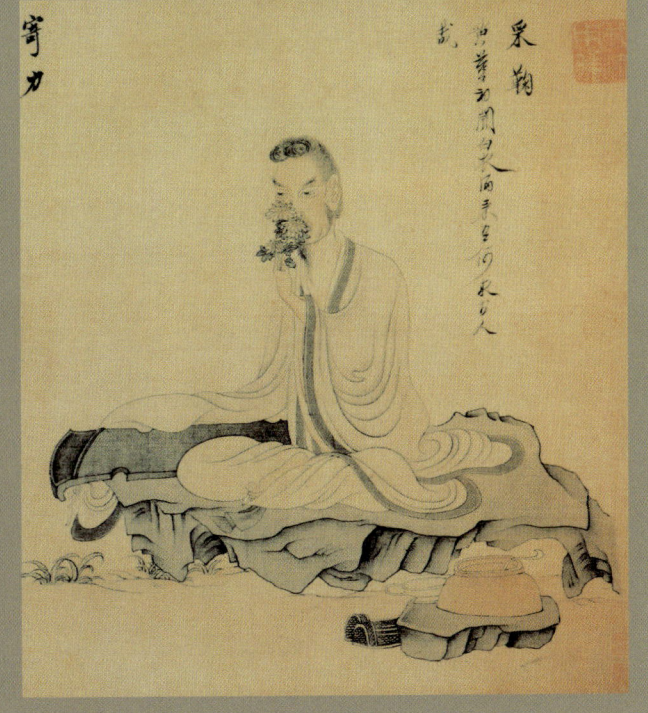

진홍수, 〈귀거래혜도〉의 '채국' 부분, 1650, 두루마리 일부, 비단에 담채, 호놀룰루예술원

원대

도연명과 국화

이번에 감상할 진홍수의 그림은 도연명이 관직을 박차고 전원으로 돌아갈 수밖에 없었던 자신을 '변명'하기 위해 쓴 〈귀거래사〉란 글을 도해한 그림 〈귀거래혜도〉 중 '채국採菊: 국화를 따다' 부분이다. 도연명은 술과 국화를 사랑한 시인이었다. 세상이 어지러울 때 그는 전원으로 돌아가 자신의 순수함-도연명은 '수졸守拙: 졸박함을 지킨다'을 자주 언급했다-을 지키려고 노력했다. 도연명은 자연 속에서 자신의 이미지와 잘 어울리는 대상을 찾고 싶었다. 그가 발견한 것은 국화였다. 진홍수는 도연명이 쓴 〈음주飮酒〉란 시를 염두에 두고 〈귀거래혜도〉 '채국'을 그린 듯하다.

사람 사는 고장에 막집을 엮었으나
수레와 말의 시끄러움이 없다.
묻노니 그대는 어떻게 그러할 수 있는가
마음이 초원하니 땅은 절로 편벽해지는 거요.
동쪽 울타리 밑에서 국화 따다가
멀리 남쪽의 산을 본다.
산 기운은 저녁나절에 좋고
하늘 나는 새 함께 돌아간다.
이 가운데 참뜻이 있으나
따져 말하려 해도 이미 말을 잊었다.[9]

펑쩌현彭澤縣의 현령으로 있을 때 관직생활에 염증을 느낀 도연명은 현령 자리를 박차고 고향으로 돌아갔다. 그가 살던 동진東晉(317~420)은 혼란한 시기였다. 도연명은 전형적인 문인이었고, 문인의 사명은 유교의 가르침을 사회에 구현하는 것이었다. 그러나 그가 처한 현실은 뜻을 펼치기에는 너무 혼란스러웠다. 유교에서 내세우는 문화 시스템이 그 효력을 발휘하지 못한 시대였다. 도연명은 〈감사불우부感士不遇賦〉에서 '차라리 궁함을 고수해 뜻을 이룰지언정 억지로 굽혀 자기에게 누가 되어서는 아니 되리'[10]라며 자신이 난세를 사는 방법을 밝힌다.

사마천은 『사기』 〈공자세가〉에서 '공자가 말했다. "안 되지, 안 돼. 군자는 죽은 후 이름이 알려지지 않을 것을 걱정한다. 나의 도가 행해지지 않을 것 같은 데 그럼 나는 무엇으로 후세에 이름을 남길 수 있을까?" 이에 공자는 역사 기록에 근거해 『춘추』를 지었다'[11]라고 언급하고 있다. 도연명은 자신의 글쓰기를 공자가 『춘추』라는 역사책을 쓴 것과 같은 맥락에서 보고 있다. 희망이 보이지 않는 절망적인 시대에도 '도를 밝히는' 일은 필요했으며 난세에 관리로 등용되어 자신의 뜻을 펼치는 대신 글쓰기로 공자가 말하는 서주의 이상적인 문화 시스템 즉, '사문斯文'을 전술하는 것이 이에 해당하였다. 조용히 세상에서 물러나 글쓰기를 통해 '사문'이란 유교에서 지향하는 이상적인 문화 전통을 후세에 전하고자 한 것이다.

도연명이 전원으로 돌아간 것은 『맹자』에서 말하는 '옛 사람은 뜻을 얻으면 혜택을 백성에게 베풀고, 뜻을 얻지 못하면 몸을 닦아 세상에 이름을 드러낸다. 궁하면 홀로 그 몸을 좋게 하고, 달하면 천하를 좋게 한다'[12]는 전통적인 문인의 처세 방법을 따른 것이다. 도연명은 전원으로 돌아가 은거했지만 완전히 속세를 등지지는 않았다. 그는 인간 세상의 경계 안에 있었다. 그곳에는 수레와 말의 시끄러움이 없었고 속세에 대한 모든 미련 또한 저만치에 있다.

이제 도연명은 동쪽 울타리 밑에서 국화를 딴다. 그는 왜 국화에 집착하는 것일까? 중국인들은 추운 날씨를 두려워하지 않고 홀로 피는 고결함을 지닌 국화를 좋아한다. 국화는 중양절과 밀접한 관련이 있다. 중국인들은 9월 9일 중양절에 높은 곳에 올라 국화를 감상하고 국화주를 마신다. 『서경잡기』에는 '9월 9일, 수유를 허리에 차고 쑥을 먹고 국화주를 마시면 장수를 누리게 된다'[13]라 쓰여 있다. 이런 생각에 도연명 역시 '술은 온갖 근심을 떨쳐 주고, 국화는 나이 먹는 것을 억제해 준다'[14]라고 어떤 시를 통해 노래했다.

중양절과 관련하여 국화가 지니는 또 다른 의미는 장수 이외에도 정화의 기능을 갖는다는 것이다. 국화는 '벽사辟邪'의 기능이 있어 나쁜 것이 근접하지 못하게 한다. 세상이 어지러울 때 도연명은 조용히 세상에서 물러나 자신의 졸박함을 지키려 노력했다. 그는 국화가 자신의 고결함을 지켜 줄 수 있다고 믿었다.

국화를 딴 도연명은 그다음에 무엇을 했을까? 무심코 남산을 바라보았다. 원문의 '見'은 의식적인 바라봄이 아니다. 국화를 따다 우연히 고개를 드니 남쪽 산이 눈 안에 들어온 것일 뿐이다. 이 시에서 산은 자연 자체를 의미한다. 동쪽 울타리 밑에서 국화를 따다 멀리 남쪽 산을 본다는 것은 시인이 자연과 조화를 이뤄 하나가 된 순간을 표현한 것이다.

시인은 남산을 보며 그의 눈에 비친 광경을 묘사하고 있다. 저녁노을 무렵 새가 산을 향해 돌아가고 있다. 여기서 시인은 새와 자신을 동일시했다. 자신 또한 새처럼 마땅히 깃들여야 할 곳 - 자연 - 으로 돌아왔음을 의미하는 것이다. 그래서 도연명은 〈귀원전거〉란 시에서 '오래도록 새장 속에 갇혔다가 이제야 자유로운 삶으로 다시 돌아왔구나'라고 노래했으리라.

[9]結廬在人境, 而無車馬喧. 問君何能爾, 心遠地自偏. 採菊東籬下, 悠然見南山. 山氣日夕佳, 飛鳥相與還. 此中有眞意, 欲辯已忘言.
[10]寧固窮以濟意, 不委曲而累己.
[11]子曰: '弗乎弗乎, 君子病沒世而名不稱焉. 吾道不行矣, 吾何以自見於後世哉.' 乃因史記作春秋.
[12]古之人, 得志, 澤加於民. 不得志, 修身見於世. 窮則獨善其身, 達則兼善天下.
[13]九月九日, 佩茱萸, 食蓬餌, 飮菊花酒, 令人長壽.
[14]酒能祛百慮, 菊解制頹齡.

1341년 후광湖廣·산둥에서 반란, 원의 지배권 점차 약화됨.
1343년 황허 제방 터짐. 요·금·송 세 나라 정사正史 편찬 시작.
1344년 황허 지역 수해. 산둥에서 염도鹽徒의 난 발생.
1351년 홍건적의 난 일어남.
1352년 곽자흥郭子興, 하오저우濠州에서 봉기. 주원장, 곽자흥 군대에 투신.
1353년 장사성, 타이저우泰州에서 봉기.
1366년 왕몽, 〈청변은거도〉 완성.
1367년 주원장, 핑장平江에서 장사성을 멸함.

원 말 문인들의 평원 산수화

 오진의 삼단 구도 평원 산수화

이 장에서는 원 말 문인들이 그린 평원 구도의 산수화를 통해 어떻게 그들이 그림에서 자신의 생각을 드러냈는지 살펴보려 한다. 이 시기 평원 산수화의 대표적인 문인은 오진과 예찬이기에 두 거장의 작품을 감상할 것이다. 이미 북송 말 왕선과 곽희의 그림을 통해 평원 구도의 산수화가 어떤 의미가 있는지 잘 알고 있다. 하지만 오진과 예찬의 평원 산수화는 북송 말과는 다소 차이가 있다. 북송의 평원 산수화가 주로 두루마리를 사용해 시간의 경과를 표현하는 묘미를 살렸다면, 오진과 예찬의 그림은 족자에 세 개의 공간을 설정해 놓은 삼단 구도의 평원 산수화가 그 특징이라 하겠다.

자, 이제 두 거장 중 오진吳鎭, 1280~1354에 대해 먼저 이야기하

오진, 〈동정어은도〉, 1341, 족자,
종이에 수묵, 146.4×58.6cm,
타이베이 고궁박물원

련다. 그는 진정으로 속세를 떠난 문인이었다. 좋은 환경에서 유교 교육을 받았지만 출사를 위해 과거시험에 응시하지는 않았으며 관직을 탐하지도 않았다. 대신 시장에서 점을 치거나 그림을 팔아 생계를 유지했다. 성격이 괴팍하여 사람들과 잘 어울리지 못한 탓에 그의 그림에는 다른 사람의 제발이 전혀 없다. 후원자를 위한 작업을 거부했던 이 같은 꼿꼿한 성격 때문에 한평생 그는 가난과 벗해야 했다. 진정한 은둔자였던 오진. 자신의 고결한 성품과 걸맞게 그는 매화를 특히 좋아했다. 오죽하면 자신의 집 주위에 매화나무를 심어 놓고 스스로 '매화도인'이라 칭했겠는가.

오진은 묵죽과 어부도를 잘 그렸다. 앞 장에서 이미 그의 묵죽을 살펴보았기에 여기서는 그의 어부도 두 폭을 감상하자. 그가 왜 그림의 주제로 어부도를 선택했던 것일까? 그림 속 어부는 바로 은둔자였기 때문이다. 고대 중국에서 은둔은 조정에서 관료로 봉사하는 것 대신 정부가 인정하는 유일한 대안이었다. 웨이수이 渭水에서 낚시를 하다가 주나라 무왕에게 발탁된 강태공 이후 어부로 사는 것은 아주 높은 평가를 받을 수 있는 은둔의 고상한 생활 방식이었다. 자신의 고결함을 보전하면서 좋은 시대의 도래를 기다리는 데 낚시 만한 것은 없었으리라. 오진이 노년에 살았던 강남은 반란과 강탈이 난무하는 그야말로 혼란 시기였다. 은둔 생활, 세속의 다툼으로부터의 도피를 은유하는 두 폭의 어부도에는 안정을 갈망하고 세상의 혐오스런 현실로부터 도피하려는 염원이 반영되어 있는 셈이다.

오진이 1341년에 족자에 그린 어부도 〈동정어은도洞庭漁隱圖〉는 세 부분으로 구성되어 있다. 즉, 그림의 전경은 강기슭, 가운데는 넓은 강, 그리고 강 너머에는 산이 자리 잡은 구조로 이루어졌다. 조맹부에서 시작하여 원대 산수화의 전형적인 특징을 이루는 이 삼단 구도의 평원 산수화는 고립과 고독, 그리고 해방의 느낌을 불러일으키는 효과를 갖는다. 오진의 작품 세계에 들어가기에 앞서 두보의 시를 음미하자. 앞으로 살펴볼 오진과 예찬이 그린 삼단 구도의 평원 산수화가 두보의 시 세계와 어떤 생각을 공유하고 있음을 발견할 수 있을 테니 말이다.

 두보의 〈여야서회〉

중국에서 시詩는 문인의 마음을 표현하는 것이다. 서구의 시poem의 어원은 'to make'다. 즉, 그들에게 있어 시는 창작을 위한 것이다. 중국의 시는 문인들이 자신의 참모습을 드러내 보이는 가장 고상한 수단이다. 중국과 서구의 시에 대한 인식은 출발부터 다르다. 미국의 중문학자 스티븐 오언Stephen Owen은 "시인의 역할은 세계 속에서 질서를 발견하는 것이다"라고 말했다. 시인은 시를 통해 세계 질서의 존재를 발견하고 자신이 이와 조화를 이루는 능력이 있음을 보여주려 노력한다. 그 좋은 예가 지금 살펴보려는 두보의 〈여야서회旅夜書懷: 여행을 떠난 밤, 글로 가슴속 생각을 옮기다〉다.

> 가냘픈 풀잎 산들바람 부는 언덕,
> 높다란 돛대 외로운 밤 배 위.
> 별은 광활한 들판 위에 드리우고,
> 달은 흐르는 강물 위에 용솟는다.
> 글을 통해 이름이 알려질 것 같지 않고,
> 벼슬도 늙고 병들었으니 관둬야겠다.
> 바람에 나부끼는 나는 무엇과 닮았을까?
> 하늘과 땅 사이 한 마리 갈매기.[1]

두보는 765년 음력 5월 청두에서의 초당생활을 청산하고 뱃길

[1] 細草微風岸, 危檣獨夜舟. 星垂平野闊, 月湧大江流. 名豈文章著, 官應老病休. 飄飄何所似, 天地一沙鷗.

을 따라 내려가다 쿠이저우_{夔州}에 이르는 긴 여행길에 올랐다. 이 때부터 그의 방랑생활이 다시 시작되었다. 〈여야서회〉는 이 시기에 지어졌다. 두보는 뱃길을 따라 남쪽으로 내려가던 어느 날 밤, 배 위에서 가슴속 품은 생각을 글로 표현했다.

시인은 강 언덕에서 자라는 풀들이 산들바람에 흔들리는 모습을 포착했다. 비록 밝은 달빛 아래라지만 배 위에서 강 언덕에서 일어나는 미세한 움직임을 잡아내기란 결코 쉽지 않다. 아마도 시인은 달빛 아래 수면에 이는 잔물결과 그의 몸에 와 닿는 산들바람을 통해 저 너머 강 언덕의 풀잎이 바람으로 눕는 모습을 상상했을 것이다.

'풀은 바람이 불면 눕는다.' 중국 최초의 시가집인 『시경』을 해석한 〈모시서〉에 이런 문구가 있다. '바람은 영향력이며 가르침이다. 문화적 영향력으로 백성을 움직이며, 가르침으로 그들을 변화시킨다.'[2] 즉, '문화적 영향력'으로 이해되는 왕의 덕은 바람과 같은 것이며 음양오행을 적용하면 '바람 불면 눕는 풀'과 '왕의 문화적 영향력에 의해 교화되는 백성'은 같은 류에 속한다고 할 수 있다. 시인은 그의 섬세한 감각과 예리한 관찰력을 통해 문화적 영향력으로 백성을 교화시키는 참된 군주의 이미지를 풀과 바람, 그리고 언덕과 연결했다. 강 언덕은 산들바람이 불어 가냘픈 풀잎도 잘 자랄 수 있는 곳이다. 마치 참된 군주의 덕으로 백성이 편안하게 잘 사는 것과 같은 이치다.

반면 '높다란 돛대'는 '가냘픈 풀잎'과 대조를 이룬다. 높다란 돛대는 '위장_{危檣}'을 번역한 것이다. 여기서 '위_危'는 '높다'와 '위태롭다/불안하다'라는 두 가지 의미를 내포한다. 높다란 돛대는 시인 자신의 '높은' 존재 가치를 비유함과 동시에 바람에 위태롭게 흔들리는 돛대의 불안한 상태를 나타낸다. 시인은 고결한 인격과 출중한 능력을 지녔지만 위태로운 상태에 놓인 자신의 모습을

[2] 風, 風也, 敎也, 風以動之, 敎以化之.

높다란 돛대에 투영했다. 가냘픈 풀잎들이 산들바람의 혜택을 누리며 안정된 언덕에 확고히 뿌리를 내렸지만 시인은 흐르는 강물의 한가운데, 그것도 위태롭게 흔들리는 높은 돛대 아래 고립되어 있다. 왕의 문화적 영향력 즉, '바람'의 혜택을 누리는 세계와 단절되어 고립되어 있다는 생각과 자신의 진가가 알려지지 않았거나 잘못 인식되고 있다는 느낌은 시인에게 공포감을 가져다준다. 이러한 고립감과 공포감에서 벗어나기 위한 해결책은 글을 통해 자신의 참모습을 드러내는 것이다.

이제 시의 3행과 4행을 감상할 차례다. 여기서 시인은 천문과 지리를 같은 류로 연결했다. 하늘과 땅, 그리고 음양이 상응적 관계를 갖게 된 것이다. '수많은 별/하나의 달'은 '다수의 풀잎/하나의 돛대'와 대칭을 이룬다. 산들바람 부는 언덕 위에 뿌리내린 무수한 가냘픈 풀잎처럼 광활한 들판 위에 드리운 하늘의 수많은 별은 북극성을 중심으로 안전하게 자리 잡는다. 반면 물 위로 떨어진 달빛은 흐르는 강 물결로 산산이 부서진다. 시인은 하늘과 땅의 무늬를 관찰해 자신의 모습을 되새긴다. 시인은 흐르는 강물로 퍼져 나가는 달빛을 통해 고결한 성품과 탁월한 재능을 지녔으나 불안하고 고독한 자신의 모습을 보게 된다.

두보는 미래의 독자를 의식했고 역사 속에서 자신의 존재를 생각했다. 정치 세계에서 좌절을 경험한 그는 시를 통해 그의 야망을 실현하고자 했다. 그러나 두보는 자신을 진정으로 알아주는 지음知音을 만나지 못했다. 늙고 병든 그에게 다시는 '우주를 바로 잡을 힘이 없었다.'[3] '무리를 그리며 울부짖던 외로운 기러기'는 끝내 자신의 고립을 극복하지 못했다. 현실은 자신을 알아주지 않았고 미래 또한 그를 기억하지 않을 것 같았다. 시인은 역사와 문

[3] 無力正乾坤.

학에서 자신이 설 자리를 찾지 못한 것이다.

두보는 이 시에서 자신을 갈매기에 비유하고 있다. 자연에서 자신의 이미지와 맞는 대상을 찾은 것이다. 즉, 별들이 드리워진 하늘과 풀이 뿌리내린 땅 어디에도 속하지 못한 자신을 하늘과 땅 사이를 오가는 갈매기와 연결하며 비로소 자신의 참모습을 드러낸다. 하늘과 땅 사이를 끊임없이 오르내리는 갈매기를 통해 하늘과 땅, 우주 질서의 운행에 동참하는 인간 존재로서 자신을 그 안에 포함한 것이다. 유협劉勰, 465~522의 표현을 빌리면 시인은 '도의 무늬'라 할 수 있는 하늘에 드리운 무늬와 땅에 펼쳐진 지형의 관찰을 통해 '도의 마음'을 파악하고 문화적 사명을 가지고 글로 드러내는 일에 충실한 자신의 참모습을 다른 사람에게 알리려 했다.

이제까지 살펴본 두보의 〈여야서회〉에서 알 수 있듯 시인은 자연의 이미지에 숨겨진, 세계의 내재적 질서를 발견하고 이를 표현한다. 따라서 시인은 세계를 긍정적인 눈으로 바라보며 시를 통해 우주의 질서를 발견하고 세계와 조화를 이루는 자신의 역량을 보인다. '언지言志'와 '서회書懷'의 진정한 의미가 바로 여기에 있다.

 〈동정어은도〉의 시

오진은 이 그림에 시 한 수를 적어 넣었다.

> 둥팅후洞庭湖 물 위로 저녁 바람 일더니
> 호수 한가운데 바람이 조각배를 뒤흔든다.
> 난초 노는 견고하고
> 풀잎 옷은 가볍다.
> 낚는 것은 농어이지 이름이 아니라네.[4]

[4] 洞庭湖上晚風生, 風攪湖心一葉橫. 蘭棹穩, 草衣輕, 只釣鱸魚不釣名.

오진 그림의 두드러진 특색 중 하나는 그림과 제화시가 완벽한 조화를 이룬다는 것이다. 그의 제화시는 그림의 의미를 확대, 심화시키는 기능을 해서 궁극적으로 작품에 놀라운 힘을 불어넣는다. 그런 까닭에 이 그림은 시, 서예, 그림이 한 작품에서 통합되는 새로운 예술 형식으로 발전하는 데 선구적 역할을 담당한다.

위에서 살펴본 두보의 〈여야서회〉와 마찬가지로 이 그림에서도 바람이 등장한다. 그러나 오진에게는 저녁의 세찬 바람이다. 이 바람이 호수 한가운데 어부가 탄 조각배를 뒤흔들며 두보의 시처럼 오진을 불안과 고립, 그리고 고독에 빠지게 한다. 오진은 시에서 '난초 노'를 언급하는데 이는 『초사』 〈상군〉에서도 발견된다. 〈상군〉의 공간 배경 역시 오진의 그림처럼 둥팅후이다. 아무래도 오진은 이곳으로 유배를 갔던 굴원을 의식한 듯하다.

가을바람과 낙엽

오진의 두 번째 그림 〈어부도〉에서도 바람이 등장한다. 다음은 오진이 이 그림에 쓴 시다.

> 서풍이 세차게 부니 나뭇잎 떨어진다.
> 강 위 푸른 산, 시름이 만 겹.
> 오랜 세월에 걸친 근심, 즐거움은 낚싯줄에
> 초립 쓰고 비와 바람 그치기 몇 번인가.
> 고기 잡는 아이는 노를 두드리며 동서를 분간하지 못한다.
> 목청 높여 노래 부르니 물결이 일고 갈꽃에 바람 스친다.
> 옥병의 소리는 길고 곡은 아직 끝나지 않았는데
> 머리 드니 밝은 달은 청동을 가는구나.
> 밤 깊으니 고물에 물고기가 첨벙댄다.

구름은 흩어지고 하늘은 비어 있고 안개 낀 강은 드넓다.⁶

두보의 시에 나오는 바람이 봄에 부는 산들바람이었다면 이 그림의 바람은 서쪽에서 부는 세찬 가을바람이다. 음양오행으로 보면 서쪽과 가을은 같은 무리에 속한다. 나뭇잎이 바람에 떨어지는 것은 멀리 강 건너 산에서 벌어지는 일이라기보다는 아마 배 위에 있는 어부가 가까운 작은 강 언덕의 나뭇잎을 바라보는 광경일 것이다. 〈동정어은도〉에서 둥팅후 물 위로 불어오는 저녁 바람에 조각배가 흔들렸던 것과 비슷한 느낌을 이 그림 속 어부 역시 낙엽을 보며 느꼈을 것이다. 이제 배 위의 어부는 강 저 너머 푸른 산을 바라본다. 이것이 그의 시름을 더욱 깊게 만들었다. 그 이유는 무엇일까?

오진은 자신의 그림에 시를 써넣어 독자에게 그림을 이해할 수 있는 단서를 제공한다. 즉, 그는 시 첫머리에 '서풍이 세차게 부니 나뭇잎 떨어진다'라고 표현하고 있는데 서쪽에서 부는 가을바람에 잎이 떨어지는 것은 『초사』〈상부인〉에서 시작된 문화 관습임을 곽희의 평원 산수화를 통해 익히 알고 있다. 아마 오진은 이러한 '가을바람과 낙엽'에 관련된 문화 관습을 의식하고 이 어부도를 그린 듯하다. 두보가 쓴 〈강 위에서〉라는 시에서도 같은 문화 관습을 발견할 수 있다.

강 위에는 나날이 많은 비.
소슬한 징추荊楚의 가을.
높은 바람에 나뭇잎 떨어지니
끝없는 밤 담비 갖옷 저민다.
훈업. 난 자꾸만 거울을 바라본다.
나아가고 숨는 것. 홀로 누각에 기댄다.

⁵西風瀟瀟下木葉, 江上青山愁萬疊. 長年悠憂樂竽繡, 簑笠幾番風雨歇. 漁童鼓枻忘西東, 放歌蕩漾蘆花風. 玉壺聲長曲未終, 擧頭明月磨青銅, 夜深船尾魚撥剌, 雲散天空烟水闊.

위태로운 때 주군에 보답해야 한다는 생각에 쇠하고 시들었지만 쉴 수가 없다.[6]

아름다운 정원의 소유자 예찬

이제 예찬(倪瓚, 1301~1374)의 그림을 살펴볼 차례다. 장쑤성 우시(無錫)의 부유한 향신 집안에서 태어난 그는 1328년 물려받은 재산으로 청비각(淸閟閣)이란 개인 도서관을 짓고 청동기와 옥을 비롯한 골동품과 고서화 등으로 그 안을 가득 채웠다. 수많은 기암괴석과 정자 및 누각 등으로 꾸며진 아름다운 정원이 있는 그의 저택은 당연히 문인 사교 모임의 중심이 되었다.

예찬은 괴팍할 정도로 깔끔한 성품의 소유자였다. 순결함을 강조한 그는 자신과 주변을 항상 청결하게 유지했다. 쉴 새 없이 손을 씻는 것은 당연하고, 손님이 돌아간 후 그들이—깨끗하지 않다고 생각되면—앉았던 정원의 벤치를 손수 문질러 닦을 정도였다. 그는 취향이 고상한 이들과 사귀기를 즐겼다. 때문에 세련되고 순수한 감성을 공유할 만한 사람이 아니면 그의 '성스러운' 공간인 정원에 발걸음이 허락되지 않았다.

1356년 예찬은 모든 세속적 소유를 포기하고 그의 아내와 함께 오봉선(烏蓬船)이라는 지붕이 있는 배를 타고 장쑤성 일대의 강과 호수를 여행했다. 간혹 친구 집이나 절에 묵으면서 그들의 후한 환대를 그림으로 답례했다. 예찬이 모든 재산을 포기하고 여행을 떠난 이유에는 1330년대 잦은 자연재해로 줄어든 재정 보충을 위해 몽골 정부가 강남의 부유층에게 과중한 세금을 부과한 것, 1340년대 농민 반란의 확산, 1351년 홍건적의 난 등 외부적 요인도 들 수 있겠다. 그렇지만 예찬은 세속적인 야망이 없었고, 이러한 세속적인 것에 대한 포기가 혼란하고 오욕에 물든 사회에 대한 도교

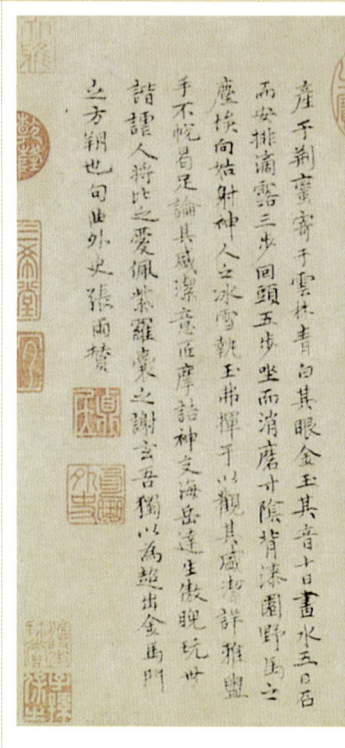

[6] 江上日多雨, 蕭蕭荊楚秋, 高風下木葉, 永夜攬貂裘, 勤業頻看鏡, 行藏獨倚樓, 時危思報主, 哀謝不能休.

작자 미상, 〈예찬의 초상〉,
1340년경, 두루마리,
종이에 수묵채색, 28.2×60.9cm,
타이베이 고궁박물원

이 그림은 예찬이 얼마나 깔끔한 성격의 소유자인지를 잘 보여준다. 그의 오른쪽에 서 있는 시동은 먼지떨이를 들고 있고, 왼쪽의 소녀는 한 손엔 물동이를 또 한 손엔 수건을 들고 있다. 수시로 손을 씻어 대는 예찬을 위해 항상 대기하고 있는 것이다.

적인 저항의 구현을 의미한다고 여겼기 때문이다.

 평담한 예찬의 그림

예찬의 그림은 지나칠 정도로 단조롭다. 강 언덕 위에 서 있는 마른 나무 몇 그루와 대나무, 바위, 간혹 한 채의 빈 초막이나 정자가 자리 잡고 그 앞에 넓은 강이 펼쳐지며 저 너머로 산이나 언덕이 보이는 전형적인 삼단 구도다. 아마 이 같은 구도는 오진에게서 아이디어를 빌린 듯하다. 오진의 어부도는 은둔한 어부의 모습과 자서전적인 시를 통해 화가 자신에 초점을 맞추며 자신의 존재를 드러낸다. 반면 예찬의 산수화 특징은 무엇보다도 빈 정자를 통해 인간 존재의 부재를 강조하는 것에 있다. 그림으로 14세기

175

원 말·명 초의 사회혼란으로부터 멀찌감치 벗어난 세계를 구현하는 점 역시 또 다른 특징이다. 당시 중국을 뒤흔들었던 사회 혼란에서 동떨어진 대안적 세계를 우리에게 보여주는 것이다. 형식과 붓놀림의 단순과 엄격함 역시 은둔의 메시지를 전달하는 데 일조를 한다. 그렇기에 그의 그림은 사실적이라기보다는 고도로 이상화되었다.

이 같은 예찬의 절제와 간결함을 담은 스타일은 그의 성품을 반영한다. 그는 의도적으로 속물들의 근접을 막으려고 무미건조하게 그림을 그렸다. 평범하고 '메마른', 한마디로 매력이 전혀 느껴지지 않는 그림으로 위장해 그림 속에 숨겨진 미묘한 의미를 해석할 수 없게 만들었다. 예찬은 자신과 같이 고상한 영혼을 지닌 극소수만이 자신의 그림이 지닌 '졸박함'의 아름다움을 이해할 수 있다고 여겼다. 그는 졸박함을 지키는 '수졸', 이것이야말로 도달하기 어려운 매우 고상한 예술 경지로 삼은 것이다.

 강 언덕의 세계

1339년에 그린 〈추림야흥도秋林野興圖〉를 제외하면 예찬의 그림 속에서 사람의 모습을 찾아볼 수 없다. 그림 속에 등장하는 강 언덕의 빈 정자는 은둔자의 거처다. 〈송림정자도松林亭子圖〉에서 예찬은 버려진 자신의 집을 표현하려 빈 정자를 그렸다. 그리고 왼쪽 위 귀퉁이에 다음과 같은 시를 썼다.

> 정자는 높은 소나무 아래 있는데
> 은자는 날 저물자 돌아갔다.
> 아침 되면 그는 다시 돌아올 것이다.
> 햇살 아래에서 며 감은 머리 말리려.[7]

반대편 귀퉁이에는 예찬의 정서에 공감한 반순潘純, 1292~1356이 다음과 같은 시를 남겼다.

산 속 낡은 초가 한 채.
바라보고 있으려니 돌아가고픈 마음 한스럽다.
높은 소나무 좋아하지만
아침 해는 아직 이슬을 말리지 않았다.[8]

예찬과 반순의 시 모두에는 '아침 햇살'이 등장하는 데 이는 두보의 〈객정客亭〉에서 그 의미를 확인할 수 있다. 여기서 아침 햇살은 왕의 문화적 영향력과 백성에 대한 사랑에 비유된다.

가을 창은 아직도 새벽녘 색깔.
잎이 떨어진 나무엔 또다시 높은 바람.
해는 추운 산 너머로 떠오르고
강물은 간 밤 안갯속에 흐른다.
성스런 조정은 버리는 것 없는데
쇠하고 병든 이 몸은 이젠 늙은이
남은 생애 얼마를
바람에 떨어져 뒹군 다북쑥에 몸을 맡길까?[9]

두보가 여관 방에 '갇혀' 창을 통해 바깥 세상을 보며 쓴 시다. '성스러운 조정은 버리는 것 없는데/쇠하고 병든 이 몸은 이젠 늙은이'에서 '朝'는 '조정/아침'이라는 이중적 의미를 지닌다. 두보는 이 시에서 〈여야서회〉에서와 마찬가지로 온 누리를 비추는 아침 햇살의 '사랑'을 받지 못한 채 고립된 자신의 모습을 그리고 있다. 왕의 문화적 영향력(바람)과 그의 사랑(아침 햇살)을 누리는

[7]亭子長松下, 幽人日暮歸. 淸晨重來此, 沐髮向陽晞.
[8]山中舊苑屋, 見此怨思歸. 最愛長松上, 朝陽露未晞.
[9]秋窓猶曙色, 落木更高風. 日出寒山外, 江流宿霧中. 聖朝無棄物, 衰病己成翁. 多少殘生事, 飄零任轉蓬.

예찬, 〈송림정자도〉, 1354,
족자, 비단에 수묵,
83.4×52.9cm,
타이베이 고궁박물원
(왼쪽 페이지)

예찬, 〈강안망산도〉, 1363,
족자, 종이에 수묵,
타이베이 고궁박물원

10 湖上齋居處士家, 淡煙疎柳望中睐.
11 江上春風積雨晴, 隔江春樹夕陽明.

세계에서 소외되었다는 생각, 이러한 고립감에서 벗어나고자 시인은 글을 통해 자신의 참모습을 드러낸다.

두보의 시대에는 '아침 햇살'이 존재했고 다만 그 자신이 혜택을 누리지 못했을 뿐이지만 예찬에게는 아침 햇살이 존재하지 않았다. 햇살이 사라지자 소나무 아래 정자를 떠난 예찬. 아침 햇살이 비추는 날 그는 다시 돌아오겠지만 이민족이 다스리는 '어두운' 시대는 결코 아침 해를 허락하지 않았다.

예찬은 〈안처재도 安處齋圖〉에 쓴 시에서 '호수 위, 보금자리, 처사의 집/엷은 안개, 성긴 버들, 아득한 곳 바라본다'[10]라고 노래했다. 강 언덕 위 빈 정자가 은둔자의 거처임을 스스로 밝힌 셈이다. 〈강안망산도 江岸望山圖〉에 쓴 제화시에서 예찬은 '강 위 봄바람, 쌓였던 비 개고/강 건너 봄 나무, 석양은 밝다'[11]라고 표현했다. 두보의 〈여야서회〉에서 강 언덕은 현실 공간이다. 반면 오진과 예찬의 그림 속 강 언덕은 현실에 없는 과거 공간이다. '강 건너 봄 나무, 석양은 밝다'에서 알 수 있듯 멀리 보이는 강 언덕은 '햇살'이 존재하는, 예찬이 속하지 않은 그리움의 세계인 것이다.

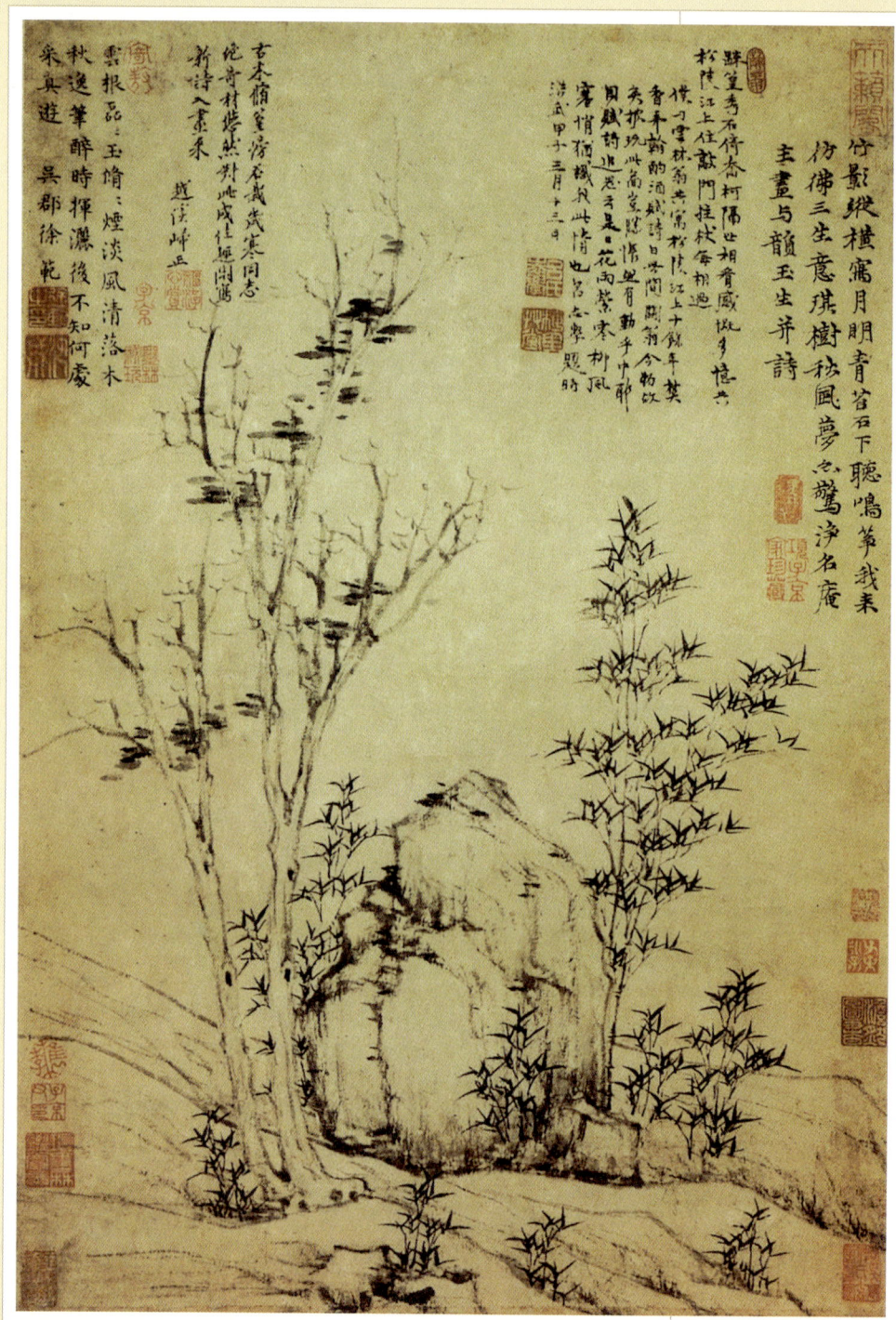

예찬, 〈기수추풍도〉,
족자, 종이에 수묵,
62×43.4cm, 상하이박물관

이상적 공간

삼단 구도의 평원 산수화 외에 예찬은 그림의 주제로 대나무와 바위 그리고 마른 고목을 즐겨 그렸다. 현재 상하이박물관이 소장하는 〈기수추풍도琪樹秋風圖〉가 그 대표적 예이다. 여기서 잠깐 맹자의 말을 되새긴다.

> 옛 사람은 뜻을 얻으면 백성에게 혜택을 베풀고, 뜻을 얻지 못하면 몸을 닦아 세상에 이름을 드러낸다. 궁하면 홀로 그 몸을 좋게 하고, 달하면 천하를 좋게 한다.

어지러운 세상에서는 나 자신을 수양하며 좋은 세상이 오기를 기다린다는 뜻이다. 〈기수추풍도〉에는 대나무, 바위, 그리고 마른 고목이 그려져 있다. 이 그림이 더 이상 낯설지 않은 이유는 예찬의 평원 산수화에서 빈 정자와 함께 그려진 근경의 대나무와 바위, 마른 고목을 그대로 확대한 듯하기 때문이다. 대나무, 바위, 마른 고목이라는 이 세 요소는 소식이 말하는 '세 가지 이로운 벗'이다. 때를 기다리며 자신을 수양하는 예찬의 모습을 간접적으로 말해 준다. 그리고 세상이 혼란할 때 자기 수양이야말로 세상에 그 이름을 드러내는 방법임을 넌지시 일깨우는 것이다.

산수화와 풍경화

이즈음에서 중국의 산수화와 서구의 풍경화를 비교해 보는 것도 흥미로울 것 같다.

풍경화 landscape란 용어를 처음으로 사용한 사람은 알브레히트 뒤러 Albrecht Dürer, 1471~1528다. 그는 1521년에 네덜란드를 여행하면서 요아힘 파티니르 Joachim Patinir, 대략 1485~1524를 만나 그의 그림을 보고 그를 '훌륭한 풍경 화가den gut Landschafts-maler'라고 평했다고 한다. 서구의 풍경화를 개척한 파티니르의 그림을 보면 유럽인들이 풍경화를 어떻게 인식했는지 알 수 있을 것 같다.

이 그림은 파티니르가 그린 〈성 제롬이 있는 풍경 Landscape with St. Jerome〉이다. 그림의 전면 왼쪽 큰 바위 아래 앉아 있는 인물은 성 제롬 St. Jerome, 대략 340~420이다. 그는 교황 다마수스 Pope Damasus(재위 366~384)의 권유로 만년에 베들레헴 근처의 한 동굴에 들어가 성경을 라틴어로 번역했다. 이 그림은 이 시기 성 제롬의 모습을 담고 있다. 성 제롬 뒤로 뚫려 있는 동굴과 그 너머로 보이는 건물들의 모습이 마치 중국의 산수화에 등장하는 동천과 그 너머에 자리 잡은 도교적 낙원을 보는 것 같아 흥미롭다. 성 제롬은 사자의 발에 박힌 가시를 뽑아 주고 있다. 중세 유럽에 전해진 전설에 따르면 그 뒤 이 사자는 성 제롬을 평생 따라다녔다고 한다. 그런데 사자의 모습이 생뚱맞다. 파티니르가 사자를 본 적이 없어 상상으로 그렸기 때문이다. 그들 앞에 십자가에 못 박힌 예수상과 해골이 땅바닥에 놓여 있다. 십자가는 예수의 희생을, 해골은 죽음을 상징한다. 해골은 또한 예수가 십자가에 못 박힌 예루살렘의 언덕 골고다 Golgotha를 암시한다. 중세 유럽인들은 예수가 십자가에 못 박힌 이 언덕에 아담이 묻혀 있다고 믿었다. 아담의 해골은 그와 이브가 악마의 유혹을 뿌리치지 못하고 금단의 열매를 먹은 데서 생긴 원죄를 상징한다. 이 원죄는 예수의 십자가의 죽음과 부활에 의해서 속죄되고 회복된다.

자, 이제 관심을 잠시 다른 곳으로 돌려 풍경화가 어떻게 출현했는지 살펴보자. 서구에서 풍경화는 인간과 자연의 관계가 도시화와 산업화에 의해 붕괴하고 나서 출현한 문화 현상이라고 할 수 있다. 산업화에 따른 인간의 삶의 급속한 변화와 도시 생활의 여러 병폐로 인간은 문명화되기 이전의 '원초적 자연'을 동경하게 되었고 자연에서 휴식과 평안을 갈구했다. 파티니르와 같은 초기 풍경 화가들의 그림에는 황야에서 고독한 삶을 사는 성 제롬의 모습이 자주 등장한다. 문명의 중심에서 동떨어져 황야에서 고립된 삶을 살며 고행의 길을 걸어가는 성 제롬과 같은 은둔자는 문명사회에서 벗어나 자연에서 정신적 위안을 찾으려는 도시인들에게 강한 매력을 주었다.

서구 문화는 신과 인간 중심의 문화이다. 그래서 자연을 중요시했던 중국과는 달리 신과 인간이란 주제가 서양화를 지배했다. 중세 유럽에서 자연경관은 기독교와 그리스 신화 이야기를 하기 위한 배경에 불과했다. 서구에서 풍경화가 종교화의 배경에서 탈피하여 그림에서 독립된 역할을 담당하기 시작한 건 16세기 전반기 파티니르와 같은 앤트워프의 화가들에 의해서다. 이후 종교개혁의 여파가 사회 전반에 미치는 16세기 중엽 이후 플랑드르에서 순수 풍경화의 장르가 형성되지만 종교적 의미를 배제한 순수 풍경화가 적극적으로 출현하는 것은 스페인과 종교전쟁을 치른 이후 북부 네덜란드의 주들이 독립하면서부터다. 앤트워프에서 활약한 대표적인 화가인 파티니르의 그림은 여전히 종교적 의미를 담고 있지만 종교적 주제를 다룬 부분이 이전과는 달리 현저하게 축소되어 있다. 파티니르의 그림을 보라. 그림에서 자연 풍경들이 전체 그림을 지배하고 있다. 들판, 농장과 마을, 도시와 사원, 많은 선박이 정박하고 있는 항만, 숲과 산 등을 묘사한 자연 풍경들이 성 제롬과 관련된 장면들을 압도한다. 주의 깊게 살피지 않으면 성 제롬의 모습을 놓칠 수도 있다. 전통적으로 많은 의미를 부여했던 종교적 인물들이 파티니르의 그림에서는 풍경에 부속되게 된다. 사실 성 제롬에 관한 이야기를 하려고 이렇게 세밀한 풍경의 묘사가 필요했을까? 아닐 것이다.

중국인들에게 자연은 인간이 어울려야 할 대상이었지만 서구 유럽인들에게 자연은 극복해야 할 대상이었다. 풍경이라 번역되는 landscape는 경작된 땅을 뜻한다. 인간에 의해 가꾸어진 자연이다. 그들에게 풍경은 야만의 상태에 있는 땅 land을 인간이 만든 문화에 의해 문명의 영역으로 변환시킨 것이다. 15세기 말 독일어 landschaft는 도시 주변의 땅을 의미했다. 그래서 서구 유럽인들에게 풍경화는 도시 주변의 시골 풍경을 담은 그림이다. 아니나다를까? 파티니르의 그림을 보라. 성 제롬의 동굴 너머 펼쳐진 광경은 모두 시골 풍경이다. 인간에 의해 문명화된 자연이다.

파티니르, 〈성 제롬이 있는 풍경〉, 1515~1519년경, 나무에 유채, 74×91cm

1368년 주원장, 진링에서 명나라 건국.
1380년 태조 주원장의 마지막 승상 호유용의 옥獄.
1405년 정화, 7차에 걸친 해상 원정 시작.
1407년 『영락대전』 완성.
1401년 왜구가 명나라 연해 침략.
1420년 난징에서 베이징으로 천도.
1435년 환관의 전횡 시작. 명나라, 쇠퇴기로 돌입.
1436년 금화은金花銀을 시행. 전부田賦의 은납銀納.
1445년 활자 인쇄술을 유럽에 전파.
1449년 오이라트 에센군 명나라 침공. 정통제가 포로가 됨—토목보의 변.

명
나
라

심주와 명대 쑤저우의 엘리트 문화

 역사스케치

명나라(1368~1644)를 세운 태조(재위 1368~1398) 주원장 朱元璋, 1328~1398은 새로운 제국의 통치권을 확립하고 황제의 권위를 높이려고 문인 관료를 억압하는 공포 정치를 펼쳤다. 주원장의 통치 기간을 '홍무洪武'라 칭하는 것만 보더라도 그가 무권정치를 선호했음을 알 수 있다. 이 장에서 다루게 될 쑤저우蘇州는 1356년에서 1367년까지 주원장의 최대 맞수이던 장사성張士誠, 1321~1367의 정부가 자리 잡던 곳이었으며 명나라가 들어선 후 명 정부로부터 심한 박해를 받았다. 주원장은 쑤저우의 문인들이 장사성 정부를 위해 봉사했었을 것으로 생각하고 그들을 불신했던 것이다.

불신은 박해로 이어졌고 쑤저우에 가장 큰 타격을 입혔다. 새로운 왕조의 안정된 기반을 다지고자 군사력의 확충이 절실했던 주원장은 막대한 재정을 조달할 목적으로 당시 중국에서 가장 부유했던 강남 지역, 특히 쑤저우에 대한 유혹을 뿌리치지 못해 무거운 세금을 거둬들인 것이다. 쑤저우는 중국 전체 경작지의 88분의 1에 해당하는 토지를 갖고 있었지만, 정부가 그들에게 부과한 세금은 중국 전체 토지세의 9.4퍼센트나 차지했다.

또한, 주원장은 강남, 특히 쑤저우 문인사회를 말살하고 그들의 네트워크를 와해시키려 했다. 수많은 문인을 장사성 정권과 관련이 있다는 이유로 죽이거나 수도인 난징으로 강제 이주시켰다. 대토지를 소유한 중국의 전통적 지주계층이던 강남 지식인들에게 다른 곳으로의 이동은 곧 그들의 경제적 기반이 붕괴함을 의미했다. 과도한 토지세의 부과와 강제 이주는 수많은 쑤저우의 부유한 문인들이 상인으로 전환하는 계기를 마련했다. 쑤저우를 비롯한 강남의 경제는 장기간에 걸쳐 침체하였고 문인들은 정치적 박해로 고통받았다.

주원장은 1371년 이후 10년 이상 과거시험을 중단시켰고, 과거제가 재실시된 이후에도 남부의 수험생들만 진사로 선발된 사실이 밝혀지자 시험 감독을 처형하기도 했다. 주원장은 또한 수많은 쑤저우의 엘리트 문인들을 반역이란 명목으로 처형했다. 1380년에 주원장은 승상인 호유용胡惟庸을 내란 음모죄로 처형하고 그와 관련된 사람을 체포하여 공범으로 처형했다. 14년간의 조사 끝에 3만 명 이상이 목숨을 잃었고, 또 다른 두 번의 큰 옥사를 통해 7만 명 정도가 희생당해 모두 10만 명이나 되는 인명이 이슬처럼 사라졌다. 그의 통치는 강남 문인들에게는 악몽 그 자체였다.

그러나 15세기 중반에 접어들면서 쑤저우는 예전의 명성을 회복하기 시작했다. 쑤저우를 포함한 양쯔강 이남의 장쑤성은 당시 중국에서 가장 번영을 누리던 지역이었으며 문인 엘리트들의 중심지가 되었다. 명대 중기로 접어들면서 쑤저우는 이전 원나라 말에 누리던 문화 중심지로서의 위치를 회복했다. 양쯔강과 대운하가

명 태조 주원장의 초상화다. 궁정화가가 그린 초상화를 보면 주원장은 그리 못 생긴 얼굴은 아니었던 것 같다. 얼마나 얄미웠으면 이토록 우악스럽게 그렸을까?

명나라

교차하는 곳에 있는 쑤저우는 운하 교통망의 중심지인 동시에 양쯔강 하류 곡창지대의 심장부였다. 쑤저우는 또한 중국 직물 산업과 수공업의 중심지였다. 쑤저우는 이처럼 경제적으로 유리한 지형적 조건을 갖추고 있었다. 쑤저우의 상인들과 향사들은 축적한 부로 땅을 사고 문화적 욕구를 충족했다. 이것은 원림 문화의 발달로 이어졌다.

　부의 축적이 가져다준 한 가지 이점은 부를 소유한 자들이 그들의 자식들에게 양질의 교육을 제공해줄 수 있다는 것이었다. 즉, 자식들이 과거시험을 통해 관리로 등용되어 명예를 추구할 수 있게 된 것이다. 이것은 또다시 부의 축적으로 이어졌다.

　그러나 명 정부에서의 관직생활은 엘리트들의 기대에 미치지 못했다. 강남 문인들에 대한 주원장의 불신과 편견은 이후 통치자들의 치세 기간에도 좀처럼 사라지지 않았다. 명의 통치자들은 유교 교육을 받은 엘리트 관료들보다 환관들을 신임했다. 환관들은 권력을 잡고 황제를 조종했다. 환관들의 전횡과 왕위 계승을 둘러싼 알력, 당파 간의 음모와 분쟁으로 얼룩진 명 정부는 불안하고 무력한 정국을 이끌어 갔다.

이제 강남 문인들은 부귀와 명예를 약속하던 전통적 방식인 관리에 대해 매력을 느끼지 못했다. 현실과 이상의 괴리를 절실하게 맛본 그들 대부분은 일찌감치 구실을 찾아 사직하고 고향으로 돌아갔다. 이들은 아예 정부에 의도적으로 발을 들이지 않은 수많은 엘리트와 함께 '문인 은사' 계층을 형성했다. 그 중심에 바로 심주沈周, 1427~1509가 있었던 것이다.

명대 족자 그림과 르네상스 시대 유럽의 캔버스

심주의 예술 세계로 들어가기에 앞서 명 중기 강남 상류층을 중심으로 유행했던 두드러진 문화 현상을 살펴보려 한다. 이 시기 그림들에는 정원에 모인 여러 명의 문인이 정원주가 소유한 골동품이나 그림을 감상하는 모습이 자주 등장한다. 고대 중국의 그림 매체는 벽화나 병풍, 두루마리, 족자, 화첩 등 크게 네 가지다. 당대(618~907) 이후로 벽화는 점차 쇠퇴해 사람들은 휴대가 쉬운 족자나 두루마리 형태의 그림을 선호하기 시작했다. 이 형태는 벽화나 병풍과는 달리 전시용이라기보다 제한적으로 선택된 감상자들을 위해 고안된 것이라 할 수 있다. 두루마리와 족자, 그리고 화첩은 감상자가 수시로 꺼내어 볼 수 있도록 만들어졌다. 이것은 서구 르네상스 시대의 캔버스와는 다른 형태로 중국의 예술가, 감상자 및 후원자와의 관계를 이해하는 데 매우 중요한 요소라고 할 수 있다.

서구 르네상스 시대의 유화oil painting는 당시 서구인들이 지닌 사물에 대한 소유욕을 충족시켜 준 예술 형태라 할 수 있다. 프랑스의 인류학자 클로드 레비-스트로스Claude Lévi-Strauss, 1908~1991는 이러한 서구인들의 소유욕과 관련 유화의 본질을 파악해 "소유자 혹은 심지어 관객의 이익을 위해 대상물을 소유하려는 탐욕스럽고 야심에 찬 욕구가 서구 문명의 예술 형성에서 하나의 독특한 특징이 되었다"라고 말했다.

예술의 후원자는 자신의 주변을 그림으로 장식할 수 있었다. 이것은 음악이나 시가 할 수 없는 부분이었다. 그림 수집가는 마치 자신의 집을 그림으로 만들어진 듯 꾸밀 수 있다. 그림은 그에게 풍경 즉, 그가 소유할 수 있는 경관들을 보여주었다. 레비-스트로스는 그림 수집이 어떻게 수집가에게 자존심과 문화적 우월감을 부여하는지를 논했다.

> 르네상스 시대의 예술가들에게 그림은 아마도 인식의 수단이었을 뿐 아니라 소유의 수단이기도 했다. 르네상스 시대 그림을 다룰 때 잊지 말아야 할 사실은 피렌체나 기타 도시에 구축된 거대한 자본의 도움이 없었으면 그것이 불가능했다는 점과 부유한 이탈리아 상인들이 이 세계의 모든 아름답고 탐나는 것들을 자신들이 소유했음을 확인시켜 주는 대리인으로 화가를 생각했다는 점이다. 피렌체 궁전에 전시된 그림들은 화가들을 통해 소유자가 가치를 두는 세계의 모든 것을 가능한 한 현실감을 살려 구현한, 그래서 소유자의 손에 닿을 수 있도록 재창조한 일종의 소우주라 할 수 있다.

르네상스 시대 캔버스의 기능을 잘 보여주는 전형적인 예로 워즈워스 아테네움 미술관Wadsworth Atheneum Museum of Art에 소장된 파니니Giovanni Paolo Panini, 1692~1765/8의 1749년 작품 〈곤자가 추기경의 화랑Picture

파니니, 〈곤자가 추기경의 화랑〉, 1749, 워즈워스 아테네움 미술관

Gallery of Cardinal Valenti Gonzaga〉을 들 수 있다. 이 그림은 캔버스에 유화로 그린 작품으로 곤자가 추기경Cardinal Silvio Vanlenti Gonzaga, 1690~1756의 갤러리를 묘사하고 있다. 그림 중앙에 파니니와 함께 라파엘Raphael, 1483~1520의 〈의자에 앉은 성모 마리아Madonna della Sedia〉 옆에 서 있는 이가 바로 갤러리 주인인 곤자가 추기경이다. 그는 예술에 지대한 관심을 쏟은 열광적인 예술품 수집가였다. 이 그림이 묘사한 갤러리가 바로 곤자가의 수집열을 보여주는 단면이라 생각할 수 있다.

서구의 캔버스와는 달리 중국의 두루마리와 족자는 보고 싶을 때만 펼쳐 보고 다시 말아 놓는 것이다. 명대 궁정화가 사환謝環, 1426~1452의 〈행원아집도杏園雅集圖〉는 이러한 두루마리와 족자의 특징을 잘 보여준다. 이 작품은 1437년 봄 '삼양三楊'으로 알려진 세 명의 조정 대신 즉, 양영楊榮, 1371~1440, 양사기楊士奇, 1365~1444, 양부楊溥, 1372~1446, 그리고 그림을 그린 사환을 포함한 여덟 명의 문인관료들이 양영의 '살구나무 정원'에서 시회詩會를 가진 것을 기념하여 그린 것이다.

명나라

그림 한가운데 앉아 있는 사람은 양부다. 그는 왕영王英, 1376~1450 과 함께 시동이 장대에 걸어 드리운 족자 그림을 감탄스런 눈으로 바라보고 있다. 왼쪽에 서 있는 또 다른 한 명의 시동은 그림을 보여주려 족자의 끈을 풀고 있다. 오른쪽 탁자 위에 종이를 펴놓고 앉은 사람은 전습례錢習禮라는 인물로, 붓을 들고 시를 지으려고 생각에 잠겨 있다.

15세기 중국에는 경제적으로 여유로운 일부 사회계층들 사이에서 그림, 특히 원대 문인화의 수집에 대한 열풍이 불었다. 이러한 그림을 수집, 감상하는 것은 고상한 문화의 깊이를 가늠하는 척도였다. 진정한 감식안을 지녔거나 골동품에 대한 해박한 지식

사환, 〈행원아집도〉, 1437,
두루마리 일부, 비단에 수묵채색,
36.7×240.7cm,
뉴욕 메트로폴리탄미술관

을 갖춘 사람은 교양인으로서 명사들과 교유할 자격을 줬다.

이렇듯 족자와 두루마리, 화첩은 같은 시대 유럽 르네상스 예술의 후원자들이 누릴 수 없었던 자신의 소장품에 대한 통제권을 부여했다. 곤자가 추기경의 화랑에 자리를 지키던 명화들과는 달리 명대 그림들은 항상 일정한 곳에 머물지 않았다. 그림 감상은 소유자와 감상자 사이의 상호 교환이 전제되었다. 심주의 제자이자 쑤저우 문인사회의 영수였던 문징명 文徵明, 1470~1559은 그의 친구인 하량준 何良俊, 1506~1573의 방문을 자주 받았다.

> 형산 衡山(문징명)은 글씨와 그림 비평을 유난히 좋아했다. 그를 찾을 때마다 나는 항상 내가 소장한 예술품 몇 폭을 들고 갔다. 선생은 그것들을 펼쳐 진종일 살펴보곤 했다. 선생 또한 자신이 소장한 것들을 내놓았다. 그는 항상 서재로 들어가서는 네 권의 두루마리를 가지고 나왔다. 그것들을 펼쳐 보고는 다시 들고 들어가 또 다른 네 폭의 두루마리로 바꾸어 나왔다. 이 작업을 여러 차례 되풀이해도 그는 지칠 줄 모르는 것 같았다.[1]

명대 강남 문인들의 가장 중요한 소일거리 중 하나는 그들이 수집한 예술품들을 함께 감상하는 것이었다. 무능하고 부패한 관리들에 의해 국가 중대사가 좌우되고 엘리트 문인들에게 공직생활이 더는 매력으로 다가오지 않던 이 시기에 예술 활동에 대한 몰두는 혼란한 현실에서 일탈할 수 있는 고상한 수단이었다. 심주를 비롯한 명대 엘리트 문인들은 그들이 몸담은 사회가 이미 정체되어 있음을 간파했다. 그들의 황제와 조정은 국가의 앞날이나 민생에는 관심을 두지 않았다. 희망이 보이지 않았다. 부와 명예를 얻을 욕심이 없다면 이러한 상황에서 임금을 보좌하고자 관리가 되는 것은 별 의미가 없어 보였다. 혼란한 시대에 자신의 고결함을 지키기

[1] 衡山最喜評校書畵. 余每見, 必挾所藏以往, 先生披覽盡日. 先生亦盡出所畜. 常自入書房中捧四卷而出. 展過復捧而入更換四卷, 雖數反不倦.

두근, 〈완고도〉,
족자, 비단에 담채색,
126×187cm, 타이베이 고궁박물원

를 원하는 사람들이 선택할 수 있는 최고의 방법은 정치 세계의 중심에서 물러나 예술에 헌신하는 은둔자의 삶을 사는 것이었다.

과거시험에 낙방하고 베이징과 난징, 그리고 쑤저우에서 활동한 교육 받은 직업화가 두근杜菫, 대략 1465~1509 활동이 그린 큰 족자 그림 〈완고도玩古圖〉는 15세기 쑤저우 문인들의 생활이 어떠했는지를 잘 보여준다. 그림의 제목처럼 이 그림은 골동품의 감상을 주제로 다루고 있다. 그림 중앙에 있는 정원주가 자신의 소장품인 청동기를 감상하는 손님을 바라보고 있다. 이들 뒤에 자리 잡은 파초, 오동나무, 대나무, 그리고 그림의 앞부분에 있는 태호석 등은 정원 주인의 문화적 고상함을 보여주기 위한 정원의 장식물들이다. 또한, 그림은 이른바 문인의 '사예四藝' 즉, 금琴·기棋·서書·화

畫의 주제들을 다루고 있다. 그림의 오른쪽 위를 보면 아름다운 산수화 병풍 앞 탁자 위에 여러 권의 두루마리書가 놓여 있다. 그리고 두 명의 여인들이 금琴을 넣어 둔 포장을 풀고 있으며, 그림의 왼쪽 아래, 손님에게 보여줄 족자 그림畵을 어깨에 메고 다가오는 시동의 한 손에는 바둑판棋이 들려 있다.

벼랑 위의 시인

심주가 그의 절친한 친구인 오관吳寬, 1436~1504을 위해 그린 화첩 그림의 한 잎인 〈조해망도眺海望圖〉는 보는 이의 시선을 벼랑 위에 서 있는 한 사람으로 집중시킨다. 이 사람은 심주 자신이다. 그는 그림을 이해하도록 왼쪽 하늘에 다음과 같이 적어 놓았다.

> 흰 구름은 띠처럼 산허리를 두르고
> 돌 비탈은 허공을 날며 오솔길은 아득하다.
> 홀로 명아주 지팡이에 기대어 멀리 바라보며
> 산골 물소리에 답하여 퉁소를 불어 보련다.[2]

위의 시는 아마도 심주가 왕유의 〈의호欹湖〉라는 시를 의식해 쓴 것으로 보인다.

> 퉁소 불며 멀리 물가를 건너고
> 날 저물어 그대를 떠나보낸다.
> 호수 위 고개 돌리니
> 흰 구름이 푸른 산을 말고 있다.[3]

두 시의 공통된 키워드는 흰 구름, 산, 퉁소다. 『초사』 전통에

[2] 白雲如帶束山腰, 石磴飛空細路遙. 獨倚杖藜舒眺望, 欲因鳴澗答吹簫.
[3] 吹簫凌極浦, 日暮送夫君. 湖上一回首, 青山卷白雲.

심주, 〈조해망도〉,
화첩의 한 잎, 종이에 수묵,
38.7×60.2cm, 넬슨미술관

서 나온 구름의 이미지는 부정적이다. 즉, 푸른 산은 왕을 구름은 간신배를 상징한다. 그래서 구름에 가려진 산은 간신배에 둘러싸인 왕을 뜻한다. 그러나 왕유의 시에서 푸른 산과 구름은 긍정적인 이미지를 지닌다. 불교에 심취한 왕유에게 산은 자신만의 고독한 공간이다. 그에게 푸른 산은 현상계의 환상에서 벗어나 '공空'으로 해석되는 '수냐타sunyata'의 세계로 진입하고자 명상하는 공간이다. 구름은 명상을 통해 깨달음의 경지에 도달함을 의미한다. 그래서 '흰 구름은 띠처럼 산허리를 두르고'와 '푸른 산은 흰 구름을 말고 있다'라는 것은 은둔자가 혼란한 속세로부터 초탈해 깨달음의 경지에 도달했음을 상징적으로 보여주는 것이다.

문인들은 왜 퉁소를 불었을까?

이 시의 또 다른 의문은 왕유와 심주가 왜 자신들이 퉁소를 불고 있음을 강조했는가 하는 점이다. 이외에도 고대 중국의 수많은 시인과 화가들 역시 그들의 작품에서 자신들이 퉁소나 금琴 같은 악기를 연주하고 있음을 언급한다. 그 이유는 무엇일까? 중국 문학을 공부하는 저자로서도 이 문제는 해묵은 궁금증이었기에 내친김에 고대 중국인들이 음악에 가졌던 인식과 관련된 텍스트를 찾아 여기서 소개한다.

 야만과 문명: 대나무와 퉁소

고대 중국인들의 음악에 관한 문화 관습이 소개된 책으로는 소통 蕭統, 501~531이 편집한 문학선집인 『문선文選』이 있다. 소통은 이 책을 편집하면서 음악을 주제로 다룬 6편의 작품을 따로 모아 놓았다. 각각 춤과 휘파람을 주제로 다룬 부의傅毅, 대략 90년 졸의 〈무부舞賦〉와 성공수成公綏, 231~273의 〈소부嘯賦〉 외에 나머지 4편은 악기를 주제로 다루고 있다. 이 가운데 음악을 주제로 다룬 현존 최초의 부賦 작품이라 할 수 있는 왕포王褒, 기원전 60년~기원전 50년 활동의 〈동소부洞簫賦〉는 퉁소의 재료인 대나무 산지와 그 주변 환경에 대해 언급한다. 즉, 퉁소의 재료로 쓰이는 대나무가 자라는 곳의 험준한 산세를 강조한다. 한마디로 황량하고 불안한 환경에서 자란 대나무를 베어 퉁소를 만들었다는 것이다.

　악기를 만드는 재료와 그 산지에 관한 언급은 나머지 작품들에서도 발견된다. 마융馬融, 79~166이 쓴 〈장적부長笛賦〉는 왕포의 글보다 더 구체적이다. 마융은 퉁소 제조용 대나무 산지로 중난산終南山의 북쪽을 언급했다. 그는 이곳의 험준한 산세와 그 아래로 세차게 흐르는 강을 강조했다. 이곳은 사람들이 접근을 꺼리는 곳으로 길도 나 있지 않고 사람의 발자취 또한 드물어 동물들의 존재만 확인할 수 있을 정도다. 낮에는 원숭이가, 밤에는 다람쥐가 구슬피 울부짖는다. 산닭과 꿩은 '짝을 찾으며' 슬프게 울어댄다. 대나무 산지의 험준한 지형과 그곳 동물들의 축적된 슬픔은 이곳에서 자라는 대나무를 '압박'해 슬픈 소리를 내게 하는 환경으로 작용한다. 결국 그런 대나무로 만든 통소에 숨결을 불어 넣으면 애절한 선율이 울리는 것은 당연한 일이리라.

  대나무가 만드는 슬픈 소리는 슬픔에 잠겨 있는 사람들의 관심을 끌게 마련이다. 추방당한 신하와 버림받은 자식, 내쫓긴 아내, 친구와 이별한 이는 바람을 통해 들려오는 대나무의 슬픈 소리에 눈물짓는다. 그들은 슬픔을 억누르지 못하고 사다리를 타고 올라 대나무의 윗부분을 베어낸다. 벤 대나무를 정해진 규격에 맞춰 다시 자르고, 불과 도끼로 굽고 비뚠 것을 바르게 펴고 깎으며, 마디의 막힌 부분을 칼로 파 뚫고 문질러 광을 낸다. 그런 후 장식을 달고, 규격에 맞춰 음계를 나타내는 구멍을 뚫고 그 안쪽에 옻칠을 한다. 마지막으로 저명한 악사를 불러 조율한다. 이러한 과정을 거쳐 만든 것이 바로 통소다. 이 시간 동안 대나무가 내는 슬픈 소리는 슬픔에 잠긴 사람들의 소리로 탈바꿈할 준비를 마친다.

  혜강稽康, 223~262의 〈금부琴賦〉 역시 〈동소부〉나 〈장적부〉와 마찬가지로 악기 재료의 산지를 언급하고 있다. 금琴은 오동나무로 만든다. 혜강의 태도는 왕포나 마융과는 사뭇 다르다. 즉, 오동나무는 조화로운 자연에서 성스러운 아름다움으로 충만한 환경에서 자라고 있음을 강조한다. 이곳을 찾는 사람 또한 슬픔에 잠긴 사람이 아니라 속세를 피해 은둔한 자들이다. 그들은 추방당했거나 버림받아서가 아니라 자신이 원해 이곳을 찾은 것이다. 그들은 세속의 굴레에서 벗어나 조화를 이루는 자연에서 혼란한 세상과는 다른 대안적 세계를 발견한다. 금은 이 같은 조화로운 자연환경에서 자란 오동나무를 베어 만든 악기다. 따라서 금이 만드는 소리는 조화의 소리다.

이제 이러한 문화 관습을 토대로 고대 중국의 문인들이 어떻게 음악의 이미지를 자신들의 시에 적용하는지 살펴보자. 완적阮籍, 210~263이 쓴 〈영회시詠懷詩〉라는 시다.

> 밤중 잠 못 이루어
> 일어나 앉아 금을 탄다.
> 엷은 휘장으로 밝은 달빛 비추고
> 맑은 바람은 내 옷깃으로 불어 든다.
> 외로운 기러기는 바깥 들판에서 울어대고
> 나는 새는 북쪽 숲에서 우짖는다.
> 배회하며 무엇을 바라보는가?
> 근심스런 생각에 홀로 마음 아파한다.[4]

'밤중'은 혼란을 비유한다. 완적은 세상을 구제하겠다는 포부를 갖고 있었다. 그러나 당시는 왕조가 교체되는 난세였다. 그래서 그는 당시의 암울한 정치상황과 자신의 포부 사이의 괴리에서 고뇌했다. 잠 못 이루는 밤에 일어나 금을 타는 것은 고뇌에 찬 마음을 풀기 위해서다. '외로운 기러기'는 어진 신하가 고독하게 바깥에 있음을 비유한다. 반면 '나는 새'는 간신배가 왕 가까이에 있음을 비유한다. 밤중이 혼란을 비유한다면 밝은 달은 그와 상반된다. 달은 온 누리를 환하게 비춘다. 백성에 대한 임금의 은혜로움 또한 이와 같다. 그래서 달빛은 왕의 존재를 상징한다. 방 안으로 스며들어 휘장을 비추는 밝은 달빛과 시인의 옷깃으로 불어 드는 맑은 바람을 통해 시인은 임금을 생각하게 된다.

[4] 夜中不能寐, 起坐彈鳴琴. 薄帷鑒明月, 清風吹我襟. 孤鴻號外野, 翔鳥鳴北林. 徘徊將何見, 憂思獨傷心.

명나라

심주, 〈야좌도〉, 1492,
족자, 종이에 수묵담채,
84.8×21.8cm,
타이베이 고궁박물원

위에서 살핀 금에 관한 중국인들의 인식을 적용해본다면, 완적은 금을 연주함으로써 자연과 조화를 이루는 자신의 모습을 보여주려 했다. 자연과 조화를 이루는 것은 중국인들이 생각하는 자기 수양의 최고 경지다.

다시 심주의 그림으로 돌아가 그가 쓴 시 중 '산골 물소리에 답하여 퉁소를 불어 보련다'를 음미하자. 인간이 만든 소리로 자연의 소리에 화답함으로써 자신이 물아일체의 경지에 이르렀음을 보여주는 것이다. 심주는 인간이 만든 소리로 퉁소를 선택했다. 퉁소를 통해 친구를 그리는 슬픈 마음을 표현하고 싶었던 것이다.

 〈야좌도〉와 삼절: 시와 그림과 글씨의 앙상블

우리가 감상할 또 하나의 작품은 심주가 1492년에 족자에 그린 〈야좌도夜坐圖〉라는 그림이다. 이 그림에서 심주는 어두운 밤, 산속에서 홀로 앉아 있는 자신의 모습을 보여준다. 평범해 보이는 그림이지만 족자의 반을 차지할 정도로 긴 글이 이색적이다. 아무리 보아도 심상치 않다. 무엇을 말하고 싶었기에 이리도 긴 문장을 그림에 써 내렸을까? 그가 쓴 글을 읽으면서 그 궁금증을 풀어 보자.

> 추운 밤에 드는 잠은 매우 달콤하다. 한밤중 잠에서 깨어나니 정신이 상쾌했다. 다시 잠들 수 없어 옷을 입고 일어나 밝은 등불과 마주하고 앉았다. 탁자 위에 몇 권의 책이 놓여 있었다. 그 가운데 손에 잡히는 한 권을 골라 읽기 시작했다. 이내 지루해져 책을 내려놓고 두 손을 모으고 단정하게 앉았다. 오랫동안 내리던 비가 막 개고 엷은 달빛이 창문을 비추고 있었다. 사방은 침묵에 잠겼다.
>
> 오랫동안 몸으로 맑고 밝은 빛을 느끼다 차츰 소리를 의식하게 되었다. 살랑대는 바람이 대나무를 흔들며 내는 소리는 내게 용감하

고 의연하게 뒤돌아보지 말고 나아가라 부채질하고, 개가 으르렁거리며 사납게 짖어 대는 소리는 사악한 것을 몰아내고 약탈자들에 맞서라고 부추긴다. 크고 작은 북소리—작은 소리가 가냘프고 멀리 들리는 까닭은 맑고 깊으며 끊임이 없기 때문이다—는 외롭고 슬프며 분개를 일으킨다. 매우 가까이에 관가의 시각을 알리는 북소리는 세 번에서 네 번, 그다음에는 다섯 번을 치니 차츰 빨라져 새벽을 재촉한다. 갑자기 동북쪽에서 종소리가 들려오는 데 비에 씻긴 공기를 가르며 들리는 그 소리는 맑고도 깊다. 이 소리를 들으며 새벽이 오기를 기다렸다 일어나고픈 생각이 드는 것은 피할 수 없었다.

나의 본성은 밤에 앉아 있기를 좋아해 종종 흔들리는 등불 아래서 책을 펴놓고 이리저리 뒤적이지만 이경이 되면 책을 덮는다. 그러나 사람들의 떠드는 소리는 잠잠해지지 않고 반면 마음은 글귀 사이에 쏠려 있으니 바깥이 조용하고 내 마음마저 차분했던 적이 없었다.

하지만 오늘밤 모든 소리와 형상은 안정과 고요를 얻었으니 사람의 마음과 정신을 맑게 하여 그 뜻을 펼치기에 충분함이 이와 같다. 이러한 소리와 형상이 다른 때에도 존재하기에 사람의 눈과 귀에 와 닿지 않는 것은 아니지만 형상이 사물의 부림을 당하니 마음이 이것을 따르도록 재촉한다는 것을 명심해야 한다.

귀 밝음은 북과 종소리 같은 시끄러운 소리에 숨겨져 있고, 눈 밝음은 화려한 무늬에 가려져 있다. 그래서 사람에게 이로운 사물이 적고 해로운 사물은 많은 것이다. 지금의 소리와 형상은 다른 때의 것과 다르지 않지만 일단 귀와 눈에 와 닿게 되면 절묘하게 내 일부가 된다. 말하자면 시끄러운 소리와 화려한 무늬는 내가 나아가고 수양하는 바탕이 되니 사물이 족히 사람을 부릴 수 있다.

소리가 깨어지고 형상이 뒤섞여도 나의 뜻은 우뚝 솟아 있다. 그렇다면 이른바 뜻이란 과연 무엇인가? 마음 속에 있는 것인가 아니면 밖에 있는 것인가? 사물의 안에 있는 것인가? 사물 때문에 발현하는 것인가? 분명 그 차이를 판별하는 법이 있을 것이다. 아하! 이제 판별할 수 있게 되었다.

밤에 앉아 있으면서 얻는 힘이 얼마나 위대한 것인가! 그래서 마음을 씻고 긴 밤을 밝은 촛불 아래 외로이 앉아 사물의 이치와 몸과 마음의 오묘함을 깨닫고자 한다. 이것은 나 자신을 수양하고 사물에 반응하는 바탕이니 반드시 얻는 바가 있을 것이다.⁵

심주가 한밤중에 잠에서 깨어나 한 일은 자연을 관찰해 그 내재한 본질을 파악한 것이다. 심주는 고요한 밤 산속에 홀로 앉아 자연의 빛과 소리를 온몸으로 느끼며 사물의 이치를 깨닫는 전 과정을 상세하게 설명하고 있다. 독자는 앞서 두보의 시를 공부하면서 인용했던 스티븐 오언의 말―시인의 역할은 세계 속에서 질서를 발견하는 것이다―이 기억날 것이다. 시인은 일종의 암호 해독자다. 자신의 눈 앞에 펼쳐진 세계를 관찰해 그 속에 있는 본질을 발견한다. 시인은 하늘의 무늬를 보고 하늘의 마음을 읽어내는 사관의 전통을 계승하고 있음을 자부한다. 심주 또한 예외일 수 없다. 심주는 희망이 보이지 않는 현실에 대한 대응으로 은둔한 문인의 삶을 선택했다. 은둔은 혼란한 시대에 자신의 고결함을 잃지 않기 위한 최선의 선택이다. 자기 수양을 하며 좋은 시대의 도래를 기다리겠다는 것이다. 세상에서 물러나 있으면서 자신의 수양 정도를 표현하는 가장 좋은 방법은 자연/세계를 관찰해 그 본질을 파악하고 물아일체가 되었음을 보여주는 것이다. 심주는 잠 못 이루는 가을날 밤 자신이 경험한 물아일체의 순간을 시, 그림, 서예가 어우러진 그림을 통해 보여준 것이다.

⁵寒夜寢甚甘, 夜分而寤, 神度爽然, 弗能復寐, 及披衣起坐, 一燈熒然相對. 案上書數帙. 漫取一編讀之, 稍倦, 置書束手危坐, 久雨新霽, 月色淡淡映窓戶. 四聽闃然, 蓋覺清耿之久, 漸有所聞. 聞風聲撼竹木號號鳴, 使人起特立不回之志. 聞犬聲狺狺而苦, 使人起閑邪禦寇之志. 聞小大鼓聲. 小者薄而遠者淵淵不絕, 起幽憂不平之思. 官鼓甚近. 由三撾以至四至五, 漸急以趨曉. 俄東北聲鐘, 鐘得雨聲, 音極清越, 聞之又有待旦興作之思. 不能已焉. 余性喜夜坐, 每攤書燈下, 反覆之, 迨二更方以爲當. 然人喧未息而又心在文字間, 未嘗得外靜而內定. 於今夕者, 凡諸聲色, 蓋以定靜得之, 故足以澄人心神情而發其志意如此. 且他時非無是聲色也, 非不接於人耳目中也, 然形爲物役而心趣隨之. 聰隱於鏗訇, 明隱於文華. 是故物之益于人者寡而損人者多. 有若今之聲色不異於彼, 而一觸耳目, 蘂然與我妙合, 則其爲鏗訇文華者, 未始不爲吾進修之資. 而物足以役人也已. 聲絕色泯. 而吾之志沖然特存, 則所謂志者果內乎外乎. 其有於物乎. 得因物以發乎. 是必有以辨矣. 於乎. 吾於是而辨焉. 夜坐之力宏已哉. 嗣當齋心孤坐. 於更長明燭之下, 因以求事物之理, 心體之妙. 以爲修己應物之地, 將必有所得也.

소유할 수 있는 자연

여기서는 유럽인들의 소유 욕구를 충족시켜 주는 매체로서 유화의 기능을 잘 보여주는 예 하나를 더 들어본다. 이 그림은 18세기 영국 최고의 초상화가이자 풍경 화가였던 토머스 게인즈버러Thomas Gainsborough, 1727~1788가 그린 〈앤드루스 부부Mr and Mrs Andrews〉다.

그림을 보자. 시골 풍경을 배경으로 앤드루스 부부가 포즈를 취하고 있다. 오른팔에 총을 끼고 사냥 복장을 하고 서 있는 사람은 남편 로버트 앤드루스Robert Andrews다. 그의 옆에 사냥개가 그를 물끄러미 바라보고 있다. 벤치에 앉아 있는 여인은 그의 아내 프랭크 앤드루스Frances Andrews다. 이 두 사람은 1748년 11월에 결혼했다. 그들의 모습은 뭔가 자부심에 가득 찬 표정이다. 그런데 두 사람의 모습이 왼쪽으로 치우쳐 있다. 지나치게 한쪽으로 쏠려 있다는 느낌이 들지 않는가. 무언가 어색하다. 초상화라면 그림의 중앙을 차지하고 포즈를 취해야 하지 않은가. 그런데 그들은 무엇인가 우리에게 보여주려는 듯 옆으로 비켜나 있다. 그들은 우리에게 무엇을 보여주려고 한 것일까? 바로 뒤에 펼쳐진 경관을 우리에게 보여주려 한 것이다. 추수를 막 끝마친 밀밭과 그 뒤로 양을 방목하고 있는 목초지 그리고 멀리 보이는 산은 이 부부가 소유하고 있는 땅이다. 남편 로버트 앤드루스는 잉글랜드 동부의 서포크Suffolk에 3천 에이커의 땅을 갖고 있었다. 그들의 뒤에 펼쳐진 풍경은 그 일부다. 앤드루스 부부는 남편의 친구인 게인즈버러에게 그들이 소유한 토지 앞에 있는 자신들의 초상화를 그려 줄 것을 의뢰했다. 그들은 자신들이 소유한 재산을 보기 좋게 드러내 자랑하고 싶었던 것이다. 내가 소유한 것을 보여주고자 내가 비켜선 것이다. 그들의 표정을 보라. 자부심에 가득 차 있다. 그들은 대토지를 소유한 지주로서의 자신들의 모습을 그림에 담아 감상하는 기쁨을 누리고 싶었던 것이다. 사물을 실감나게 그리는 유화가 그들이 소유한 땅을 사실적으로 묘사해 놓았으니 그들의 기쁨은 한층 컸을 것이다.

게인즈버러, 〈앤드루스 부부〉, 1748~1749, 캔버스에 유채, 63.5×50.8cm

1493년　대기근으로 베이징과 산둥에 260여만 명 사망.
1505년　무종이 14세에 황제 등극, 유근을 위시한 환관 총애.
1517년　포르투갈인, 광둥 부근 침입.
1527년　광시의 톈저우田州에서 민란 발생, 왕수인이 평정.
1550년경 아메리카 대륙에서 은 수입으로 경제 성장 촉진.
1555년　왜구 발호.
1558년　간쑤 지방에 타타르 3만 기병이 침입.
1565년　쓰촨에서 백련교도의 난 일어남.

명대 중기

명대 중기
쑤저우 문인사회와 실경도

❋ **쑤저우 문인사회는 왜 실경도에 집착했을까?**

쑤저우의 후츄虎丘란 곳을 묘사한 〈호구십이경도책〉이란 화첩 그림은 앞 장에서 살펴본 명 중기 쑤저우 문인 심주가 그린 것이다. 젊은 시절, 원대 4대가로 일컫는 황공망, 왕몽, 오진, 예찬 같은 옛 문인 화가들의 작품을 모사했던 것을 제외하면 심주의 산수화는 이처럼 주변 세계를 그린 것들이 대부분이다. 심주는 자기 주변 세계에 대해 각별한 애착을 보였다. 그는 자신이 속한 지역사회인 쑤저우에 매우 특별한 가치를 부여해 쑤저우 주변의 특정 지역을 묘사한 그림을 많이 그렸다. 그의 예술을 지배했던 세계는 그와 가장 가까이에 있던 세계, 쑤저우였다. 심주는 쑤저우의 문인 화가들을 중심으로 형성된 이른바 '오파吳派'의 태두였다. 그를 위시한 오파 화가들의 그림에는 쑤저우와 그 주변 세계를 사실적으로 묘사한 이른바 실경도實景圖가 압도적이다.

심주, 〈호구십이경도책〉,
화첩의 한 잎, 종이에 수묵채색,
클리블랜드미술관

　여기서 슬그머니 두 가지 의문이 고개를 든다. 즉, 그들은 선배 화가들이 그러했듯 산수의 이상적인 모습을 그리지 않고 자신들의 주변 세계를 사실적으로 묘사한 실경도에 몰두했을까? 또한, 왜 그들은 쑤저우와 그 주변 세계에 집착했을까? 이 질문을 생각하며 이 장을 읽어내려 가자.

집단 정체성 '우리의 쑤저우'

첫 번째 의문 즉, 명 중기 쑤저우 문인들이 왜 실경도에 집착했는지에 대한 답을 찾고자 우선 그 배경을 살피는 것이 순서일 듯하다. 이는 쑤저우 문인사회와 중앙 정부와의 갈등과 많은 관련이 있다. 중앙 정부와의 갈등이 태조 주원장부터 시작해 고스란히 박해로 이어졌음을 이미 앞 장에서 언급했다. 또한, 주원장은 쑤저우의 엘리트사회를 말살하고 그들의 네트워크를 와해시키려 했다. 장사성 정권과 밀접한 관련이 있다는 이유로 1368~1369년에 당대 저명한 시인이었던 고계高啓, 1336~1374를 비롯하여 그와 문학 모임을 결성하며 교류한 수많은 문인을 죽이거나 당시 수도였던 난징으로 강제 이주시켰다. 이후에도 수많은 쑤저우의 부호들이 난징으로 강제 이주됐다.

좁은 등용문 또한 쑤저우 문인사회를 압박했다. 과거제도가 중국 남부 사람들에게 유리하게 되어 있다고 믿었던 홍희제洪熙帝, 재위 1425는 중앙 정부에서 최종적으로 치르는 모든 과거시험 합격자의 40퍼센트를 북방 사람들에게 할당했다. 이러한 과거 정책은 이후 거의 변동 없이 청대까지 지속하였다. 쑤저우 문인사회가 환관들과 대립했다는 것도 이미 밝힌 바 있다.

명대 중기 쑤저우 문인들은 자신들이 속한 쑤저우를 지칭할 때 '우리의 쑤저우'라는 의미가 있는 '오소吾蘇'란 명칭을 사용했다. 이는 명 중기 쑤저우 문인들의 글에서 보편적으로 나타나는 현상으로, 중앙 정부의 쑤저우에 대한 박해에서 초래된 피해의식의 문화적 발로라고 할 수 있다. 몇 가지 예를 들어보면, 서유정徐有貞이란 자는 "오로지 이것이 세상의 논자들로 하여금 '우리의 쑤저우'를 일컫게 하는 것이니, 군郡으로 말하자면 천하에서 으뜸인 군이며, 학문은 천하 제일의 학문이며, 인재로 말하자면 천하에서 가장 뛰어난 인재들이다. 위대하도다!"[1]라고 말했다. 자신이 속한

---

[1] 惟斯使世之論者謂吾蘇也. 郡甲天下之郡, 學甲天下之學, 人才甲天下之人才. 偉哉.
[2] 今江南之稅與役爲天下最. 吾蘇之稅與役又爲江南最.

지역사회인 쑤저우에 대한 자긍심을 엿볼 수 있는 글이다. 반면 심주와 절친했던 사감史鑑이란 사람은 "지금 강남의 과세와 부역은 천하에서 가장 과중하다. '우리 쑤저우'의 과세와 부역은 또한 강남에서 가장 높다"[2]라고 말하며 정부의 강남과 쑤저우에 대한 박해를 신랄하게 비판했다.

역대 황제들의 쑤저우 문인들에 대한 불신, 과도한 세금, 환관들과의 갈등, 자연재해 등의 요인들은 쑤저우 문인들에게 정체성을 인식시키는 계기를 마련했다. 쑤저우 문인들은 그들 나름의 네트워크를 형성하고 연대감을 조성해 자신들이 속한 지역사회의 이익을 보호하고자 했다.

쑤저우 출신의 중앙 관료 또는 그 경력을 지닌 자, 조정의 고위관리들과 선이 닿는 자, 부유한 자, 문학과 예술에 뛰어난 재능을 지닌 자들은 쑤저우 문인사회의 일원이 될 수 있었다. 이들은 부와 권력, 그리고 문화적 소양 가운데 최소한 하나 이상은 지닌 자들이었다. 쑤저우 문인들은 서로 결혼 및 사제 관계를 맺음으로써 연대 의식을 강화했다. 사제 관계를 통해 네트워크를 형성한 예로는 〈우송도友松圖〉라는 최초의 별호도를 그린 두경杜瓊, 1396~1474을 들 수 있겠는데 그는 오관과 심주의 스승이었다. 심주는 또한 오관의 집안과 매우 친밀한 관계를 유지해 오관 집안의 사유지인 동장東莊의 그림을 그려 줄 정도였다. 오관과 문징명의 부친 문림文林, 1445~1499은 진사 동기생이었다. 오관과 심주가 다음 세대 쑤저우 문인사회의 영수였던 문징명의 스승이 된 것은 문림과의 이러한 친분 때문이었다.

또한, 쑤저우 문인들은 '사문斯文'이라는 공자가 주창했던 유교 문화 전통의 계승자라는 문화적 소속감을 공유했다. 즉, 다른 집단, 특히 환관들과의 차별성을 보여줘야 했기에 전통적인 소명의식에 투철했다. 쑤저우 문인사회의 일원이 된다는 것은 문화 전통을 함께 한다는 것을 의미했다. 그들은 같은 생각을 나누고 있음을 지속적으로 확인할 필요가 있었기에 집단 정체성이 구현된 글과 그림을 창작했다. 이러한 문예 활동은 집단 정체성 및 다른 집단과의 차별성을 드러내는 역할을 했다.

쑤저우 오파의 중추적 인물인 심주와 문징명, 그리고 당인唐寅, 1470~1523은 모두 삼절三絶—시·서·화—에 능한 자들이었다. 이 세 가지는 문인이 갖추어야 할 이상적 조건들이었다. 쑤저우 문인들은 자주 비정규적인 문학 모임을 가졌다. 이 모임에서 그림에 뛰어난 이는 모임을 기념해 그림을 그렸고, 친구들은 그 그림 위에 제발문을 달았다. 이 같은 능력은 '비문화적인' 환관들과 구별되는 쑤저우 문인사회의 문화 자본이었다. 혼란기에 자기 수양과 함께 유교의 문화 전통을 지킬 수 있는 고상한 방법이었던 셈이다.

또한, 쑤저우 문인사회에서 그림은 고위층이나 권력자들에게 자신을 소개하거나 접근하기 위한 수단이 되었으며, 때로는 그들로부터 받은 후원에 대한 답례로써 매우 간접적인 형태의 경제적 교환가치의 의미가 있었다. 특히 실경도의 경우는 그림을 받는 사람에게 '우리의 쑤저우'를 연상하게 했으며 이를 통해 문인 화가와 후원자는 쑤저우의 집단 정체성을 공유했다.

여러 형태의 답례용 그림 중 심주가 오관을 위해 그린 그림을 들 수 있다. 심주와 오랜 친구였던 오관은 1477년에 죽은 심주의 부친을 위해 묘비명을 써 주었다. 이에 대한 답례로 심주는 1479년 부친상을 마치고 베이징으로 돌아가는 친구 오관을 위해 3년이란 긴 세월동안 심혈을 기울여 완성한 10미터에 달하는 긴 두루마리 그림을 선사했다.

영향력 있는 후원자의 사유지를 찬양하는 글과 그림 또한 네트워크 형성에 중요하게 작용했다. 문징명의 조부 문홍文洪, 1426~1479이 관직에서 물러나 낙향한 것을 기념해 요수姚綬, 1423~1495가 1479년에 그린 두루마리 그림에는 이동양李東陽, 1447~1516이 서문을 쓰고 오관을 포함한 열여덟 명의 문인들이 제화시를 썼다고 한다. 중앙 관료 출신의 은퇴한 문인은 정계에서 물러난 후에도 여전히 쑤저우 문인의 잠정적인 후원자였다.

문인은 생각을 공유하고, 그의 이야기를 경청하고 이해해 줄 수 있는 집단이 있어야 한다. 심주와 오관, 그리고 문징명의 관계 역시 이 같은 맥락에서 이해할 수 있다. 그들은 각자가 재능을 발휘하는 분야가 다를 뿐 서로 동등하게 대우했다. 그들은 글과 그림의 상호 교환을 통해 쑤저우 문인사회의 정체성을 공유한 것이다.

 후츄와 등고

앞서 본 그림은 심주가 후츄의 경관을 12개 부분으로 나누어 그린 『호구십이경도책』이란 화첩 그림의 일부로, 후츄에 있는 천불당千佛堂과 호구탑을 묘사한 것이다. 간략하게나마 후츄를 설명할 필요가 있겠다. 후츄는 쑤저우 외곽 서북쪽에 있는 작은 언덕이다. 후츄에서 가장 볼 만한 것은 운암선사雲巖禪寺란 절에 세워진 높이 50미터의 오래된 7층 전탑인 호구탑과 오나라 합려가 3천 개의 검과 함께 묻혔다고 전해지는 검지劍池다.

합금 기술이 뛰어났던 오나라는 명검으로 유명했다. 진시황은 이 3천 개의 명검을 얻기 위해 합려의 무덤을 파헤치려 했다. 그가 보는 앞에서 합려의 무덤이 발굴되었다. 그런데 묘지를 파 내려가는 도중 갑자기 큰 호랑이가 나타났다. 놀란 진시황은 들고 있던 검으로 호랑이를 내리쳤으나 빗나가 옆쪽의 돌만 깨뜨렸다고 한다. 이 사건으로 발굴은 중단되었다. 그때 판 구멍에 물이 들어차 연못이 되었고 검이 묻힌 연못이란 의미로 '검지'란 이름이 붙

여겼으며, 호랑이가 나타났다고 하여 이 작은 언덕을 후츄라 부르게 되었다 한다.

자, 이제 그림으로 시선을 돌리자. 어딘가 이상하게 느껴지지 않는가? 그렇다. 이 그림은 이제까지 보았던 그림들과는 다른 구도로 그려졌다. 산 아래에서 우러러보는 고원도 아니고, 같은 눈높이에서 먼 산을 바라보는 평원 구도도 아니다. 높은 곳에서 아래를 내려다본 형상이다. 이처럼 높은 곳에 올라 주변 경관을 조감한 그림은 15세기와 16세기 쑤저우 문인들의 작품에서 보편적으로 나타나는 현상이다. 도대체 그들에게 어떤 의미였기에 이런 식의 구도로 그림을 그렸을까?

후츄는 쑤저우인들에게 성지와 같은 곳이었으며 특히 명·청대 쑤저우 문인들의 사교 활동에 매우 중요한 위치를 차지했다. 또한, 쑤저우 문인들의 만남과 이별의 장소였다. 그들은 송별이나 문학 모임의 장소로 후츄를 애용했다. 그렇다면 왜 하필 후츄였을까? 그 이유는 후츄가 비록 작은 언덕이지만 쑤저우를 한 눈에 볼 수 있는 가장 '높은' 곳이었기 때문이었다.

쑤저우 문인들이 사랑한 후츄 정상의 동쪽 귀퉁이에는 망소대望蘇臺가 있다. 글자 그대로 쑤저우를 한 눈에 바라볼 수 있는 누대다. 이 누대에 올라 문인들은 자신이 속한 지역사회를 조감했다. 그 동쪽으로 월나라가 오나라를 멸망시킨 후 범려范蠡가 설계하여 건축한 쑤저우성이 바라다보인다. 쑤저우는 춘추전국시대 오나라의 수도였다. 후츄는 오나라를 가장 강력하게 만들었던 합려의 무덤이 있는 곳이기도 하다. 그들은 눈앞에 펼쳐진 쑤저우의 전경을 일람하며 오자서와 손무, 그리고 서시 등 쑤저우를 빛낸 역사적 인물들을 떠올렸다.

예로부터 중국 문인들은 높은 곳에 오르기를 좋아했다. 그들이 높은 산에 오르는 궁극적인 목적은 과거를 되돌아보기 위해서였다. 이백의 〈금릉의 봉황대에 올라〉라는 시를 예로 들어보자.

> 봉황대에서 봉황 노닐더니
> 봉황은 가 버리고 누대는 덩그러니 강물만 절로 흐른다.
> 오나라 궁궐의 화초는 한적한 길에 묻혀 버렸고
> 진나라 의관 입던 이들은 오래된 무덤 되었네.
> 삼각산 반쯤 푸른 하늘 밖으로 떨어지고
> 한 줄기 강물은 바이루저우白鷺洲에 둘로 갈라졌다.
> 뜬구름이 해를 가리고 있으니
> 창안 보이지 않아 시름겹다.[3]

봉황대는 난징에 있는 누대로, 세 마리의 오색조가 이곳에 내려왔다 하여 이런 이름이 붙여졌다. 금릉은 난징의 옛 이름이다. 삼국시대 손권의 오나라와 동진도 봉황대가 있는 난징을 수도로 정할 정도였다니 이름값이 제법이었던 셈이다.

5, 6행은 높은 곳에서 바라본 경치를 묘사하고 있다. 세 봉우리 삼산은 난징 서남쪽에 있는 산으로 양쯔강과 접해 있다. 바이루저우는 난징 서남쪽 강 가운데의 모래섬이다.

뜬구름이 해를 가리는 것은 간신배가 왕의 눈을 가리는 것을 비유한다. 그러한 창안을 바라보는 시인의 마음은 시름겹기만 하다.

중국 문인들이 높은 곳에 올라 시를 쓸 때는 대체로 자신들의 상황이 매우 어려울 때다. 즉, 사회가 혼란스럽거나, 임금으로부터 신임과 총애를 상실했거나 자신의 출중한 능력과 고매한 인품을 그가 알아주지 못하는 경우다. 이럴 때 그들은 의도적으로 높은 곳에 오른다. 그곳에서 현 상황과 유사했거나 대조적이었던 역

[3] 鳳凰臺上鳳凰遊, 鳳去臺空江自流. 吳宮花草埋幽徑, 晉代衣冠成古丘. 三山半落菁天外, 一水中分白鷺洲. 總爲浮雲能蔽日, 長安不見使人愁.

사를 돌이킴으로써 좌절감에서 벗어나고자 했다. 중국인들은 항상 현재보다 과거가 나았다고 생각했다. 혼란한 현실과 대비되는 찬란했던 역사를 되돌아봄으로써 간접적으로 현실을 비판할 수 있었다. 과거의 위대한 인물을 되새겨 보는 것 역시 좌절감에 빠졌던 중국 문인들을 고무시켰다. 그들이 회고하는 인물이 자신들과 같은 시련과 좌절을 겪었기에 위안을 가져다주기에 충분했으리라. 높은 곳에 오르는 것, 그것은 자신들의 상황을 초월하게 하는 궁극적 에너지였던 셈이다.

문징명의 〈누거도〉

1543년, 문징명은 친구 유린劉麟, 1474~1561을 위해 〈누거도樓居圖〉란 그림을 남겼다. 유린은 일흔의 나이로 관직에서 물러나 낙향했으나 말년을 위한 적합한 보금자리를 마련하지 못했다. 이 그림에서 문징명은 친구에게 은퇴생활의 이상적인 비전을 제시했다. 그림을 보라. 문징명이 친구를 위해 '설계한' 집의 형태가 특이하다. 누각이다. 평지가 아니고 주위를 조감할 수 있는 높은 데다 집을 지어놓았다. 왜 그랬을까? 옛 문인들이 왜 높은 곳에 올라 주위를 조망하며 시를 지었는지를 되새겨 본다면 문징명이 이 그림을 그린 의도를 이해할 수 있을 것이다.

    그림을 찬찬히 살펴보자. 집 주위를 에둘러 흐르는 시냇물과 담장은 바깥 세상과 친구의 집을 분리시켰고, 2층 서재에서 서로 만남을 누리는 두 명의 문인은 집 앞 높은 나무들에 둘러싸여 바깥 세상과 단절되어 있다. 이 두 사람은 2층 난간 앞에서 마주보며 앉아 있다. 그들 뒤로는 우아한 붉은 칠기 탁자 위에 고풍스런 청동기, 몇 권의 책, 향로와 향을 담은 상자처럼 보이는 두 개의 물건이 놓여 있다. 또한, 후면의 그림 없는 병풍은 방의 공간을 분

문징명, 〈누거도〉, 1543, 족자, 종이에 수묵채색, 95.2×45.7cm, 뉴욕 메트로폴리탄미술관

할하는 역할을 하고 있다. 독자는 화가의 절묘한 포진 덕분에 오른쪽으로 트인 창문을 통해 병풍 뒤의 모습을 엿볼 수 있다. 젖혀진 두꺼운 휘장 너머로 책과 두루마리가 보인다. 또한, 시동이 붉은 칠기 쟁반에 술병을 올려 나르고 있다. 집 앞을 빽빽이 둘러싼 나무들은 문징명이 특히 좋아해 그의 그림에 자주 등장하는 삼나무다. 그 조밀함이 시냇물 건너 앙상한 버드나무와 대조를 이룬다. 문과 그 앞에 놓인 다리는 정원의 사적 공간과 다리 너머 바깥 세상을 상징적으로 분리시켜 놓았다. 집 뒤 병풍처럼 펼쳐진 산과 집 앞으로 흐르는 시냇물은 유린의 풍수가 훌륭했음을 말해 준다.

별호도와 짧은 두루마리

15세기 쑤저우 문인사회에서는 소유자의 별호別號를 이름으로 하는 정원이나 건축물 그림이 유행했는데, 이러한 그림을 별호도라 한다. 대체로 이 그림은 연속적으로 장면들을 전개하는 긴 두루마리 대신 한 눈에 경관을 파악할 수 있는 짧은 두루마리를 애용했다. 소유자가 자신의 별호로 칭한 정원이나 건물 내부 모습을 묘사한 이 작품들은 마치 소유자의 초상화를 보는 느낌이 들게 한다. 왜냐하면 별호 또는 제명齋名 - 옛 문인들은 자신이 소유한 서재의 이름을 별호로 사용했다 - 을 통해 그 사람의 포부, 도덕성, 지적 취향 등을 알 수 있기 때문이다. 따라서 별호도는 일종의 초상화라고도 볼 수 있다.

이 별호도는 심주, 문징명, 당인과 함께 쑤저우 오파의 4대가인 구영仇英, 대략 1494~1552이 그린 〈독락원도獨樂園圖〉다. 독락원은 북송 때 개혁적인 성향을 지닌 왕안석과 첨예하게 대립했던 보수파의 영수 사마광이 관직을 버리고 뤄양으로 은퇴하여 1073년에 지은 정원이다.

③ ②
⑥ ④-⑤
⑦

　사마광은 독락원을 지은 것을 기념해 〈독락원기獨樂園記〉란 서문과 함께 자신의 정원에 지은 건축물을 그가 흠모하는 일곱 명의 역사적 인물들과 연결해 〈독락원칠영獨樂園七詠〉이란 시를 지었다. 16세기 초에 쑤저우의 천재 화가 구영은 사마광의 글을 바탕으로 자신의 상상력을 동원하여 화폭에다 사마광의 독락원을 재현했다.

명대 중기

①

구영, 〈독락원도〉, 두루마리,
비단에 수묵담채, 27.8×381cm,
넬슨미술관

구영, 〈독락원도〉 부분

두루마리의 첫 번째 부분 농수헌弄水軒은 서재 옆 물가에서 벼루를 씻으며 혼탁한 세상에서 자신의 깨끗함을 지키려 했던 당나라 시인 두목杜牧, 803~852을 기리기 위한 것이다.

두 번째 부분 독서당讀書堂은 학문에 몰두해 3년 동안 정원을 내다보지 않았다는 서한시대 유학자며 정치가였던 동중서董仲舒, 기원전 179~기원전 93를 의식하고 지은 것이다.

세 번째 부분 조어암釣魚庵은 동한 광무제의 어릴 적 친구였던 엄광嚴光과 관련이 있다. 엄광은 황제가 된 친구의 부름을 거절하고 어부와 농부의 삶을 선택했다고 한다.

네 번째 부분 종죽재種竹齋는 동진의 저명한 서예가 왕희지王羲之, 321~379의 아들인 왕휘지王徽之, 388년 졸와 관련이 있다. 왕휘지는 세상에서 물러나 대나무로 자신의 주변을 휘감았다 한다. 그는 "하루라도 이 군자 없이 지낼 수 있을까?"라며 대나무를 예찬했다.

다섯 번째 채약포採藥圃는 동한시대의 인물 한강韓康에 관한 것이다. 그는 30년 동안 창안 시장에서 같은 가격으로 약초를 팔았다고 한다. 정직하게 물건을 파는 그의 이름을 모든 사람들이 알고 있다고 전한 한 젊은 여인의 말을 듣고 그의 덕망이 자신을 혼란에 빠뜨릴 수 있다는 생각에 산으로 도망갔다고 한다.

여섯 번째 그림 요화정澆花亭은 술을 좋아하는 당나라 시인 백거이에 관한 것이다. 쟝저우江州의 사마司馬라는 낮은 관직으로 좌천된 백거이는 꽃을 키우고, 술을 담고, '八友'와 벗하며 시를 짓기 위해 샹산香山에 정원을 지었다.

두루마리의 마지막 부분은 견산대見山臺다. 사마광은 도연명을 흠모했다. 견산대는 혼탁한 세상에서 자기의 고결함을 지키고자 관직을 박차고 나왔던 도연명이 쓴 시 '동쪽 울타리 밑에서 국화 따다가 멀리 남쪽의 산을 본다'[4]에서 아이디어를 얻었다.

독자들이 주목할 부분은 마지막 견산대다. 뤄양에 은거한 사마광은 비록 그곳이 산과 멀리 떨어진 곳은 아니었지만 숲이 우거져 산을 바라볼 수 없기에 정원에 산을 바라볼 수 있는 높은 축대를 세웠다 한다. 사마광이 먼 산을 바라보려고 축대를 세운 것은 앞에서 살펴봤던 '등고登高'와 연결된다. 높은 곳에 올라 먼 곳을 바라보는 것은 과거를 되돌아보기 위해서다. 사마광은 견산대를 만들고 뤄양의 바깥 먼 산을 바라봄으로써 고결함을 지키려 전원에 은거했던 과거의 문인 – 도연명 – 을 이끌어냈다. 즉, 왕안석과의 대립으로 얼룩진 정치 세계에서 물러나 뤄양에 은거한 자신과 도연명을 연결한 것이다. 과거를 돌아보는 것은 현재의 정치를 바로잡기 위함이다. 정치의 의미가 있는 '政'자는 원래 '正'자였다. 다시 말해 정치란 바로잡는 것이다.

[4] 採菊東籬下, 悠然見南山.

당인, 〈금창에서의 송별〉,
1498년 이후 제작,
두루마리, 비단에 수묵,
28.5×126.1cm,
타이베이 고궁박물원

송별도

명대에 들면서 쑤저우의 상류사회에서는 여행이 유행했다. 이 시기에는 먼 길을 떠나는 친구를 위해 송별하는 경우가 다반사였다. 특히 과거시험을 보러 가는 친구를 배웅하거나 부모상을 당해 고향으로 돌아와 삼년상을 마치고 다시 관직에 복귀하려고 베이징으로 떠나는 친구를 전송하는 경우가 많았다. 쑤저우의 문인들은 대체로 친구를 떠나보낼 때 후츄에 자리를 마련해 석별의 정을 나누었다. 문인들 사이에서 행해진 이러한 문화 관습을 '전별餞別'이라고 한다. 심주처럼 그림에 소질이 있는 문인들은 떠나는 친구를 위해 송별의 장면을 묘사한 그림을 많이 그렸다. 이러한 그림을 '송별도' 또는 '전별도'라고 한다. 15세기 쑤저우 문인들 사이에서 나타난 새로운 예술 현상의 하나인 셈이다. 심주는 그림을 사교의 매체로 이용했다. 사교를 위한 선물로 그림을 주는 것은 심주를 필두로 쑤저우 문인들 사이에서 처음으로 시작된 현상이었다. 송별도는 쑤저우의 재야 문인들과 쑤저우 출신의 조정 고관들을 연결하는 고리로 작용했다.

심주의 제자이자 문징명의 가장 절친한 친구였던 당인이 그린 〈금창金閶에서의 송별〉은 황제를 알현하고자 베이징으로 가는 정저치鄭儲豸에게 이별의 징표로 선사한 것이다. 이 그림은 쑤저우성 서쪽 성문인 금창문 외곽에 있는 강변에서 베이징으로 떠나는 친구를 전송하는 열다섯 명의 쑤저우 인사들의 모습을 그리고 있다. 그림의 오른쪽 부분은 성긴 가지의 나무들 사이로 쑤저우성의 성곽과 그 너머로 성내에 있는 탑과 가옥들이 펼쳐진 모습이 보인다. 제법 긴 다리를 건너서 있는 강둑을 보자. 베이징까지의 긴 여정을 함께 할 배에 오르기 전 그림의 주인공이 배웅 나온 친구들과 이별하는 순간을 담고 있다. 돛을 올리는 사공의 모습에서 떠날 순간이 임박했음을 알 수 있다. 당시 친구들이 떠나는 이에게 시를 써 주는 것은 관례였다. 이 같은 시를 '전별시'라고 했다. 이 장면과 잘 어울리는 전별시가 있다. 이백이 쓴 〈황학루에서 광릉으로 떠나는 맹호연을 전송하며〉라는 시다.

옛 친구는 서쪽의 황학루에서 떠나

문징명, 〈졸정원도책〉,
화첩의 한 잎, '번향오'를
묘사한 그림, 1551, 종이에 수묵,
뉴욕 메트로폴리탄미술관

안개꽃 핀 춘삼월에 양저우로 내려간다.
외로운 돛, 먼 그림자, 푸른 하늘 너머로 사라지고
오직 하늘 끝으로 흐르는 창장長江만 보인다.[5]

졸정원과 화첩 그림: 문징명의 이름 새김

쑤저우는 아름다운 정원이 많기로 유명하다. 그 대표적인 정원이 졸정원拙政園이다. 이 정원은 1493년 진사에 장원급제하고 어사御史라는 높은 관직을 지낸 왕헌신王獻臣이란 문인이 정계에서 은퇴하고 고향 쑤저우로 돌아와 조성한 것이다. 『고소지姑蘇志』라는 쑤저우 지방지에 의하면 졸정원은 원래 대홍사大弘寺라는 절터가 있던 곳이다. 주원장이 쑤저우를 공략했을 때 불타 없어진 후 철저히 폐허로 남아 있던 그 자리 위에 왕헌신이 졸정원을 세운 것이다.

[5] 故人西辭黃鶴樓, 煙花三月下揚州. 孤帆遠影碧山盡, 唯見長江天際流.

명대 중기

당시 황제는 문인 관료보다 환관들을 더 신임했다. 환관들이 국정을 좌우하던 시기였다. 1490년 왕헌신은 전방에서 군사적 문제로 동창東廠에게 규탄을 받아 곤장 30대를 맞고 푸젠의 상항승上杭丞이란 말직으로 좌천되었다. 1504년에는 이른바 '장천상張千祥 사건'에 연루되어 체포되었다. 결국 그는 광동역승廣東驛丞이란 관직으로 좌천되었다. 1509년 부친의 죽음을 맞은 왕헌신은 시골에서 한적한 생활을 누리고자 관직생활을 포기하고 고향 쑤저우로 돌아왔다. 그가 졸정원을 조성하기 시작한 것도 이 무렵이었다.

왕헌신은 졸정원을 조성할 때 문징명에게 그 청사진의 설계를 의뢰했다 한다. '졸박한 사람의 정치'라는 뜻의 정원 이름 '졸정拙政'은 진대晋代 반악潘岳의 〈한거부閑居賦〉에 나오는 '이 또한 졸박한 사람의 정치이다此亦拙者之爲政也'에서 따온 것이다. 두 차례에 걸친 왕헌신의 정치적 좌절은 환관들과의 대립과 관련이 있다. 그는 주원장에 의해 불타 완전히 폐허가 되어 버려진 땅 위에 졸정원을 지었다. 그가 자신의 정원을 졸정이라 붙인 것은 당시 정치 상황을 의식한 의도적인 행위라고 할 수 있다.

문징명이 자기 집안과 교류가 많았던 왕헌신을 위해 졸정원을 묘사한 화첩 그림을 그린 것은 졸정원이 조성되고도 한참 후인 1533년의 일이었다. 문징명은 〈졸정원기拙政園記〉란 글이 포함된 화첩 『졸정원도책』을 완성했다. 화첩에는 이외에도 졸정원의 경관 서른한 곳을 골라 노래한 31수의 시와 함께 그에 대한 '작은 서문'을 덧붙였다. 또한, 1551년에는 1533년에 쓴 시를 바탕으로 졸정원의 경관을 그린 여덟 개 잎의 두 번째 화첩 그림을 완성했다. 다음은 졸정원 서른한 개 경관의 하나인 번향오에 관한 것이다.

번향오繁香塢는 약서당의 앞에 있다. 목단, 작약, 단계, 해당, 자경紫璃 같은 꽃들을 심었다. 맹종헌의 시에 '그대 따라 조그마하

왕몽, 〈청변은거도〉, 1366, 두루마리, 종이에 수묵채색, 141×42.2cm, 상하이박물관

게 번향오를 지었다네'라 이른다.[6]

이름난 꽃들 초당 옆에 심으니
붉게 물든 꽃들로 물결치네.
반짝이는 봄빛은 천 가닥 비단실.
맑은 기운의 향초에선 백화의 향기.
자애하는 향내 온몸에 가득하니
바람과 이슬에 옷 적시지 말아야지.
고매한 마음은 벌써 만발한 꽃 밖에 있으니
조용히 아래위로 윙윙대는 벌을 바라보네.[7]

『공간과 장소』란 책에서 미국의 저명한 문화지리학자 이푸 투안Yi-fu Tuan, 1930~은 무차별적인 공간에서 출발하여 우리가 공간을 더 잘 알게 되고 그 공간에 가치를 부여함에 따라 공간은 장소가 된다고 말한다. 공간은 장소보다 추상적이고, 인간의 경험이 공간에 녹아들 때 비로소 장소가 된다는 것이다. 투안의 이론을 적용해본다면 왕헌신의 졸정원은 문징명의 글과 그림을 통해 장소가 된 셈이다.

문징명은 〈졸정원기〉란 글에서 왕헌신이 건물을 짓고 거기에 이름을 붙였음을 언급하고 있다. 공간에 이름을 붙이고, 의미를 부여함으로써 공간은 장소가 된다. 이 같은 이름 새김은 공간을 장소화하며 주변의 환경을 인간적인 것으로 만든다. 일종의 '야만적인' 공간을 문명화한 곳으로 탈바꿈시키는 것이다.

문징명의 화첩 그림은 불연속적이고 독립된 졸정원 31군데의 경관들을 보여준다. 두루마리가 하나의 공간에 여러 장면을 연속적으로 전개하는 매체라고 한다면, 여러 개의 독립된 영역을 설정해 놓은 이 화첩 그림은 일종의 '장소들'의 모음집이라고 할 수 있다. 매체의 차이 역시 공간을 다르게 인식하도록 한다. 화첩은 쏘

---

[6] 繁香塢在若墅堂之前, 雜植牡丹芍藥丹桂海棠紫瑤諸花. 孟宗獻詩云: 從君小築繁香塢.
[7] 雜植名花傍草堂, 紫鷄丹艶漫成行. 春光爛熳千機錦, 淑氣薰蒸百和香. 自愛芳菲滿懷袖, 不敎風露濕衣裳. 高情已在繁華外, 靜看游蜂上下狂.

저우 문인들에게 그들이 소유한 부동산을 그림으로 담아내는 데 매우 적합한 매체였다. 즉, 화첩은 하나의 주거 공간—여기서는 졸정원—을 여러 개의 작은 단위들로 나누어 보여준다. 이러한 화첩 그림은 정원의 주인에게 자신들의 사유지를 책으로 펼쳐 보는 것 같은 느낌을 준다.

문징명은 또한 번향오를 그린 화첩 그림 옆에 번향오에 관한 '작은 서문'과 번향오를 주제로 한 시를 '새겨' 넣었다. 공간에 의미를 부여하는 문화적 행위였다.

문징명 이전에도 쑤저우의 문인들은 자신들의 사유지를 화폭에 담으려고 화첩을 애용했다. 위에서 살펴본 심주의 〈호구십이경도책〉 역시 화첩 그림이었다. 자신들이 속한 지역사회와 그들이 소유한 사유지를 그림에 담는 전통은 원대로까지 거슬러 오른다. 1366년에 원대 4대 화가의 한 사람으로 명 태조 주원장의 박해를 받아 희생된 왕몽王蒙, 대략 1308~1385이 그린 〈청변은거도靑卞隱居圖〉는 사촌인 조린趙麟—두 사람은 모두 조맹부의 손자였다—을 위한 것으로, 우싱 부근의 칭볜산靑卞山에 위치한 조 씨 집안의 소유지를 보여준다. 1366년에 주원장과 그의 최대 맞수이던 장사성 사이에서 벌어졌던 치열한 전쟁 탓에 이 지역은 화염의 한복판에 있었다. 생명이 위협받을 정도의 매우 절박한 상황에서 평화와 안정 같은 것을 기대하기는 불가능했다. 그런 까닭에 왕몽은 이 그림에서 안전의 부재를 강하게 표현했다. 그림의 허리 부분 왼쪽 가장자리에 조 씨 가문의 소유로 여겨지는 산장을 그려 놓았다. 거친 바위로 둘러싸인 모습이 불안하기 짝이 없다. 중앙에 있는 큰 산을 중심으로 자리한 안정감 있는 자연과 사뭇 대조적이다.

왕몽은 왜 그의 사촌에게 이 같은 그림을 그려 주었을까? 그 이유는 '움직일 수 없는' 부동산을 종이에 담아 휴대할 수 있도록

하면 멀리 떨어져 있어도 고향에 대한 애착과 몽상에 쉽게 젖어들 수 있었기 때문이다.

리처드 비노그라드Richard Vinograd는 이 같은 원대의 산수화를 '소유지 산수화the landscape of property'라 명명했다. 이를테면 원대의 전선錢選, 대략 1235~1307이 그린 〈부옥산거도浮玉山居圖〉, 조맹부의 〈수촌도水村圖〉, 황공망의 〈부춘산거도富春山居圖〉 등의 그림에서 묘사하는 특정 장소들은 그것을 소유한 이들과 매우 밀접한 관련성을 지녔다는 것이다. 우리가 이 장에서 감상하는 명대 중기 쑤저우의 실경도는 이러한 원대의 '소유지 산수화'의 전통을 계승했다. 명대의 실경도와 다른 점은 원대의 실경 산수화는 대체로 거주지나 은둔지의 바깥 자연경관에 초점을 맞추고, 소유자는 그림에 나타나지 않는다는 것이다.

명대 중기

산수화의 시대별 특색

이즈음에서 각 시대 산수화의 특색을 비교하면 흥미로운 점을 발견할 수 있을 것이다.

먼저 북송 산수화를 살펴보면 제목으로 '행려行旅'가 많이 등장한다. 이는 '여행을 한다'라는 의미다. 독자들은 앞서 살펴봤던 범관의 〈계산행려도〉에도 '행려'가 포함되어 있음을 기억할 것이다. 안정된 이 세계를 직접 노닐어 보고 싶은 북송 시대 중국인들의 자긍심이 그림에 반영된 것이리라.

반면 남송 산수화의 키워드는 조용히 무언가를 바라본다는 의미의 '정관靜觀'이다. 아니나다를까? 남송의 화첩 그림에서는 먼 산을 바라보며 생각에 잠긴 문인들이 많이 등장한다. 그가 바라보는 먼 산은 그가 속한 현재의 산이 아닌 과거의 산이다. 독자들은 산이 강력하고 안정된 국가를 표상한다는 것

을 이미 잘 알고 있을 것이다. 국력이 약했던 남송을 생각해보라. 이 시대의 문인들이 향수에 젖어 그가 속하지 못한 세계를 멀리서 바라보는 것은 너무도 당연했을 것이다.

마지막 원대 산수화의 키워드는 욕망이다. 이 시기 문인들이 그린 산수화의 제목에는 '거居'자가 많이 나온다. '거주한다'라는 뜻이다. 한마디로 살고 싶은 산수를 그린 것이다. 예전에 내가 소유하고 살았던 곳에서 멀리 떨어져 있으면서 그곳에 다시 살고픈 갈망을 형상화했다고 볼 수 있다. 이 같은 그림이 등장했던 이유는 이민족 몽골 정부가 한족 지식인들로부터 중국의 강토와 문화 그리고 이제껏 누렸던 지위와 이상을 앗아갔음을 상기한다면 쉽게 그 답을 찾을 수 있을 것이다.

1572년 신종 만력제 즉위.
1573년 장거정, 정치 개혁 주도.
1583년 예수회 선교사 마테오리치, 중국에 도착.
1601년 네덜란드 무장 상선, 광둥성 광저우 도착.
1605년 마테오리치와 서광계가 유클리드의 『기하원본』 번역 간행.
1622년 네덜란드의 마카오 점령. 산둥에서 백련교도의 난 발생.
1624년 동림당과 환관 위충현 간 다툼.
1631년 이자성의 난.

명 말

명 말의 그로테스크 화가 진홍수

역사 스케치

16세기 후반과 17세기 초반에 이르는 명 말은 중국 역사상 혼란과 변혁의 시기였다. 자본주의의 성장, 서구 과학 기술의 유입, 그리고 자연과학의 발달은 이 시기가 경험한 긍정적 측면의 변화였다. 그러나 은 중심의 경제 시스템 와해로 말미암아 명 정부는 재정적으로 파산했고, 17세기 초에 발생한 '소빙하', 홍수 같은 자연재해로 기근이 발생했다. 그에 따라 농촌 지역이 황폐화되었고 반란이 발흥 되었는가 하면 끊임없이 부패한 관리에 의한 당쟁이 이어지는 등 수많은 부정적 요소 역시 이 시기에 발생했다. 명 정부는 심각해져만 가는 국가적 위기를 통제할 능력을 상실했기에 대부분의 엘리트는 이제 정부에 기대할 것이 없었다. 경제적으로 여유 있는 엘리트 문인들은 중국을 혼란에서 구제해야 한다는 전통적인 소명의식의 굴레에서 벗어나 예술을 통해 자신을 수양하는 삶의

정운붕, 〈나한들의 모임〉,
두루마리 일부, 종이에 수묵,
33.8×663.7cm,
타이베이 고궁박물원

방식을 선택했다.

또한, 명 후기는 자유와 실험, 그리고 개성의 시대였다. 낭만, 욕망, 성욕 같은 주제들이 소설과 희곡의 세계를 지배하기 시작했다. 유명 연애소설 『금병매』는 이 같은 시대 경향을 잘 반영하고 있다. 이 시기의 키워드는 기억이다. 명 말·청 초 과도기에 명나라 정부에 충절한 마음을 견지했던 일부 지식인들은 이민족의 손에 의해 무참히 짓밟히는 중국을 구제하지 못한 죄책감과 회한, 향수, 비애감을 그들의 작품에 표현했다. 이상과 현실의 괴리 속에서 드러난 아이러니가 그들의 작품 세계를 지배했다.

16, 17세기 초 명 정부의 정치적 부패와 중국 남부의 급속한 경제 성장은 명 말 사회의 혼란과 아울러 예술에도 변화를 가져왔다. 경제적 번영은 식자층의 확대를 가져와 책의 수요를 증가시켰고 정부 대신 부유한 관리와 상인들이 예술을 후원하는 사례가 급증했으며 쑤저우, 난징, 후이저우徽州 등과 같은 문화 중심지의 발달을 가져왔다.

1590년대에 들면서 명 정부의 무력함은 극에 달했다. 만력제 신종(재위 1573~1620)은 자신을 비난하는 신하들에 대한 '저항'으

명 말

로 무위無爲의 정치를 지향했다는 전설적인 성왕들의 흉내를 냈다. 즉, 25년 동안 조정에서 신하들과 정무를 논하지도, 올라온 공문을 보지도 않았으며 중요 직책에 결원이 생겨도 충원하지 않았다. 또한, 국가 의식의 주재를 거부하는 등 국사를 내팽개쳤다. 명 말의 이 같은 정치 상황은 당시 화풍에 직접적인 영향을 미쳤다. 당시 종교 인물화로 유명했던 정운붕丁雲鵬, 1547~대략 1621의 1596년 작 〈나한들의 모임應眞雲彙卷〉은 그가 1580년에 그린 〈관음오상觀音五相〉과는 확연히 다르다. 어둡고 경직된 그로테스크grotesque한 분위기가

정운붕, 〈관음오상〉,
두루마리 일부, 종이에 채색,
28×134cm, 넬슨미술관

오빈, 〈기암십경도〉, 1601,
두루마리 일부, 종이에 수묵,
55.5×945.8cm, 개인 소장

깊이 배어 있다. 정운붕과 같은 시기에 활동한 오빈吳彬, 1573~1620이 그린 〈기암십경도奇巖十景圖〉 또한 기괴하다.

    정운붕과 오빈 이외에도 진홍수陳洪綬, 1599~1652와 최자충崔子忠, 1644년 졸, 증경曾鯨, 1564~1647 등 이 시기 대표 화가 작품에서 볼 수 있듯 명 말에는 산수화 대신 인물화가 다시 전면에 대두하기 시작했다. 이는 문인들의 자의식의 발로였다. 즉, 기존 인물화에서 보여주던 교화라는 기능상의 한계를 다소 극복해 종교적 경건함 대신 '言志'의 방법이 산수화에서 인물화로 전환되었던 것이다. 여기서는 인물화를 자아표현의 수단으로 삼았던 진홍수의 작품 세계를 살펴보면서 그 맥락을 엿보려고 한다.

 진홍수

진홍수는 지금의 저쟝성 사오싱에서 태어났다. 그의 조부는 관리로 성공해 많은 유산을 남겼다. 그러나 부친은 좋은 교육을 받았음에도 과거에 실패했고, 불행하게도 진홍수가 8세 때 세상을 떠났다. 그는 형의 보살핌을 받으며 성장했다. 좋은 교육을 받은 진홍수는 1618년에 가장 낮은 단계의 과거시험인 생원에 합격했다. 그러나 1623년과 1638년에 성에서 거행하는 시험에서 두 차례 모두 낙방했다.

진홍수의 재능은 다른 곳에 있었다. 그는 일찍부터 그림에 남다른 재능을 보여주었다. 한마디로 조숙한 천재 화가였다. 4살 때 이미 후일 장인이 될 집 벽에 『삼국지』의 영웅이었던 관우의 초상을 그렸다고 하니 그의 천재성이 어느 정도였는지 짐작하고도 남는다. 그는 10세 무렵부터 20대 초까지 산수와 화조의 대가였던 남영藍瑛, 1585~1664 － 당시 저명한 직업화가 － 에게 그림을 배웠다. 하지만 오히려 북송의 문인 화가인 이공린李公麟, 대략 1041~1106의 백묘白描 스타일을 흠모했다. 그는 14세부터 항저우 시장에 그림을 팔기 시작했다.

한편 그는 신유학을 열심히 공부했다. 1615년경 당시 저명한 학자이자 동림학파의 핵심인물인 유종주劉宗周, 1578~1645가 이끄는 모임에 참가했을 정도였다. 그들의 영향으로 진홍수는 정부에 대해 개혁적인 태도를 보이게 되었다.

그러나 진홍수는 '불우'한 유생이었다. 혼란한 시대에 관리로 국정에 참여해 이 나라를 구제해야 한다는 지식인으로서의 책임감이 무겁게 그를 짓눌렀다. 거기다가 생계를 위해 그림을 그려야 했으니 이중고二重苦가 아닐 수 없었으리라. 이상과 현실의 괴리에서 고뇌한 명 말의 수많은 불우한 지식인들의 전형이었던 조숙한 천재 화가 진홍수. 술, 여색, 소설이나 희곡 같은 통속 문학과의 관계, 한동안의 기인적인 삶 등 그의 인생은 과거 낙방으로 뜻을 펼치지 못한 수많은 지식인의 대변자였던 것이다.

 〈자화상〉

중년의 진홍수를 기다리는 것은 좌절과 비애의 나날뿐이었다. 그

진홍수, 〈교송선수축〉, 1635, 족자, 비단에 수묵채색, 202×97.8cm, 타이베이 고궁박물원

는 두 번 결혼했으며 모두 지방 부호의 딸들이었다. 당연히 장인들은 그에게 큰 기대를 걸었다. 1623년 첫 번째 아내가 죽고 과거시험에도 낙방했다. 좌절감에 빠진 그는 폭음에 빠져들었다. 정치 논쟁의 대열에 참여하지 못하고, 왕에게 조언할 만큼 높은 관직에 오르지 못함을 자책했다. 대신 화가, 목판본 삽화와 카드 디자이너로 이름을 날렸다. 하지만 이 분야에서의 성공은 오히려 그를 괴롭혔다. 그의 이상은 더 높은 데 있었기 때문이다.

진홍수의 자화상이라 할 수 있는 1635년 작 〈교송선수축喬松仙壽軸〉의 분위기를 보라. 그야말로 침울하다. 산수화라 하면 모름지기 자연과 인간의 조화를 표현하려 애쓰지만 이 그림은 전혀 그렇지 않다. 자연과 인간의 조화보다는 무척 부자연스럽다는 것이 정확한 표현일 것이다. 진홍수는 이 그림을 통해 혼란한 사회에 대한 막연한 불안감, 그리고 자아와 세계와의 부조화를 고스란히 표출하고 있다. 제임스 캐힐은 이 그림을 명 말에 존재했던 '부조화의 은유'로 보고 있다. 즉, 자연과 인간의 부조화를 표현함으로써 그림 속의 고귀하고 모범적인 인물이 그의 시대와 동떨어져 있으며 결국 그의 이상이 실현될 수 없음을 은연중 암시한다는 것이다.

자, 그 은유를 확인하도록 그림으로 관심을 돌려 그림 중앙에 서서 독자를 뚫어지게 바라보는 괴팍하게 생긴 중년의 인물을 보라. 진홍수 자신이다. 날카롭지만 어둡고 침울해 보이는 그의 눈빛. 더구나 서 있는 모습이 이상하다. 뭔가 뒤틀려 있다. 자세히 보면 얼굴과 어깨, 신발이 놓인 위치가 어긋나 있다. 즉, 그가 신은 빨간 신발은 정면을 향하였지만 그의 상반신은 왼쪽으로 틀려 있다. 얼굴 또한 어설프게 붙어 있다. 그의 오른편에서 위를 쳐다보는 진홍수의 조카 역시 심상찮다. 험상궂고 괴상하다. 그의 머리를 보라. 주방의 〈잠화사녀도〉에서 보았던 꽃을 꽂고 있지 않은가. 고약하게 생긴 사내가 생뚱맞게 머리에 꽃을 달고 있으니 우스꽝스럽기 짝이 없다. 한마디로 부조화다.

진홍수 뒤에 서 있는 나무로 넘어가자. 세 그루의 나무가 촘촘히 붙어 있다. 앞에 서 있는 건 소나무다. 하지만 독자들은 이미 맨 뒤의 나무에 시선을 빼앗겼으리라. 적황색의 열매가 지나칠 정도로 많이 달린 참으로 괴상한 형상이다. 도대체 무슨 나무일까? 저자 역시 오랫동안 이 문제로 고민했다. 그러다 얼마 전 중국 난징과 후이저우, 그리고 양저우를 답사하고서야 그 궁금증을 풀 수 있었다. 사람들에게 진홍수가 그린 나무와 유사한 나무를 가리키며 이름을 물으니 삼나무라 일러줬다. 소나무와 같이 사계절 늘 푸른 삼나무. 진홍수는 배경에 자신과 같은 이미지인 소나무와 삼나무를 세워 놓은 것이다. 생채기가 많은 소나무는 뒤틀려 있다. 암울한 현실에 처한 진홍수의 모습 그 자체다. 적황색의 삼나무 열매를 찬찬히 보라. 마치 심술이 오를 대로 오른 사람의 이모티콘 같다. 세상을 냉소적으로 바라보는 수많은 사람의 모습이라고 할까. 불우한 엘리트 진홍수가 현실 세계를 바라보는 시선인 셈이다. 마치 고결한 선비의 표상인 대나무가 거센 바람으로 잎사귀를 떨어뜨리듯 그렇게 적황색 열매들을 주렁주렁 매단 것이다. 이 그림을 보면서 남송의 무명 화가가 그린 〈소나무 아래에서 지팡이를 끌며〉를 떠올리는 영민한 독자들도 있을 것이다. 소나무 아래서 바람소리를 듣는 선비는 중국화에서 자주 등장하는 주제이니만큼 진홍수도 이 주제를 의식하며 이 같은 그림을 그렸을지도 모를 일이다.

 통속 문화와 진홍수의 비틀기

고대 중국 문인들의 자아표현은 대체로 시를 통해 이루어졌다. 진홍수가 살던 명 말 문인들은 소설과 희곡에 눈을 돌렸다. 그들은 이러한 통속 예술을 '言志'의 새로운 방법으로 인식하기 시작했다. 즉, 통속 예술이 기존의 정통에 대한 불만과 신분 상승의 기회를 상실한 데 대한 저항적 대응으로써 자신들의 생각을 표현할 수 있는 새로운 매체로 등장한 것이다. 부와 명예의 첩경이라 할 수 있는 과거시험에 낙방한 명 말의 수많은 불우한 문인들 중 능력이 있으나 경제적으로 궁핍한 이들은 소설과 희곡의 창작과 출판에 관여했다. 이와 때를 같이해 17세기에는 화려하게 장정한 판본의 소설이 등장했다. 정운붕을 비롯하여 진홍수, 소운종蕭雲從, 1596~1673 같은 교육 받은 직업 화가들이 삽화를 그리기 시작했다. 이들은 과거시험에 실패했거나 아예 출사를 포기한 문인계층에 속하는 자들이었다. 그들은 생계를 위해 자신들의 재능을 팔았다.

　　이렇듯 소설, 희곡, 그리고 이에 대한 삽화 제작은 수준 높은 교육을 받았으나 강남 지식층의 변경에 머물 수밖에 없었던 문인들에게 신개념의 자아표현 수단이었다. 그들에게 이 같은 통속 예술은 좌절감에 빠진 자신들의 정체성을 회복할 수 있는 새로운 출구였던 셈이다. 예로 1617년에 처음 발간된 『금병매』는 17세기 최상의 교육을 받은 엘리트들 사이에서 유통되었다. 18세기에 조설근曹雪芹, 1715~1763이 쓴 『홍루몽』을 읽을 수 있는 수준의 독자 역시 『금병매』의 경우와 마찬가지로 극소수의 엘리트 계층에 국한되었다. 이 시기 장편소설의 작자와 독자는 모두 엘리트들이었다. 반면 당시 유행했던 공연예술은 읽는 것보다 보는 것이 편했던 일반 대중의 몫으로 돌아갔다. 이같이 17세기 화려한 판본의 소설과 이후 나타난 평점본評點本 소설은 엘리트들의 자아표현에 새 길을 열어젖혔다.

　　중국에서 가장 오래된 인쇄본들은 당대(618~907)의 삽화가 있는 불경이었다. 원래 삽화는 불교의 교리를 더욱 쉽게 설명하고자 고안된 것이다. 원대(1271~1368)의 평화平話 소설에서 볼 수 있듯

명말

목판에 새겨진 삽화의 전형은 '상도하문上圖下文'의 형태를 취했다. 즉, 목판의 상단에는 삽화, 그 아래에는 텍스트가 자리 잡는 것이다. 이 형태는 명대의 가정(1522~1566)과 만력(1573~1619) 연간까지 잔류했다. 그러나 이때부터 숭정(1628~1635) 연간으로 이어지는 명대 말기에는 삽화의 기능과 형태에 변화가 일어났다. '상도하문'에서 한쪽에 두 그림 혹은 전면에 그림으로 채우는 방식으로 전환하게 된 것이다. 삽화의 기능에서도 텍스트의 의미를 더욱 쉽게 이해시키려고 내용을 보완 또는 설명하거나 독자의 관심을 끌고자 흥미진진한 장면을 회화적으로 연출하는 데에 그치지는 않았다. 진홍수를 비롯한 명 말 문인들은 자신들의 생각을 표현하는 새로운 예술 매체로 삽화를 이용한 것이었다. 명 말에 와서 이전까지 판각공이나 화공들의 손을 거쳐 만들어졌던 삽화가 엘리트 화가들의 도안으로 대체되었으며 심지어 목판 제작을 위한 그림마저 직접 그리기 시작했다.

 〈구가도〉

진홍수는 19세가 되던 1616년 전국시대 말 초나라의 애국 시인 굴원이 지었다고 여겨지는 『초사』의 〈구가〉 삽화를 그렸다. 그는 내풍계來風季라는 사람과 함께 『초사』를 공부하면서 그림에 대한 아이디어를 떠올렸다고 한다. 이 일련의 〈구가도〉는 1638년에 목판으로 인쇄되었다. 〈구가도〉의 마지막을 장식하는 〈굴자행음도屈子行吟圖〉는 진홍수가 갖고 있던 굴원에 대한 이미지가 잘 표현되어 있다. 이 그림에서 굴원은 여위고 연로한 선비의 모습으로 손에 지팡이를 쥐고 강가 – 아마도 그가 기원전 278년에 투신자살한 미뤄장 – 를 걷는 것으로 묘사되었다. 그 선비의 얼굴 주름에는 나라를 걱정하는 시인 굴원의 심경과 붕괴 직전의 명 왕조를 근심하는 진

진홍수, 〈굴자행음도〉, 1638,
목판화, 13.2×20cm,
상하이도서관(왼쪽)

진홍수, 상부인을 묘사한 〈구가도〉
의 일부, 1638, 목판화,
13.2×20cm, 상하이도서관
(오른쪽)

홍수의 사념이 한데 잘 어우러져 있다.

다음 그림은 굴원이 샹수이湘水의 여신 상부인湘夫人과의 에로 틱한 만남을 꿈꾸며 쓴 〈상부인〉을 회화적으로 표현한 것이다. 그림 속 상부인은 감상자의 시선을 외면한 채 등을 돌리고 있어 감상자의 관심과 개입을 거부하는 듯 보인다.

 「서상기」

1623년, 첫 번째 아내와 사별하고 과거시험에도 낙방했던 진홍수는 베이징으로 향했다. 하지만 엎친 데 덮친 격으로 병마저 얻어 귀향해야만 했다. 한마디로 인생의 좌절을 맛본 시기였다. 1630년대에 접어들어 그는 생계를 위해 직업화가 및 목판본의 삽화와 카드 디자이너로 활동하기 시작했다. 진홍수가 당시 절정의 인기를 누리던 『서상기西廂記』의 삽화와 〈수호엽자〉라는 카드 그림을 그린 것도 이 무렵이었다. 진홍수가 그리고 항남주項南洲가 판각한 삽화본 『서상기』는 1639년에 출판되었다.

원대 잡극 『서상기』는 당대唐代를 시간적 배경으로 해 과거시험을 보러 가던 젊은 서생 장생張生과 최상국崔相國의 딸 앵앵鶯鶯의 사랑 이야기를 다룬 당대 원진元稹, 779~831의 전기소설傳奇小說 『앵앵전鶯鶯傳』을 왕실보王實甫, 13세기 활동가 잡극으로 각색한 것이다.

진홍수가 그린 『서상기』 삽화의 한 장면은 병풍 뒤에서 홍랑紅娘을 통해 전달받은 장생의 편지를 몰래 읽는 앵앵과 병풍 모퉁이에서 그 모습을 호기심 어린 눈길로 바라보는 홍랑의 모습을 포착했다. 수많은 판본이 삽화의 소재로 이 유명한 일화를 다루었다. 진홍수는 시각적으로 충실히 이야기를 전달하는 데 만족하지 않고 삽화를 통해 이 유명한 희곡을 창조적으로 재해석하려고 노력했다. 이 삽화에서 병풍은 중요한 역할을 한다. 병풍을 장식하는 그림은 장생의 편지를 읽는 앵앵의 미묘한 감정을 상징적으로 전달하고 있다. 사랑을 암시하는 한 쌍의 나비가 장생과 앵앵의 사랑을 상징적으로 표현하고 있다. 이와 함께 사랑을 뜻하는 '연戀'과 동음이의어 '연蓮'—이 두 글자 모두 중국어 발음으로 'lian'에 해당한다—꽃 그림은 연인들의 사랑을 강조한다. 병풍 그림을 또 다르게 해석할 수도 있다. 즉, 연꽃이 순결을 상징하는 것이다. 남녀의 에로틱한 사랑을 뜻하는 한 쌍의 나비와 순결을 의미하는 연꽃이 한 폭의 그림 속에 상반되게 표현되었다고 생각할 수 있다. 흰 눈이 파초 잎을 덮은 그림 역시 이 같은 해석을 뒷받침한다. 창조적인 삽화를 통해 현실과 이상의 괴리, 혼란한 현실에 대한 비판

〈서상삽도〉의 일부

을 아이러니하게 표현한 진홍수의 재능이 그저 놀라울 따름이다.

〈수호엽자〉의 일그러진 영웅들

게임 카드에 40명의 『수호지』 인물들을 묘사한 〈수호엽자水滸葉子〉는 이들 영웅에 대한 진홍수의 아이러니한 생각이 반영되어 있다. 배경 없이 각 등장인물을 한 장면에 한 사람씩 확대하여 그렸다. 진홍수가 살던 시대에 『수호지』는 너무 유명했기에 소설 속 주인공들을 그림으로 표현하는 것은 시대적 요구에 의한 것이었다. 1625년 진홍수는 『수호지』의 삽화용으로 이 소설 속 영웅들을 두루마리의 형태로 그렸다. 18×9.3센티미터 크기의 이 카드들은 술

자리에서 표시된 지시에 맞춰 벌주를 마시는 놀이용으로 사용되었다. 예로 '아직 결혼을 하지 않은 사람은 술을 마셔라'든가 '멀리서 온 사람은 술을 마셔라' 따위가 바로 그것이었다.

명 말은 영웅이 절실히 필요했던 시기였다. 당시 수많은 지식인이 이 같은 시대적 요구에 부응해 목숨을 바쳤다. 진홍수는 이들의 영웅적 행위에 회의를 가졌다. 한무제가 중국을 다스리던 때 흉노에 사신으로 갔다 억류된 소무蘇武라는 자가 있었다. 흉노에게 복속하라는 회유와 협박에 굴하지 않았던 그는 중국에 대한 충절을 끝내 저버리지 않았기에 조국인 중국으로 돌아가지 못하고 19년 동안 베이하이北海 부근에 유배되어 양치기를 하며 쓸쓸한 세월을 보냈다. 하지만 진홍수는 소무의 영웅적 행위가 부질없다고 생각했으며 『수호지』의 영웅들에 대해서도 아이러니한 태도를 보였다. 그는 〈수호엽자〉에서 『수호지』의 영웅들을 모나고 뭉툭하게 그렸다. 머리와 손발이 비정상적으로 연결된 데다 심지어 뒤틀려져 있기까지 하다. 그들 모두는 일그러진 영웅이었다.

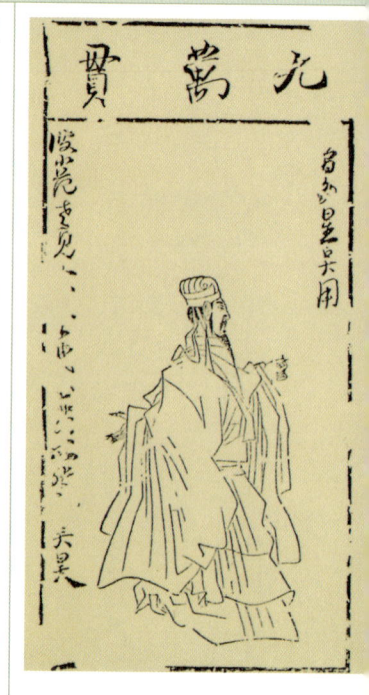

진홍수, 〈수호엽자〉의 스무 번째, 제갈공명에 못지않은 지혜를 갖춘 양산박의 책사 오용吳用을 묘사한 그림

세계 읽기의 변화

오빈의 그림은 왜 범관의 것과 이토록 다른 것일까? 범관의 산수화는 당시 신유학이 지향했던 이상세계를 시각적으로 표현한 것이다. 범관을 비롯해 기념비적 산수화를 그렸던 북송 초기 화가들은 유기적인 구도의 산수화를 통해 조화와 질서가 존재하는 강력하고 안정된 '중국'의 이미지를 재현하고자 노력했다. 그들은 자신들이 경험한 세계의 모습을 그림으로 재현한 것이다. 그들에게 북송은 이상적인 시대였다. 그러나 오빈이 살았던 명대 후반은 이러한 이상이 존재하지 않았다. 그것은 이미 사라진 지 오래였다. 당시 지식인들이 경험한 세계는 고통스러운 것이었다. 중국은 정치적으로나 사회적으로 와해하고 있었다. 그래서 오빈의 그림 속 '큰 산'은 인간사회의 무질서를 표현한 것이다. 오빈의 세계 읽기인 셈이다. 그가 바라본 세계는 북송의 그것과는 다른 세계였다.

오빈의 일그러진 산하

진홍수가 살았던 명 말에 사람들은 산수화를 어떻게 그렸을까? 그 해답을 찾기 위해 진홍수처럼 난징에서 활동한 오빈을 선택했다. 그의 그림은 진홍수 작품만큼이나 괴상하다. 이 두 거장의 그림은 당시 예술의 그로테스크한 경향을 여실히 보여준다. 오빈이 그린 〈가파른 협곡과 폭포陡壑飛泉軸〉는 북송 초기 기념비적 산수화에서 보여줬던 이상적인 산수의 이미지를 뒤틀어 놓은 듯한 느낌을 준다. 그림을 보자. 다른 세상의 자연을 보는 느낌이다. 아래서부터 그림을 살펴보자. 그림의 왼쪽 아래에는 동굴의 입구로 들어가려는 사람의 모습이 보인다. 동천을 표현한 것이리라. 그림의 중앙으로 시선을 옮겨 보자. 폭포수 아래 수풀을 배치해 큰 바위 밑으로 물을 흐르게 한 것이 범관의 〈계산행려도〉와 같다. 위로 올라가 그림의 허리 부분을 보라. 큰 바위산 위에 불안하게 걸터앉은 건물의 모습이 마치 우주 기지 같다. 그 큰 바위산의 오른쪽은 더욱 괴상하다. 건물의 모습이 터널로 연결된 해저 도시 같다.

오빈은 북송의 기념비적 산수화의 대표 작품인 범관의 〈계산행려도〉를 의식해 그의 그림을 재해석했다. 오빈 또한 범관과 마찬가지로 자연을 웅장하게 표현했다. 한마디로 오빈의 기념비적 산수화인 셈이다. 그러나 장엄하고 안정된 구도의 범관의 산수화가 오빈에 이르러서는 심하게 뒤틀려 있다. 지나치게 꼬인 공간들 간의 무질서와 부조화는 범관이 재현한 질서와 조화의 세계와 대조를 이룬다.

오빈, 〈가파른 협곡과 폭포〉, 족자,
비단에 수묵, 252.7×82.1cm, 타이베이 고궁박물원

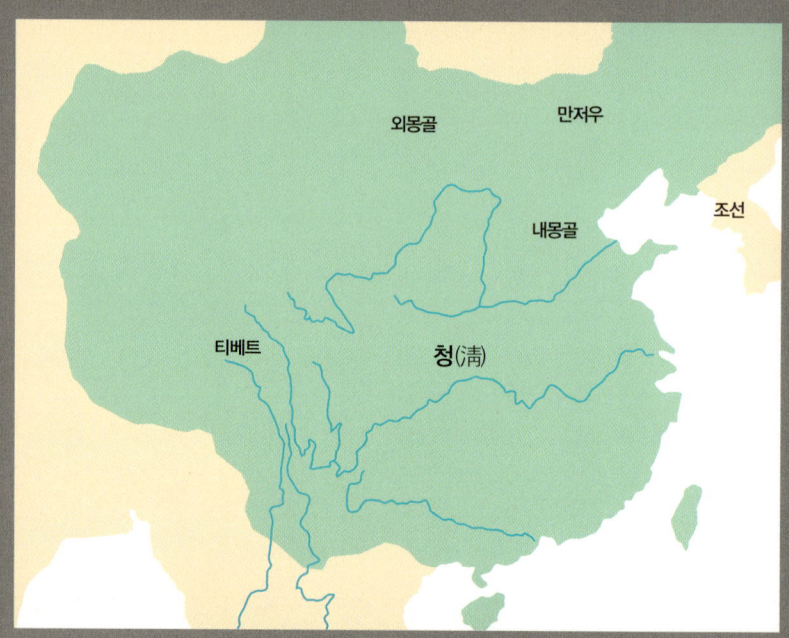

1644년 이자성 군대, 베이징 공격. 명나라 숭정제 자살. 만주족 청 왕조 수립.
1645년 체발령 시행. 청, 난징 공략하여 난징 정부 몰락. 양저우 함락.
1661년 강희제 즉위.
1673년 삼번의 난-오삼계, 윈난에서 거병.
1680년 영국 동인도회사와 무역 시작.
1684년 해금령海禁令을 해제하여 외국과의 교역 활발.
1689년 러시아와 네르친스크 조약 체결. 양국의 국경 정함.
1699년 영국의 광둥 무역 허가.
1705년 팔대산인 사망. 한림원翰林院에서 외국어를 가르치기 시작.

청나라 1

비상을 꿈꾸었던
광인 화가 팔대산인

희대의 광인 팔대산인

중국인들에게 중국 미술사에서 가장 뛰어난 화가가 누구냐고 물으면 서슴없이 팔대산인八大山人, 1626~1705을 손꼽는다. 그 나름의 이유가 있을 법하다.

명 황실의 후예였던 팔대산인은 1644년에 명나라가 만주족에 의해 멸망하자 피신처를 찾아 승려가 되었다. 그 후 오랫동안 심각한 심리적 고뇌와 우울증에 휩싸였던 그는 55세가 되던 해인 1680년에 갑자기 발광하여, 승복을 찢어 불태우고 환속하여 고향 난창南昌으로 돌아와 문 위에 벙어리란 의미의 '아啞'자를 크게 써 붙이고는 함구로 일관했다. 그리고 미친 사람처럼 행동했다.

팔대산인은 그의 호인데 이를 서명으로 사용할 때면 '곡지哭之' 또는 '소지笑之'처럼 보이도록 글자들을 이어 썼다. 이는 웃지도 울 수도 없었던 자신의 고통과 모순의 심경을 표현한 것이다. 팔

팔대산인, 〈물고기와 바위〉,
1691년경, 두루마리, 종이에 수묵,
29.2×157cm, 클리블랜드미술관

대산인은 망국의 한과 가족의 죽음으로 말미암은 비애, 그리고 이민족 정부에 대한 항거의 정신을 그림으로 토해냈으며 이를 통해 고통스러운 현실에서 잠시나마 벗어나고자 했다.

    1690년부터 그가 사망한 해인 1705년까지는 팔대산인에게 있어 예술의 전성기였다. 광인과 선승을 거친 팔대산인은 이 시기에 본격적으로 화가로 활동했으며, 그림은 그에게 생계수단이자 자아 표현의 매개체였다.
    이 장에서는 화조화를 중심으로 팔대산인의 예술 세계를 살펴볼 생각이다. 그의 그림에는 하늘을 노려보는 새, 눈을 부릅뜬 물고기, 기이한 형상의 바위, 연꽃 등이 주요한 주제로 등장한다. 특히 그의 작품에 표현된 물고기와 새의 눈에는 흰자위가 유난히 드러나 보이는데, 이들은 세상을 '백안시'하고 있다. 즉, 팔대산인은 물고기와 새의 눈빛을 통해 자신의 고통과 세상에 대한 냉소, 암울한 현실에 대한 분노, 좌절, 원망, 이민족 정부에 대한 경멸과 조롱, 미래에 대한 아련한 기대, 초조 등 그의 복잡한 감정을 드러내고 있다.

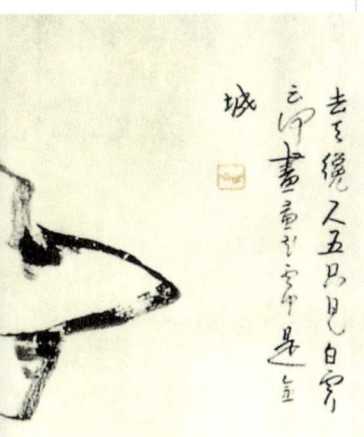
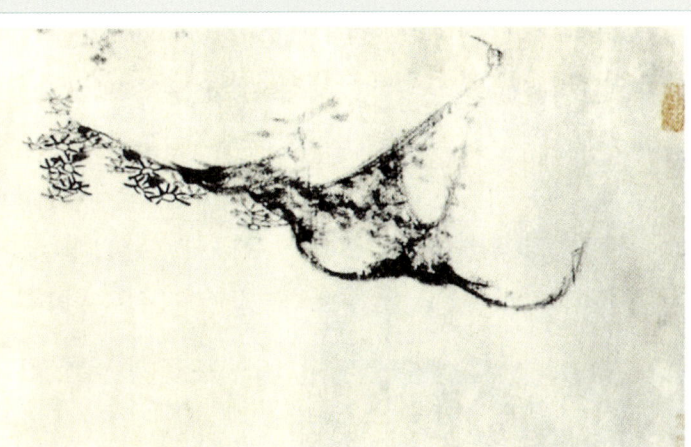

청나라 1

 용이 되지 못한 물고기

두루마리에 그린 〈물고기와 바위巨石魚圖〉는 기묘한 구도로 이루어져 있다. 자! 그러면 그림의 오른쪽부터 감상해 보자. 큰 바위 하나가 불안하게 공중에 매달려 있고 바위 아래에는 꽃이 피어 있다. 하지만 이 꽃들은 아래를 향해 거꾸로 매달려 있다. 무슨 꽃일까? 바로 옆에 있는 화가의 짧은 시에서 그 답을 확인해 보자.

> 하늘에서 떨어진 게 겨우 5척.
> 보이는 것이라곤 흰 구름 흘러가는 것.
> 왜 노란 꽃을 그리느냐 물으니
> 구름 속은 황금성이라 답한다.[1]

이미 고개지의 〈여사잠도〉에서 그림들 사이의 텍스트가 하나의 벽을 이루고 있음을 보았다. 이 그림 역시 텍스트가 오른쪽과 왼쪽의 바위를 갈라놓는 일종의 '내부의 벽'으로 작용했다. 시의 내용으로 보면 바위 아래 매달린 것은 노란 꽃이다. 팔대산인의 회화 스타일이나 국화를 사랑한 도연명을 흠모했다는 사실 등을

[1] 去天纔尺五, 只見白雲行. 云何畫黃花, 雲中是金城.

고려해볼 때 이 꽃은 노란 국화인 듯하다. 한 가지 흥미로운 것은 꽃과 성 모두 '황黃'색이라는 점이다. 노란색은 음양오행에서 중앙을 차지하는 색이다. 즉, '세계'의 중심에서 사방을 통어하는 '중국'을 표상하는 것이다. 그래서 이 시에 등장하는 노란 꽃과 황금성은 사라진 명나라를 상징한다. 이 '노란' 꽃이 바위 밑바닥에 거꾸로 매달려 피어 있고 '노란' 성은 구름에 가려져 있으니 이 무슨 변고일까.

첫 번째 시 왼쪽 공간에 또 하나의 바위가 떠 있다. 이 괴상한 바위는 정사초의 뿌리 없는 난처럼 땅 위에 뿌리를 내리지 못하고 허공에 떠 있다. 불안하기 이를 데 없다. 바위 아래에 있는 두 마리 물고기를 보라. 물속을 노니는지 공중을 날아다니는지 분간하기 어렵다. 이 물고기 역시 불안해 보이기는 매한가지다. 바위를 향한 물고기의 시선이 행여 공중에 떠 있는 바위가 떨어지지나 않을까 노심초사하는 듯하다. 독자의 이해를 돕고자 화가가 물고기 위에 써 놓은 또 한 수의 시를 감상하자.

> 옛날 강 한가운데 쌍둥이 우물이 있었고
> 때때로 밝은 달이 잠시 그곳에 머물렀다네.
> 황 씨 집안의 쌍둥이 잉어가
> 용이 되려면 어디로 가야 할고?[2]

쌍둥이 우물 쌍정雙井은 난창에 있는 유명한 우물의 이름이자 이곳에서 생산되는 차茶의 이름이기도 하다. 난창은 팔대산인이 태어난 곳으로, 명 황족들의 근거지였다. 이 때문에 '강의 한가운데'에 있었다는 표현을 쓴 것이다. 온 누리를 두루 밝게 비추는 달빛은 왕에 비유된다. 황족들의 거주지였기에 명의 통치자는 이곳을 종종 방문했으리라. 우리의 관심사는 또다시 등장하는 노란색

[2] 雙井舊中河, 明月時延佇. 黃家雙鯉魚, 爲龍在何處.

이다. '황 씨 집안'을 뜻하는 황가黃家는 '황가皇家'와 동음이의어다. 이 시에 따르면 바위 아래 두 마리 물고기는 팔대산인 자신과 아마 또 한 사람의 명나라 황족을 암시한다.

팔대산인의 그림에는 물고기가 자주 등장한다. 팔대산인은 자신을 물고기에 비유했다. 중국인들은 'pun'을 좋아한다. 물고기 '魚'의 중국 발음은 'yü'이며 '남다'란 의미의 '餘'와도 같다. 팔대산인은 명 왕조가 이미 사라졌는데도 그에 대한 충절을 버리지 않은 '남아 있는' 유민이었다. 같은 발음의 물고기를 통해 세상에 대한 분노, 슬픔, 명 왕실의 몰락을 지켜보고만 있어야 했던 자신의 무력함을 표현한 셈이다.

잉어가 어떻게 용이 될 수 있을까? 여기서 잠깐 등용문登龍門이란 고사성어를 살피고 넘어가자. 용문은 고대 중국인들에게는 황허의 원류로 인식되던 곳이다. 독자들은 잉어가 물 위로 '치솟아' 오르거나 연어가 산란을 위해 물살을 가르며 급류 속에서 튀어 오르는 광경을 목격한 경험이 있을 것이다. 고대 중국 신화에 의하면 급물살의 협곡인 용문에서 하늘로 치솟아 강 언덕 위로 올라간 물고기는 용이 된다는 이야기가 있다.

중국에서 용은 왕을 상징한다. 공중에 떠 있는 바위를 불안하게 바라보는 물고기는 '황 씨 집안의 쌍둥이 잉어' 중 한 마리이자 명 황족인 팔대산인 자신이다. 이 그림에서 바위는 용문의 강언덕을 상징한다. 여기에 오르면 용이 될 수 있다. 그러나 그림 속 물고기는 세찬 물살을 가르며 하늘로 치솟을 만큼 기력이 있어 보이지 않는다. 보잘 것 없이 작고 초라할 뿐이다.

'등용문'과 상반된 성어로 '점액點額'이란 말이 있다. 용문의 급류를 거슬러 오르다 바위에 이마를 부딪쳐 하늘에 닿지 못하고 상처 입은 물고기를 뜻한다. 그림 속 두 마리의 물고기 중 큰놈의 시선은 바위를 향하고, 이보다 훨씬 작은 물고기는 고개를 돌려 아예 바위를 외면하고 있다. 무슨 생각을 하고 있을까. 바위에 부딪쳐 이마가 깨질 것이 두려운 것이리라. 이 같은 물고기와 바위의 '뒤틀린' 구도는 산산이 부서져 다시는 되찾을 수 없는 명 왕조에 대한 화가 자신의 일그러진 기억을 상징적으로 표현하고 있다. 당나라 시인 이백은 〈증최시어贈崔侍御〉란 시에서 '점액'을 노래했는데 팔대산인의 그림과 아주 잘 어울린다.

황허의 3척 잉어는
본래 멍진孟津에서 살았다.
이마를 부딪쳐 용이 되지 못하고
돌아와 보통 물고기들과 어울린다.
옛 친구는 동해의 나그네.
보자마자 한숨을 자아낸다.
바람과 파도가 서로 만난다면
다시 쿤룬산昆侖山을 넘어 보련다.³

아직도 감상할 시가 남아 있다. 두루마리의 왼쪽 부분에 엉킨 연잎과 바위가 버티고 있다. 화가는 바위 위에 마지막 한 수의 시를 적어 놓았다.

3만 6천 경 아래
필경 노니는 물고기가 있을 것이다.
이곳에 온 한 마리의 노란 뺨.
파도가 차갑게 피리 소리를 타고 치솟는다.⁴

'노란 뺨'은 아가미 부분에 노란 반점이 있는 물고기다. 한

³ 黃河三尺鯉, 本在孟津居. 點額不成龍, 歸來伴凡魚. 故人東海客, 一見借吹噓. 風濤儻相因, 更欲凌崑墟.
⁴ 三萬六千頃, 畢竟有魚行. 到此一黃頰, 海鯀冷上笙.

마리의 노란 뺨 물고기는 팔대산인 자신이다. 노란 뺨 물고기 역시 노란색의 상징적 의미를 강조하고 있다. 이 '노란' 물고기는 용이 되고자 용문 아래에 운집한 수많은 물고기와 거북이들에 뒤섞여 있다.

연꽃과 연잎은 팔대산인의 그림에 자주 등장하는 주제다. 연은 불타를 상징한다. 연꽃 위에 앉은 부처는 연꽃을 통해 거듭난다. 그래서 연꽃과 함께 하는 것은 불교의 진리인 '달마Dharma'의 정신적 영역에 들어간 것과 같다. 한때 불교 승려로서 선에 심취했던 팔대산인에게 연이라는 존재는 정신적 낙원을 의미했으리라. 불교에서는 더러운 진흙 수렁에서 자라나되 그 진흙에 물들지 않고 청정하게 피는 연꽃의 생태를 마치 오욕으로 물든 세상을 살지만 번뇌에서 해탈하여 청정한 열반의 경지를 지향하는 불교의 이상에 비유하곤 했다. 불교의 상징이 연꽃인 것도 이 같은 이유 때문이다. 더러운 진흙에 뿌리를 두고 자라나 청정하게 꽃을 피웠다가 가을이 되면 이내 바람에 쓰러져 다시 물속으로 잠기는 연의 운명. 마치 더러움에서 청정함으로 그리고 다시 더러움 속으로 여행을 떠나는 것과 같은 이치이다. 어쩌면 팔대산인은 연꽃을 통해 이루지 못한 해탈을 꿈꿨을 지도 모를 일이다.

탈바꿈의 철학

〈새와 물고기 그리고 바위〉는 1694년 음력 9월 9일 중양절에 그린 팔대산인 작품이다. 이 그림 또한 괴상하긴 매한가지다. 뭔가 뒤틀려 있다. 〈물고기와 바위〉처럼 또다시 허공에 떠 있는 바위가 등장한다. 바위에 앉은 구관조 한 마리가 하늘을 '나는' 물고기를 바라본다. 참으로 이상한 구도임이 틀림없다. 도대체 무슨 의도로 이렇게 그림을 그렸을까?

〈새와 물고기 그리고 바위〉, 족자,
1694, 종이에 수묵,
127.5×36.5cm, 리에츠버그박물관

하늘을 '나는' 물고기는 이 그림을 이해하는 관건이다. 이 그림을 그렸던 1690년대 당시 팔대산인은 장자 철학에 심취했었다. 장자 철학의 핵심은 변화다. '나는' 물고기는 바로 팔대산인의 변화와 재생에 대한 염원을 시각적으로 표현한 것이다. 팔대산인의 변화에 대한 관심은 상하이박물관에 소장된 1693년 작 〈물고기와 새魚鳥圖〉 그림에도 잘 나타난다. 그림 왼쪽의 '하늘'을 보라. 이 그림 역시 새 머리 위를 '나는' 물고기가 등장한다. 팔대산인은 변화에 대한 자신의 관심을 글로도 표현했는데 이는 팔대산인의 예술을 이해하는 매우 중요한 단서다.

동해의 물고기는 변화를 잘한다. 한 가지 예가 노란 참새다. 이 새는 가을까지 참새였다가 겨울에는 변해 바다로 들어가 물고기가 된다. 또 다른 예는 푸른 비둘기다. 이 새는 여름에 비둘기로 변했다가 남은 달에는 다시 바다로 들어가 물고기가 된다. 대체로 참새가 변화한 물고기들이 새의 밥통을 가진 것을 보면 옻 동산의 관리인 장자가 말하는 물고기 곤이 붕새로 변화한다는 말이 사실임을 깨닫게 된다.[5]

이 글에서도 노란색이 등장한다. 노란 뺨 물고기에서 이번에는 노란 참새다. 여기서 사용한 노란색 역시 팔대산인 자신의 존재를 간접적으로 표현한 것이다. 그림에서 그가 묘사하는 대상은 바로 자신이다. 장자가 말하는 물고기가 새로 변하는 이야기는 『장자』에 실려 있다. 그것도 책의 첫 장인 〈소요유〉의 첫머리에 언급해 독자의 시선을 사로잡는다.

북명에 물고기가 있는데, 그 이름을 곤이라고 한다. 곤은 그 길이가 몇천 리나 되는지 모를 만큼 크다. 변화하여 새가 되는데, 그 이름을

---

[5] 東海之魚善化. 其一日: 黃雀, 秋月爲雀, 冬化入海爲魚. 其一日: 靑鳩, 夏化爲鳩, 餘月復入海爲魚. 凡化魚之雀, 皆以脏, 以此證知漆園吏之所謂鯤化爲鵬.

팔대산인, 〈새와 바위鳥石〉, 1690년경, 족자, 비단에 수묵, 204.5×54cm, 넬슨미술관 (왼쪽)

팔대산인, 〈두 마리 구관조雙鳥〉, 1690년경, 족자, 비단에 수묵, 204.5×54cm, 넬슨미술관 (오른쪽)

이 그림에 묘사된 두 마리 구관조는 〈물고기와 바위〉 그림 속 두 마리 물고기와 같은 구도이다. 바위 위에 앉아 있는 새는 하늘을 노려보고 있고 바위 옆으로 굽어져 치솟은 고목 위에 위태롭게 서 있는 새는 고개를 숙인 채 눈을 감고 하늘을 외면하고 있다. 팔대산인의 그림에서 불안한 가지 위 또는 큰 바위 위나 밑에서 움츠리고 화난 눈으로 하늘을 노려보고 있거나 날개 속에 부리를 파묻고 눈을 감은 새는 자신의 땅에서 뿌리를 잃고 이방인으로 살아야 했던 팔대산인 자신을 상징한다.

붕이라고 한다. 붕새의 등은 몇천 리나 되는지 모를 정도로 넓다. 화가 나서 날 때면 그 날개가 마치 하늘에 드리운 구름 같다. 이 새는 바다가 움직이면 남명으로 옮겨 갈 채비를 한다. 남명은 하늘의 연못이다. 『제해』는 기이한 일들을 기록한 책이다. 여기서 말하기를 '붕새가 남명으로 몸을 옮길 때는 물을 쳐서 3천 리, 부요를 잡고 위로 올라가는 것이 9만 리나 된다'라고 했다. 날기 시작해 6개월이 지나고서야 겨우 몸을 쉬는 존재다.[6]

여기서 유래한 유명한 고사성어가 '붕새가 만 리를 날아간다'라는 '붕정만리鵬程萬里'다. 원대한 꿈을 이루기 위한 역정이나 원대한 포부의 의미로 사용된다. 팔대산인이 이해했던 것처럼 이 글에서 장자가 던지는 메시지는 비단 여기서 그치지 않는다. '북명'은 북쪽 어둠의 세계다. 이곳에는 곤이라는 물고기가 산다. 이 물고기가 변화하면 붕이라는 새가 된다. 이 새는 바다가 움직이면 남쪽 어둠의 세계인 '남명'으로 갈 채비를 한다. 남쪽은 북쪽과 상반되는 방향이다. 음양오행을 적용하면 북쪽은 음에 속하고 남쪽은 양에 속한다. 음양오행에 시간과 공간을 적용시키면 봄은 동쪽-나무-푸른색-삶-청룡, 여름은 남쪽-불-붉은색-성장-주작, 가을은 서쪽-금속-흰색-살생-백호, 그리고 겨울은 북쪽-물-검은색-죽음-현무와 짝을 이룬다. 이 같은 우주는 삶, 죽음, 그리고 재생의 과정을 주기적으로 되풀이한다.

북쪽과 물고기, 남쪽과 새는 상응한다. 장자는 바다가 움직이면 새가 남쪽으로 날아갈 준비를 한다고 말한다. 바다가 움직인다는 것은 우주가 변화하는 시점을 암시한다. 한 해에는 네 번의 중요한 변화 시점이 있으며 춘분과 추분, 그리고 하지와 동지가 바로 그것이다. 춘분과 추분은 음과 양의 기운이 균등한 시점이고, 하지와 동지는 각각 음과 양의 기운이 가장 왕성할 때다. 붕새가

[6] 北冥有魚, 其名爲鯤. 鯤之大, 不知其幾千里也. 化而爲鳥, 其名爲鵬. 鵬之背, 不知其幾千里也. 怒而飛, 其翼若垂天之雲. 是鳥也, 海運則將徙於南冥. 南冥者, 天池也. 齊諧者, 志怪者也. 諧之言曰: 鵬之徙於南冥也, 水擊三千里, 搏扶搖而上者九萬里, 去以六月息者也.

팔대산인, 〈물고기와 새〉, 1693,
두루마리, 종이에 수묵, 25.2×105.8cm, 상하이박물관

남쪽으로 날아갈 때는 물을 쳐서 부요를 잡고 올라간다. 부요는 영화 〈트위스트〉에 등장하는 거대한 회오리바람 같은 것이며 붕새의 덩치가 워낙 크기에 이 같은 바람의 도움을 받아야만 하늘로 날아오를 수 있다. 이 거대한 새는 한번 날면 6개월이 지나서야 날개를 접는다. 독자들은 6개월이란 시간에 주목할 필요가 있다. 춘분과 추분, 그리고 하지와 동지의 주기가 6개월이다. 한나라 때 허신대략 55~149이란 학자가 그의 책 『설문해자』에서 '용은 춘분에 하늘에 오르고 추분에 연못에 잠긴다'라고 말했다.[7] 고대 중국인들의 용에 대한 인식을 대변하는 말이다. 북명의 물고기는 새가 되어 하늘로 날아가 6개월이 지나서야 '하늘의 연못'인 남명에 내려앉는다. 용의 그것과 일치하는 것이다. 용은 변화의 동물이다. 용이 봄에 하늘에 오르는 것은 만물의 소생을 상징하며, 가을에 물에 잠기는 것은 우주 만물의 죽음을 표상한다. 물은 모태와 같은 것이다. 물속에서 만물은 재생을 준비한다. 이처럼 용은 모든 만물의 변화를 대변한다. 용은 우주 만물의 삶과 죽음, 그리고 재생의 주기적인 순환을 상징하는 것이다.

중양절에 그린 구관조 그림

〈바위 위에 있는 구관조〉에는 제목처럼 구관조 한 마리가 바위 위에 앉아 위를 바라보고 있다. 도대체 무엇을 보고 있을까? 팔대산인이 이 그림을 그린 날은 음력 9월 9일 중양절이다. 음양오행에서 홀수는 양의 수인데, 가장 큰 양의 수가 겹친 9월 9일은 당연히 일년 중 양의 기운이 가장 왕성한 날이라 볼 수 있다. 중국인들은 이 날이 되면 인간이 하늘에 가장 근접할 수 있는 산에 오른다.

또한, 중양절은 조상을 돌이켜보는 날이다. 명 왕실의 후예인 팔대산인에게 명을 세운 주원장은 그의 조상인 셈이다. 하늘에 가

[7] 春分而登, 秋分而入淵.

팔대산인,
〈바위 위에 있는 구관조〉, 1690,
족자. 종이에 수묵,
76.8×48.3cm, 개인 소장

까이 가는 날, 하늘의 아들인 그의 조상을 생각하는 팔대산인. 하지만 주원장이 세운 나라는 이제 존재하지 않는다. 그러니 조상 뵐 면목이 없을 수밖에. 그냥 멍하니 하늘을 바라보는 새의 심정은 마지막 부분에 다시 언급하기로 하고 다른 이야기로 관심을 돌려보자.

이 그림에서 한 가지 흥미로운 점은 제화시에서 팔대산인이 구관조를 흰 꿩이라고 말한 것이다.

> 구월 구일에 흰 꿩을 그렸는데
> 그 다음 날에 제화를 달아야 했을까?
> 단사와 초나라 돌은 같은 무게다.
> 우임금의 사당 서쪽 루시盧溪에서 그대를 떠나보낸다.[8]

팔대산인이 언급한 '흰 꿩'은 일반적으로 백한이라 불리는 새로 꿩의 일종인데, 보통 꿩보다 꽁지가 훨씬 길며 등은 흰빛에 얼룩무늬가 있다. 그 아름다운 자태 때문에 고관의 관복에 붙이는 흉배 문양으로 사용됐다. 실제로는 구관조를 그려 놓고 시에서는 백한을 그렸다고 우겨대는 팔대산인의 저의는 무엇일까? 2, 3행 역시 의미를 알 수 없기는 매한가지다. 다행히 팔대산인은 마지막 행에서 이 그림을 이해할 수 있는 한 가지 실마리를 던져 주었다. 바로 '우임금의 사당'이다. 시의 내용으로 보면 우임금의 사당 서쪽에 있는 루시는 친구와의 이별 장소로 여겨지지만 사실은 우임금의 사당과 루시는 수백 킬로미터나 떨어져 있다. 팔대산인이 논리상의 비약을 무릅쓰고 우임금에 집착하는 이유가 있을 듯하다.

우임금은 중국 홍수 신화의 주인공이다. 이 세계가 물에 잠기자 요임금은 곤鯀 — 『장자』에 나오는 북명에 사는 물고기 이름 역시 곤鯤이다 — 을 시켜 홍수를 다스리게 했으나 곤은 치수에 실패했다. 요임금은 곤에게 그 책임을 물어 해지는 언덕인 우릉羽陵으로 그를 추방해 죽음에 이르게 했다. 곤의 신령은 세 발 달린 자

---

[8] 畫得鷴雞九日時, 何如明日更識題. 丹砂楚石一般重, 相送盧溪禹廟西.

라로 화하여 우룽에 있는 연못인 우연羽淵으로 들어갔다－물속으로 들어가는 것은 곧 죽음을 상징한다－고 한다. 곤의 배에서 태어난 우는 화하여 황룡이 되었다. 요 임금은 곤의 아들인 우에게 치수를 맡겼다.

세 발 달린 자라의 화신인 곤의 배에서 탄생한 우가 화해 황룡이 되었다는 것은 곧 죽음에서 재생에 이르는 우주의 주기적 순환을 상징한다. 세 발 달린 자라는 '물고기－서쪽－가을－살생과 죽음'을, 그리고 황룡은 '새－동쪽－봄－재생' 등과 상응하기에 세 발 달린 자라가 황룡이 되었다는 것은 죽음에서 재생으로 변화하는 과정을 의미한다. 이 역시 물고기가 새로 변하는 것과 같은 이치다. 홍수 신화의 관점에서 본다면 혼돈chaos에서 질서cosmos로 옮겨간 것이다.

우임금은 치수의 과정에서 도산녀란 여인과 결혼했다. 그 사이에서 태어난 아들은 계啓이며 고대 중국 역사에서 최초의 왕조로 언급되는 하夏를 세운 인물이었다. 그의 이름인 '啓'는 '열다'란 의미다. 즉, 우임금의 노력으로 혼돈의 시대가 끝나고 새로운 역사의 시대가 열리게 되었다는 것이다.

조상을 돌아보는 중양절에 팔대산인이 한족 중국인들의 먼 조상인 우임금을 언급한 이유를 독자들은 이제 더욱 확실히 이해했으리라. 하늘에 가까이 가려 산에 올라 이민족이 세운 청나라 정부를 몰아내고 새 시대를 열게 해 달라고 우임금에게 비는 것이다. 이제 앞서 못다한 구관조의 이야기를 마저 하고 글을 끝맺으려 한다. 그림 속 하늘을 올려다보는 구관조의 눈빛을 보라. 여느 구관조의 그것처럼 분노에 차 노려보지 않는다. 이 암울한 시대가 '변화'해 새롭게 거듭나기를 바라는 '희구의 눈빛' 그 자체이다.

팔대산인이 그린 포도 그림

팔대산인은 화초 그림도 잘 그렸다. 특히 연꽃과 연잎을 즐겨 그렸는데, 연이 내포한 뜻은 이미 위에서 살펴보았으니 여기서는 그가 그린 포도 그림 한 폭을 감상해 보련다. 그림을 보자. 눈알처럼 생긴 포도 알갱이가 팔대산인의 마음을 흔들어 놓았던 모양이다. 굵게 터치한 잎사귀 사이로 매달려 있는 포도 알이 마치 어두운 그늘 속에 숨어 바깥을 훔쳐보는 귀신들의 눈동자 같다. 이 그림을 보고 있노라면 진홍수가 그린 자화상 그림이 생각난다. 독자들도 기억할 것이다. 중늙은이의 뒤에 버티고 서 있던 삼나무에 주렁주렁 매달려 있는 적황색의 열매들. 그 열매들은 세상을 냉소적으로 바라보는 무수한 사람의 모습을 띤 이모티콘 같았다. 팔대산인의 포도 알갱이 또한 섬뜩한 느낌이 든다.

팔대산인은 왜 포도 그림을 그렸을까? 여러 가지 가능성을 생각해 볼 수 있겠다. 포도주가 먼저 머리에 떠오른다. 당나라 시인 이백이 포도주를 좋아했다고 한다. 술을 마시는 건 무언가를 잊기 위해서다. 팔대산인이 포도 그림을 그린 의도가 여기에만 국한되지는 않았을 게다. 중국에 포도를 들여온 사람은 한나라 때 무제의 명을 받고 서역 탐험에 나섰던 장건이다. 장건은 무제의 명에 의해 중국으로부터 흉노를 몰아내려고 서역의 부족들과 연합을 꾀했다. 팔대산인은 포도 그림에 중국에서 야만인 만주족을 몰아내고 싶은 자신의 열망을 담은 것이다.

팔대산인 이전에 포도 그림으로 유명했던 화가는 명나라 때 문인이던 서위徐渭, 1521~1593다. 팔대산인의 포도 그림은 서위의 영향을 받은 것이다. 서위는 포도를 진주明珠에 비유했다. 팔대산인에게 진주는 자신의 모습을 대변해 준다. '明'은 명나라, '珠'는 팔대산인의 성인 '朱'와 발음이 같다. 명나라의 황족인 朱氏. 바로 팔대산인이다. 밝은 진주 같은 포도알, 흰자위가 유난히 많아 보이는 눈알같이 생긴 포도알은 바로 가슴속 분노와 좌절감으로 가득 찬 채 세상을 백안시하여 바라보는 팔대산인의 눈알이었다.

〈포도葡萄圖〉, 1690년경, 족자,
종이에 수묵, 156.3×63cm, 개인 소장

1711년 『패문운부』 완성.
1714년 음서淫書를 금함.
1715년 영국 동인도회사가 광둥에 상관商館 설치.
1716년 『강희자전』 완성.
1717년 그리스도교의 포교 금지. 〈황여지도皇輿地圖〉 완성. 시짱西藏이 청에 복속.
1720년 광저우廣州에 공행公行 창립. 유럽인과의 무역 활발.

공현과 석도, 전통시대 마지막 개성파 문인 화가

1644년 중국이 만주족의 청나라 정부로 넘어가자 방황하던 한족 문인들은 3세기 전 몽골의 치하에서 살았던 선배들의 전철을 밟는다. 즉, 은둔하며 글과 그림을 통해 혼란스럽고 험악한 세상에 대한 항거를 표현한 것이다. 여기서 이 시기의 대표적 문인화가 두 명을 소개할까 한다.

공현의 뒤틀린 산하

공현龔賢, 1618~1689은 청 초기에 활동한 '금릉팔가金陵八家'의 한 사람이었다. 이들이 활동한 진링金陵은 지금의 난징으로 명 초기에는 명나라의 수도였으며, 청대에는 중국 동남부 정치·경제·문화의 중심지였다. 청대에 들어 명에 대한 충절을 버리지 않았던 수많은 문인 지식인들은 이곳으로 몰려들었다. 금릉팔가는 자신들의 강토를 강탈한 이민족 정부에 대한 저항의식을 작품으로 표현했다. 이들 가운데 가장 출중했던 공현은 환관들이 전횡했던 명 말의 정치에 강한 불만을 품었다. 그는 명 초기의 영광을 재현하고자 지식인들의 결사 단체인 복사復社에 가담하기도 했다.

공현은 천성이 사람들과 어울리지 못하고 혼자 있기를 좋아한 괴팍스런 예술가였다. 명에 대한 강한 충절을 간직한 한족 지식인이었던 그는 조국이 망하고 만주족 청나라 정부가 들어서자 진링의 칭량산淸凉山에 은거하면서 그림을 팔거나 학생들을 가르치며 연명했다.

이 성격 고약한 화가의 예술 세계가 못내 궁금하다. 공현은 산수화를 잘 그렸는데 기괴하리만큼 지나치게 어둡게 그렸다. 당시 예수회 선교사들을 통해 중국에 유입된 서양화의 명암 기법을 응용해 나름의 독특한 화풍을 개발해 그의 애상哀傷을 서정적으로 표현한 것이다.

1671년 공현은 〈신해산수책辛亥山水册〉이란 그림을 그렸다. 총 10개의 잎으로 이뤄진 이 화첩에서 그가 표현하고자 했던 것은 바로 상실감이었다. 1644년 만주족 정부의 베이징 함락 이후 대대적인 복사 구성원의 체포령이 내려졌을 때 난징을 탈출한 공현은 오랫동안 돌아올 수 없었다. 당시 난징에서는 명 황실의 후예인 복왕福王의 망명정부가 청에 맞서 완강히 저항활동을 펼쳤다. 이듬해인 1645년 5월 사가법史可法이 이끄는 청 군대는 양저우를 함락하고 저항세력을 토벌한다는 명목으로 열흘 동안 대학살을 자행했다. 1666년이 되어서야 공현은 난징으로 돌아와 난징의 성 밖 서쪽, 양쯔강이 굽어 보이는 칭량산 기슭에 터전을 마련했다. 그가 난징을 떠나 있는 동안 강남 지역에 있던 명의 '레지스탕스'는 진압되었으나 만주족 정부의 영향력이 잘 미치지 않는 곳으로 자리

공현, 〈신해산수책〉 여섯 번째 잎,
1671, 종이에 수묵채색,
24.1×44.7cm, 넬슨미술관

공현, 〈신해산수책〉 열 번째 잎

를 옮겨 여전히 왕성하게 활동했다. 그러나 1662년 미얀마에서 마지막 명나라 왕위 계승자라 칭하던 자가 사로잡히자 남명南明이라 불렸던 '레지스탕스' 조정은 마침내 종말을 고했다. 1671년 공현이 제작한 이 화첩 그림은 이러한 정치적 배경에서 탄생한 것이다.

 이 화첩의 여섯 번째 그림을 보라. 어둡게 표현된 산 아래 작은 마을이 있다. 이상한 점은 사람의 존재를 찾아볼 수 없다는 것이다. 그렇다고 마을이 파괴된 것은 아니다. 멀쩡하다. 인적 없는 집은 공현 산수화의 특징 중 하나다. 그는 왜 사람이 살지 않는 집을 그린 것일까? 이 질문에 대해 공현이 던져 준 실마리를 살펴보자. 공현은 그림 왼쪽 가장자리에 '꿈에서 본 것을 썼다. 한 친구가 내게 저장의 호수에는 이러한 곳이 많다고 일러준다'¹라는 글을 써 놓았다. 이 그림은 공현이 꿈에 그리는 세계를 표현한 것이다. 중국인들은 공현 산수화의 특징을 말해 주는 키워드로 '奇'와 '安'을 든다. 산수를 어둡게 그려 기괴한 느낌을 자아내고, 그림에 안정을 희구하는 마음을 표현했기 때문이다. 그림 속 작은 마을은 안정된 사회를 표상한다. 공현이 꿈에 그리던 세계이기에 현재의 그로서는 절대 갈 수 없는 세계다.

이 화첩 그림에서 공현이 '어둡게' 재현한 산은 어떤 산일까? 공현은 화첩의 첫 번째 그림의 발문에서 노호연盧浩然이라는 인물에 대해 언급하고 있다. 그는 당나라 때 쑹산崇山에 은둔했던 은사다. 발문대로라면 공현이 그림 속에 묘사한 산은 쑹산이다. 이 산은 중국을 대표하는 오악五嶽의 하나로, 중앙에서 사방의 나머지 네 산을 통제하는 중심 산이다. 그야말로 중국을 상징하는 산인 셈이다.

열 번째 화첩 그림을 보면 모래톱 위에 휘어진 버드나무가 큰 산 앞에 버티고 서 있다. 이 그림은 예찬의 삼단 구도의 평원 산수화를 의식하고 그렸다. 이를 입증하듯 공현은 그림의 왼쪽 귀퉁이 산 위에 다음과 같은 발문을 적었다.

> 예찬에게는 실제로 이러한 그림이 있다. 지금 사람들이 이것을 믿지 못하니 그 그림을 모사하여 그 의미를 이해하는 이를 기다린다.²

공현은 자신의 작품을 이해해줄 사람을 기다린다고 했다. 가슴이 설렌다. 우리가 공현의 '지음'이 될 수 있는 순간이 가까이 왔기 때문이다.

이 그림의 넓은 호수는 쑤저우와 접한 타이후太湖다. 쑤저우는 원대 이후 레지스탕스의 본거지로서 강인한 저항정신의 전통을 간

---

¹寫夢中所見. 友人云吾: 浙中湖干, 多有此處.
²倪瓚實有此圖, 今人不之信, 因摹之, 以待知者.

직한 곳이다. 모래톱 위의 휘어진 버드나무는 공현 자신을 나타내는 것이리라. 아니나다를까? 버드나무는 넓은 호수 위 작은 섬에 고립되어 있다. 마치 진홍수의 자화상을 보는 듯하다. 독자는 작은 섬 위에 고립되어 조카와 함께 소나무와 삼나무 아래 서 있던 진홍수의 모습을 기억할 것이다.

내친김에 그림과 발문을 통해 공현이 표현하고자 했던 것이 무엇인지 살펴보자. 공현은 발문에서 예찬을 언급하며 이 그림이 예찬의 그림을 모사한 것이라고 했다. 이미 알다시피 예찬의 산수화는 삼단 구도의 평원 산수화다. 대체로 긴 족자의 전면에 작은 언덕과 강을 사이에 두고 먼 산이 보인다. 전경의 작은 언덕은 예찬이 속한 현실 세계이고, 먼 산은 과거의 이상시대를 상징한다고 분석했다. 공현의 화첩 그림에 이 삼단 구도를 적용해 보자. 호수 너머 멀리 보이는 산은 중국을 상징하는 쑹산으로 지금은 다가갈 수 없는 과거의 산이다.

공현은 예찬 산수화의 전경에 보이는 작은 언덕을 생략했다. 그리고 언덕 사이 넓은 호수의 작은 섬에 고립되어 있는 휘어진 버드나무를 그려 놓았다. 돌이킬 수 없는 과거와 암울한 현실의 교차점에 서 있는 자신의 모습을 상징적으로 표현한 것이다. 호수 위 모래톱은 문지방 공간이라 할 수 있다. 공현은 변경의 선 위에 있다. 명과 청이 교차하는 시점에 있는 것이다. 공현은 조국인 명이 망하고 이민족의 청 정부가 들어서는 혼란기를 살아가는 자신의 모습을 휘어진 버드나무로 표현했다. 이 그림을 보고 있노라면 천안문 사태 때 탱크 앞에서 버티고 섰던 한 대학생의 모습이 생각난다.

진홍수가 사람을 뒤틀어 묘사했다면 공현은 산수를 뒤틀어 표현했다 할 수 있다. 〈천암만학도千巖萬壑圖〉는 공현의 야심과 독창

공현, 〈천암만학도〉, 대략 1670년, 족자, 종이에 수묵, 62×102cm, 리에츠버그박물관

성이 돋보이는 그의 대표작이다. 매우 큰 규모의 산수를 뜻밖에 비교적 작은 화폭에 담아 표현한 이 그림은 그 대상이 실존이라기보다는 화가의 내면에서 우러난 세계의 모습이라 할 수 있다. 아픈 기억에서 벗어나고픈 예술가 자신이 창조한 이상 세계이자 변형된 세계인 것이다. 발문에서 밝혔듯 공현의 산수화는 어느 누구도 가보지 못한 세계를 담고 있다. 그림에 등장하는 몇 채의 집들을 보라. 인적이 없고 다른 세계와 연결된 길조차 눈에 띄지 않는다. 예찬이 그린 빈 정자처럼 황량하기 그지없고 명상을 통해서만 근접할 수 있는 세계다.

공현이 표현한 대안적 세계의 산수는 송대의 산수화와는 확연히 다르다. 북송 초기에 기념비적 산수화를 그린 화가들의 관심은 음양이 조화로워 질서 있는 자연을 재현하는 것이었다. 대자연과 하나 된 자신을 표현하고자 노력했다. 하지만 공현의 산수화는 질서가 부재하며 현실이 아닌 꿈의 세계를 그렸기에 그림 속으로 들어갈 수가 없다. 오빈의 경우처럼 이 그림 역시 변형된 기념비적 산수화다. 어떤 이는 공현의 그림 세계를 일컬어 '디스토피아dystopia의 세계'라 한다. 암울하고 불확실한 미래의 세계, 바로 공현이 그린 몽상을 의미하는 것이다.

과거의 회상에 잠긴 외로운 기인 석도

이제 마지막으로 석도石濤, 1642~1718를 살펴볼 차례다. 너무나 방대하고 심오한 석도의 예술 세계는 난해하기 짝이 없다. 우선 석도의 작품 중 걸작으로 평가받는 〈여산관폭도廬山觀瀑圖〉를 통해 그의 예술 세계를 향한 여정을 시작하자. 이 그림은 석도가 젊은 시절 갈도喝濤라는 절친한 친구와 함께 루산廬山을 여행했을 때의 추억을 되새기며 그린 것이다. 그림에 등장하는 큰 산이 짙게 깔린 구름 위로 그 웅장한 위용을 드러낸다. 폭포 아래를 보라. 구름을 바라보며 생각에 잠긴 인물이 눈에 띈다. 다름 아닌 석도 자신이다. 바위 위에 앉아 휴식을 취하는 이는 아마도 괴팍한 친구인 석도의 부탁을 물리치지 못하고 묵묵히 구름에 쌓인 높은 산을 함께 오른 갈도일 것이다.

석도는 북송 때 곽희의 〈조춘도〉를 의식해 이 그림을 그렸다고 한다. 앞서 이미 곽희의 그림을 감상했다. 북송의 전형적인 기념비적 산수화라 할 수 있는 〈조춘도〉. 독자는 이미 그림의 중앙을 차지하는 거대하고 심지어 숭고한 느낌마저 드는 산이 강력하고 자애로운 통치자의 탁월한 국가 경영으로 질서와 조화 속에서 강력하고 안정된 국가를 상징한다는 것을 잘 알고 있으리라. 석도의 〈여산관폭도〉 역시 같은 구도를 갖는다.

석도, 〈여산관폭도〉, 족자,
비단에 수묵채색, 212×63cm,
개인 소장

그렇다면 왜 석도가 곽희의 그림을 '방倣'했을까? 아마 이민족이 아닌 한족 통치자의 보살핌 속에서 질서와 조화를 누렸던 '처음'으로 돌아가자는 의도이거나 그가 처한 모든 상황을 새롭게 변화시켜 이전의 명으로 돌아가고픈 그의 갈망이 반영된 까닭일 것이다.

하지만 이 그림은 북송의 기념비적 산수화와는 다르다. 독자는 〈조춘도〉의 강가에서 경이로운 시선으로 큰 산을 우러러보던 한 어부를 기억할 것이다. 그 이미지를 머릿속에 떠올리며 석도의 〈여산관폭도〉에 그려진 인물을 바라보라. 그림을 바라보는 자의 시선 따위는 아랑곳하지 않고 저 멀리서 구름에 둘러싸인 큰 산을 바라보고 있지 않은가. 한마디로 산 아래에서 산을 우러러보는 고원 구도의 산수화와 다르다. 인물의 시선에 집중하면 더 명확히 그 사실을 알 수 있다. 〈조춘도〉의 어부와는 달리 석도는 큰 산의 '울타리' 안에 있지 않다. 큰 산 울타리 바깥 저만치에서, 구름에 둘러싸인 작은 '바위섬' — 독자는 '섬'에 고립된 문인의 모습을 또다시 목격한다 — 위에서 산을 바라보는 것이다. 차라리 평원 구도에 가깝다. 그렇기에 변형된 기념비적 산수화가 아닐 수 없다.

여기서 눈치 빠른 독자들은 석도가 바라보는 큰 산의 모습이 이채롭다는 것을 금방 알아챘을 것이다. 어찌 된 일인지 산꼭대기가 뾰쪽하기는커녕 평편하다. 오래전 TV에서 방영된 〈머털도사〉란 애니메이션이 떠오르는 대목이다. 주인공 머털과 그의 스승 누더기 도사가 살던 누덕봉 꼭대기 역시 평편했으니 말이다. 머털과 누더기 도사가 구름을 타고 이 꼭대기를 얼마나 많이 오르내렸던가. 그렇다면 이들이 사는 누덕봉의 꼭대기가 왜 평편해야만 하는 것일까? 중국인에게 '평平'은 유토피아를 상징한다. 중국인들이 외래어 'Peace'를 '화평和平'이라 번역해 사용하는 것만 보아도 그들에게 '평'이 얼마나 좋은 의미로 받아들여지는지 깨닫게 된다. 누덕봉 꼭대기에 넓은 마당이 있던 머털과 누더기 도사의 보금자리 역시 도교에서 흔히 말하는 유토피아를 상징하는 셈이다.

흥미로운 이야기로 잠시 머리를 식혔을 테니 다시 그림으로 돌아가자. 석도가 바라보는 루산의 산봉우리 역시 평편하다. 그렇기에 루산은 도교와 관련이 깊은 곳이다. 누덕봉과 마찬가지로 꼭대기가 평편하게 생긴 이곳은 도교에서 유토피아로 여기는 곳이다. 하지만 구름에 싸인 평편한 산봉우리가 다가갈 수 없는 먼 곳에 있기에 석도의 마음은 무겁기만 하다.

이제 석도가 서 있는 바위를 살펴볼 차례다. 마치 운해에 둘러싸여 섬 위에 고립된 듯 느껴지지 않는가. 섬이라. 독자는 이미 진홍수의 자화상과 공현의 휘어진 버드나무에서도 섬 위에 있는 화가의 모습을 보았다. 이 세 거장은 세상과 어울리지 못하고 고립된 자신의 모습을 표현하고자 '섬'에 자신의 심정을 담은 것일까? 그림의 오른쪽 귀퉁이에 석도가 꽤 길게 써 놓은 제화시에서 그 이해의 실마리를 찾아보자. 이 시는 이백의 〈루산의 노래 廬山謠〉다.

나는 본래 초나라 미치광이.
봉황의 노래 부르며 공자를 비웃는다.
손엔 푸른 옥 지팡이 쥐고
아침에 황학루를 떠난다.
오악으로 신선을 찾아다닐 때 멀다고 마다지 않았다.
평생을 명산에서 노니는 걸 좋아했다.
루산은 남두성 밑에 높이 솟아
병풍처럼 겹겹이 구름 비단 펼쳤다.
산 그림자는 맑은 호수에 떨어져 검푸르게 빛나고

황금 궁궐 앞엔 두 개 봉우리 우뚝 솟았다.

은하수는 세 돌다리에 매달려 있고

아련히 멀리에는 향로폭포가 보인다.

에두른 벼랑과 험준한 산이 창천을 뚫고 솟구쳤고

푸른 그림자와 붉은 무지개는 아침 햇살에 빛난다.

새들이 날아오지 못하니 오나라 하늘이 높구나.

높은 곳에 올라 보니 하늘과 땅 사이 펼쳐진 장관.

큰 강은 도도히 흘러 돌아오지 않는다.

노란 구름은 만 리에 바람 색깔 움직이고

하얀 파도는 굽이굽이 설산을 흐른다.

기분 좋아 루산의 노래 부르니

루산이 날 흥겹게 한 것이다.

한가로이 석경을 엿보니 내 마음 맑아지는데

사령운 선생 가 보신 곳은 푸른 이끼에 묻혔구나.

일찍이 단약을 복용하여 세속에 대한 미련 없어

'거문고 마음' 세 겹으로 중첩하고서 도를 터득했다.

멀리서 바라보니 신선은 구름 속에서

연꽃을 손에 쥐고 옥경에서 조회하네.

먼저 한만과 구해에서 만날 약속하고

노오를 맞아 태청에서 노니리라.³

[3] 我本楚狂人, 鳳歌笑孔丘. 手持綠玉杖, 朝別黃鶴樓. 五嶽尋仙不辭遠, 一生好入名山遊. 廬山秀出南斗傍, 屛風九疊雲錦張, 影落明湖靑黛光. 金闕前開二峰長, 銀河倒挂三石梁. 香爐瀑布遙相望, 回崖沓嶂凌蒼蒼. 翠影紅霞映朝日, 鳥飛不到吳天長. 登高壯觀天地間, 大江茫茫去不還. 黃雲萬里動風色, 白波九道流雪山. 好爲廬山謠, 興因廬山發. 閒窺石鏡淸我心, 謝公行處蒼苔沒. 早服還丹無世情, 琴心三疊道初成. 遙見仙人彩雲裏, 手把芙蓉朝玉京. 先期汗漫九垓上, 願接盧敖遊太淸.

이백의 나이 쉰다섯에 안녹산의 난이 일어났다. 현종 이륭기는 쓰촨四川으로 피난을 갔고 숙종 이형李亨이 새로 등극했다. 현종의 열여섯째 왕자인 영왕永王 이린李璘은 딴마음을 품었다가 숙종의 군사에 패했다. 당시 이린의 막료였던 이백 역시 죽음을 면하기 어려웠으나 다행히 친구들의 적극적인 구명 운동으로 간신히 연명하고 귀양길에 오른다. 이백이 루산에 오른 것은 이 무렵의 일이다. 처절하게 좌절한 이백은 이 시에서 초나라의 광인이기를 자처한다. 아마 미치지 않고는 한순간이라도 제대로 숨을 쉴 수 없었으리라. 이백은 자유로운 사람이었다. 숨 막히는 세상을 직시하며 살 수 없었던 이백이 정신적 위안을 삼은 것은 도교였다. 이 시의 마지막 부분에 등장하는 연단을 보더라도 그 같은 사실이 더욱 극명해진다. 이 단약을 복용하면 몸이 가벼워져 하늘을 날 수 있기에 도교의 연단술을 통해 이백은 새롭게 태어나고 싶었던 것이다.

석도의 그림은 이백의 시를 도해한 것이다. 석도 역시 이백만큼 자유를 갈망했다. 사라진 명 황실의 후예로서 평생 자신의 신분을 감추고 살아야 했던 석도는 암담한 현실을 초탈해 이백처럼 단약을 복용해 신선처럼 자유롭게 세상 밖에서 노닐고 싶었을 것이다. 독자의 시선을 뒤로 한 채 등을 보이며 먼 산을 바라보는 이는 다름 아닌 이백을 등에 업은 석도라 할 수 있다.

이백의 시에는 석경石鏡이 언급된다. 시인은 자신의 마음을 정결케 하고자 석경을 바라본다고 밝혔다. 그렇다면 이 돌 거울이 의미하는 것은 무엇일까? 다름 아닌 자신을 돌아보는 것, 그리고 과거에 대한 회상이다. 과거에 대한 기억은 과거로 돌아가는 통로다. 또한, 현실로부터의 도피이자 초탈을 의미하며, 더 나아가 현재 상황을 개선할 방법이다. 그림에서 이백/석도가 바라보는 안개구름은 바로 석경의 대체물이다. 이를 통해 그들은 자신들이 원하는 과거로의 회귀를 이루었다.

무엇을 이루었다는 것인지 그 근거가 자못 궁금한 독자들을 위해 조목조목 짚어 보자. '거문고 마음 세 겹으로 중첩했다'라는 대목은 도교 경전인 『황정경黃庭經』에 나오는 말로, 도교 수련으로 마음의 평정을 얻었음을 의미한다. 단약을 복용하고 몸이 가벼워져 하늘을 날 수 있게 되면 도교에서 말하는 하늘의 신이 산다는 옥경玉京에서 조회하는 신선과 하늘의 세계를 자유롭게 노닐 수 있다. 노오盧敖와 한만汗漫은 『회남자淮南子』란 책에 등장하는 인물들이다. 베이하이北海로 여행을 간 노오는 우연히 괴이한 신선을 만나 그와 친구가 되어 함께 노닐고자 한다. 그러나 그 신선은 "나는 한간과 구해(구해와 태청은 가장 높은 하늘을 의미한다)의 바깥에서 만나기로 약속했기에 오래 머물 수 없다"라고 말하고 구름 속으로 사라진다.

구름에 휩싸인 이백/석도의 모습을 보라. 단약을 복용한 효력이 드러났음이 확연하다. 도교에서 채색 구름은 현실을 초탈해 물아일체의 경지에 도달했음을 의미한다. 또한, 폭포는 만물의 근원인 물의 존재를 표상한다. 이 폭포수가 아래로 떨어지면 구름으로 변하고 그 모양이 마치 영지버섯 같다고 한다. 그리고 보니 폭포 아래에서 뭉게뭉게 핀 구름이 마치 영지버섯 같다. 도교의 명상수련을 통한 내면에 그린 산수를 표현한 것이라 할 수 있다.

바라봄

석도의 그림에는 생각에 잠겨 무언가를 바라보는 인물이 많이 등장한다. 대부분 강 위에서 낚시하는 은둔한 어부 또는 높은 곳에 올라 무언가 멀리 바라보며 생각에 잠긴 인물들이다. 특히 그의 그림에는 '닫힌 공간'에서 바깥을 바라보는 인물의 모습이 압도적으로 많다.

〈큰 소나무 아래 낡은 집長松老屋〉은 1700년 양저우에서 그린 작품으로 큰 산과 바위, 구름과 소나무에 둘러싸인 한 작은 서재에 '갇힌' 자신의 모습을 담았다. 석도는 큰 산 왼쪽 '하늘'에다 시 한 수를 써 놓았다.

석도, 〈산수십개山水十開〉의
두 번째 그림, 화첩의 한 잎,
제작연대 미상, 22.6×17.9cm,
톈진시 예술박물관

성난 사자는 바위를 할퀴고
목마른 천리마는 샘으로 달려간다.
비바람은 곧 닥쳐올 듯
안개와 구름은 만 가지 모양.
초탈하여 속세를 떠났으니
마음은 평온하고 통쾌하다.
필묵으로 내 마음 그려보지만
가슴속 정은 필묵 바깥에서 펼쳐진다.
감상하는 이들이 웃음을 잠시라도 멈춰 줄지 모르겠네.[4]

'성난 사자는 바위를 할퀴고, 목마른 천리마는 샘으로 달려간다'라는 것은 본래 당나라 때 유명한 명필가였던 서호徐浩란 사람의 필법을 형용한 말이다. 석도는 그의 제화에서 이 말을 언급함으로써 그의 산수는 그리는 것이 아니라 쓰는 것임을 강조했다. 서예의 필법으로 산수를 그린 것이다. 언뜻 조맹부가 생각난다. 석도는 조맹부의 문인화 전통을 따른 것이다.

큰 바위나 구름 또는 대나무 같은 것에 둘러싸인 작은 집 창가에서 바깥 세계를 바라보며 무언가 생각에 잠긴 인물의 모습은 석도의 그림에 자주 등장하는 주제다. 석도의 그림을 보고 있노라니 두보가 떠오른다. 앞서 살펴본 몇 편의 시에서 두보는 두 세계를 설정해 놓았다. 하나는 자신의 세계이고, 또 하나는 자신이 속하지 않은 바깥 세상이다. 독자는 강 언덕의 세계에 속하지 못하고 강 위의 외로운 배 위에서 고립된 두보와 여관의 2층 작은 방 창문을 통해 바깥 세상을 바라보던 또 다른 두보의 모습을 기억할 것이다. 두보의 시와 석도의 그림에서 동일하게 느낄 수 있는 것은 무엇인가? 바로 세상과 어울리지 못하고 '섬'에 고립된 자들이라는 것이다. 석도가 왜 그토록 '갇힌' 자신의 모습을 그림에 담

[4] 怒猊扶石, 渴驥奔泉, 風雨欲來, 煙雲萬狀, 超軼絕塵, 沈着痛快. 用情筆墨之中, 放懷筆墨之外, 能不令欣賞家一時噱絕.

석도, 〈큰 소나무 아래 낡은 집〉,
족자, 종이에 수묵,
184.8×88.3cm,
프린스턴대학 미술관

석도, 〈유장공동〉,
두루마리 일부, 종이에 수묵담채,
46.8×286cm,
뉴욕 메트로폴리탄미술관

으려 했을까?

　석도의 예술에서 닫힌 공간은 동천과 연결된다. 석도는 대략 1697년에서 1700년 사이에 지금의 장쑤성 이싱宜興 부근의 장공동張公洞이란 유명한 동굴을 돌아보고 〈유장공동游張公洞〉이란 그림을 그렸다. 이 동굴은 후한 말에 오두미도五斗米道를 창시한 장도릉張道陵, 156년 졸이 수행한 곳으로 도교와 깊은 관련이 있다. 그래서 도교에서는 이곳을 동천으로 여긴다. 잠깐 그림의 왼쪽 아랫부분에 주목하자. 동굴을 바라보는 한 인물이 보일 것이다. 아마도 석도 자신의 모습이리라. 독자는 문지방 공간이라 할 수 있는 동천의 상징적 의미를 익히 잘 알고 있다. 현실과는 구별되는 세계 즉, 도교에서 지향하는 무릉도원으로 통하는 관문이라는 사실을 말이다. 동천에 대한 석도의 집착에는 변화에 대한 갈구가 배어 있다.

　석도에게 있어 동천의 이미지는 고향 구이린桂林을 상기시킨다. 구이린은 수려한 산수뿐 아니라 동굴이 많은 것으로도 유명하다. 동굴 또는 이와 비슷한 구도의 닫힌 공간에 있는 인물—석도 자신—을 묘사한 그림에서 동굴/닫힌 공간은 멸망한 명과 함께 부모를 잃어 외톨이가 된 석도에게 상징적인 피신처를 제공했다. 석도가 말년에 쓴 호는 '대척자大滌子'다. 굳이 해석하자면 크게 씻는 사람이란 뜻이다. 이 호는 항저우 근교의 대척동천大滌洞天이라는 동굴을 의식하고 지은 것이란다. 동천을 통해 자신을 '씻어' 새로이 거듭나 보겠다는 심산이었을까?

다시 〈큰 소나무 아래 낡은 집〉으로 발길을 돌리자. 이 그림 또한 〈여산관폭도〉와 마찬가지로 매우 큰 족자 그림이다. 큰 산이 그림의 중앙을 차지한 전형적인 기념비적 산수화다. 범관의 〈계산행려도〉와 비교가 된다. 범관과 마찬가지로 석도 역시 산천을 돌아다니며 산의 골격을 이해하려 노력했다. 그의 그림은 그 같은 미적 체험의 결과다. 석도는 그림을 통해 자신과 세계, 과거와 현재의 원천인 광대한 우주 중심에 서 있는 자신을 그려 놓은 것이다. 범관과 달리 석도는 그림 속에 자신의 모습을 집어넣었다. 세계와 어울리지 못해, 그 세계와 격리되어 갇힌 자신의 모습을 표현한 것이다. 석도가 살았던 청대 초반은 범관의 북송과는 다른 시대였다. 당연히 그림이 같을 리 없지 않겠는가.

석도의 세계 읽기: '일획'과 팔괘

석도 그림의 키워드는 '바라봄'이다. 왜 바라보는가? 바로 세계를 읽기 위해서다. 바라봄을 통한 세계 읽기는 갑골문 이래 면면히 이어져 온 중국 문인 지식인들의 문화 전통이다. 석도는 바라봄을 통해 산천의 골격을 파악하고 그것을 그림으로 재현했다. 그에게 있어 그림은 세계를 읽고 그 안에 내재한 본질을 파악하여 종이에다 새겨 넣는 것과 진배없었다. 여기에 더해 석도는 세계를 바라보는 자신의 생각을 함께 표현했다. 이 같은 새김은 마치 상나라의 정인이 거북의 배딱지에 열을 가해 생긴 균열의 꼴을 보고 신의 의지를 파악해 새겨 넣는 행위와 같다고 볼 수 있다.

괘	건(乾)	곤(坤)	진(震)	손(巽)	감(坎)	이(離)	간(艮)	태(兌)
부호	☰	☷	☳	☴	☵	☲	☶	☱
상징	하늘 강건함	땅 부드러움	우레 역동적	바람 들어감	물 빠짐	불 빛남	산 고요함	못 기쁨

만년에 석도는 그림에 대한 자신의 생각을 정리해 『화어록畵語錄』을 남겼다. 이 책에서 석도는 화법畵法을 설명하면서 그 유명한 '일획론—畵論' 즉, 한 번 그음의 중요성을 강조했다. 바라봄을 통해 석도가 읽은 세계의 모습을 새기는 과정이 바로 일획인 것이다. 중국화는 선의 예술이다. 하나의 선으로 그림을 그리는 것이다. 중국인들은 선으로 세상 만물을 묘사한다. 즉, 선으로 사물의 윤곽을 그린다. 석도의 일획론은 이 같은 중국인의 그림에 대한 보편적인 인식과 맞닿아 있다.

석도가 제시한 일획론은 그의 창조물이 아니다. 그 기원을 따지면 팔괘까지 거슬러 오른다. 자, 그렇다면 팔괘란 무엇인가? 『주역』의 바탕을 이루는 팔괘는 그 기본을 '효爻'라는 획에 두고 있다. 그중 하나는 양을 뜻하는 이어진 선 '━'이고, 다른 하나는 음을 의미하는 끊어진 선 '--'이다. 3개의 효를 하나의 단위로 결합하면 팔괘가 만들어진다. 이 팔괘는 고대 중국인들이 세상을 구성한다고 생각하는 여덟 가지 기본적 요소 즉, 하늘·땅·우레·바람·물·불·산·연못 등을 음과 양을 뜻하는 두 개의 선으로 결합해 표현한 것이다. 결국 팔괘는 세계의 모습을 상징부호로 표상한 것이다. 몇 가지 예를 들어보자. 양의 선 3개를 결합해 만든 '☰'는 하늘을 표시한다. 하늘의 속성은 강건한 것이다. 이 괘를 건乾이라 부른다. 3개 모두 음의 선인 '☷'는 땅을 뜻하며 곤坤이라 한다. 이 괘의 속성은 부드러움이다. 마지막으로 '☱'는 못을 뜻하며 그 속성은 기쁨이다. 이 괘를 태兌라 부른다. 그런데 어떻게 못과 기쁨을 서로 연관 지을 수 있을까? 호기심 많은 독자를 위해 간단히 그 이유를 밝힌다. 고대 중국인들은 물이 모여드는 못을 음양이 결합해 만물이 결실을 보는 곳으로 여겼다. 그러니 당연히 기쁘지 않겠는가.

고대 중국인들은 세계를 상징하는 팔괘를 서로 조합하여 64괘를 만들었다. 중국의 문화 전통에서는 팔괘의 창안자를 복희라 여긴다. 앞서 언급한 『주역』은 사람이 살아가면서 경험할 수 있는 모든 상황을 64개의 괘로 구분해 설명한 책이다. 고대 중국인들은 이 팔괘를 그들의 문자/서예와 그림의 원류로 여겼다. 그 까닭이 궁금하다고? 사물의 모양을 본떠 윤곽선으로 나타낸 상형문자인 한자와 이를 예술적으로 승화한 서예, 그리고 그림은 모두 팔괘처럼 하나의 선을 사용해 표현한 것들이기 때문이다. 석도의 일획 역시 팔괘의 전통을 계승하고 있다. 〈여산관폭도〉는 바라봄을 통해 그가 읽어낸 세계다. 행여 독자들이 그의 세계관을 제대로 이해하지 못할까 봐 석도는 그림에다 설명—캡션—까지 달아 놓았다. 어떤가. 석도처럼 독자들의 마음에도 이백의 〈루산의 노래〉가 요동치는가?

참고문헌

Allan, Sarah. *The Shape of the Turtle: Myth, Art, and Cosmos in Early China*. Albany: State University of New York Press, 1991.

Andrews, Malcolm. *Landscape and Western Art*. Oxford: Oxford University Press, 1999.

Barnhart, Richard M. *Along the Border of Heaven: Sung and Yüan Paintings from the C. C. Wang Family Collection*. New York: The Metropolitan Museum of Art, 1983.

_____. *Master of the Lotus Garden: The Life and Art of Bada Shanren (1626~1705)*. New Haven: Yale University Press, 1990.

Berger, John. *Ways of Seeing*. London: British Broadcasting Corporation and Penguin Books, 1977.

Bush, Susan. *The Chinese Literati on Painting: Su Shih(1037~1101) to Tung Ch'i-ch'ang(1555~1636)*. Cambridge, Mass.: Harvard University Press, 1971.

Bush, Susan and Murck, Christian. eds. *Theories of the Arts in China*. Princeton: Princeton University Press, 1983.

Cahill, James. *Hills Beyond a River: Chinese Painting of the Yüan Dynasty, 1279~1368*. New York: Weatherhill, 1976.

_____. *The Painter's Practice: How Artists Lived and Worked in Traditional China*. New York: Columbia University Press, 1994.

_____. *Three Alternative Histories of Chinese Painting*. Lawrence: Spencer Museum of Art, University of Kansas, 2000.

_____. *The Lyric Journey: Poetic Painting in China and Japan*. Cambridge, Mass.: Harvard University Press, 1996.

_____. *Parting at the Shore: Chinese Painting of the Early and Middle Ming Dynasty, 1368~1580*. New York: Weatherhill, 1978.

_____. *The Distant Mountains: Chinese Painting of the Late Ming Dynasty, 1570~1644*. New York: Weatherhill, 1983.

_____. *The Compelling Image: Nature and Style in Seventeenth-Century Chinese Painting*. Cambridge, Mass.: The Belknap Press of Harvard University Press, 1993.

Campany, Robert Ford. *Strange Writing: Anomaly Accounts in Early Medieval China*. Albany: State University of New York Press, 1996.

Chou, Eva Shan. *Reconsidering Tu Fu: Literary Greatness and Cultural Context*. Cambridge: Cambridge University Press, 1995.

Clifford, James. *The Predicament of Culture: Twentieth-Century Ethnography, Literature, and Art*. Cambridge: Harvard University Press, 1999.

Clunas, Craig. *Art in China*. Oxford: Oxford University Press, 1997.

_____. *Pictures and Visuality in Early Modern China*. London: Reaktion Books, 1997.

_____. *Fruitful Sites: Garden Culture in Ming Dynasty China*. Durham: Duke University Press, 1996.

Eliade, Mircea. *Rites and Symbols of Initiation: The Mysteries of Birth and Rebirth*. New York: Harper & Row, 1958.

Fairbank, John King and Goldman, Merle. *China: A New History*. Cambridge, Mass.: The Belknap Press of Harvard University Press, 2002.

Fong, Wen C. *Images of the Mind*. Princeton: The Art Museum, Princeton University, 1984.

_____. *Beyond Representation: Chinese Painting and Calligraphy 8th~14th Century*. New York: The Metropolitan Museum of Art, 1992.

Fong, Wen C. and Murck, Alfreda. ed. *Word and Image: Chinese Poetry, Calligraphy, and Painting*. New York: The Metropolitan Museum of Art, 1991.

Fong, Wen C. and Watt, James C. Y. *Possessing the Past: Treasures from the National Palace Museum of Art, Taipei*. New York: The Metropolitan Museum of Art, 1996.

Fong, Wen C. and Hearn, Maxwell K. *Along the Riverbank: Chinese Paintings from the C. C. Wang Family Collection*. New York: The Metropolitan Museum of Art, 1999.

Gernet, Jacques. *A History of Chinese Civilization*. Cambridge: Cambridge University Press, 1999.

Hay, John. ed. *Boundaries in China*. London: Reaktion Books, 1994.

Hearn, Maxwell K. *Cultivated Landscapes: Chinese Paintings from the Collection of Marie-Hélène and Guy Weill*. New York: The Metropolitan Museum of Art, 2002.

Hegel, Robert E. *Reading Illustrated Fiction in Late Imperial China*. Stanford: Stanford University Press, 1998.

Ho, Wai-kam. et al. *Eight Dynasties of Chinese Painting*. Cleveland: The Cleveland Museum of Art, 1980.

Hutcheon, Linda. *A Poetics of Postmodernism: History, Theory, Fiction*. London: Routledge, 1999.

Keightley, David N. *The Ancestral Landscape: Time, Space, and Community in Late Shang China (ca. 1200~1045 B. C.)*. Berkeley: Institute of East Asian Studies, University of California, 2000.

Keswick, Maggie. *The Chinese Garden: History, Art and Architecture.* Cambridge, Mass.: Harvard University Press, 2003.

Lewis, Mark Edward. *Writing and Authority in Early China.* Albany: State University of New York Press, 1999.

Li, Chu-tsing. ed. *Artists and Patrons: Some Social and Economic Aspects of Chinese Painting.* Kansas City: The Nelson-Atkins Museum of Art, 1989.

Li, Chu-tsing and Watt, James C. Y. eds. *The Chinese Scholar's Studio: Artistic Life in the Late Ming Period.* New York: Thames and Hudson, 1987.

Lin, Shuen-fu and Owen, Stephen. eds. *The Vitality of the Lyric Voice: Shih Poetry from the Late Han to the T'ang.* Princeton: Princeton University Press, 1986.

Little, Stephen. ed. *Taoism and the Arts of China.* Chicago: The Art Institute of Chicago, 2000.

Loewe, Michael. *Ways to Paradise: The Chinese Quest for Immortality.* London: George Allen & Unwin, 1979.

Lloyd, G. E. R. *The Ambitions of Curiosity: Understanding the World in Ancient Greece and China.* Cambridge: Cambridge University Press, 2002.

McCausland, Shane. *First Masterpiece of Chinese Painting: The Admonitions Scroll.* New York: George Braziller, Inc., 2003.

Mote, F. W. *Imperial China 900~1800.* Cambridge, Mass.: Harvard University Press, 1999.

Murck, Alfreda. *Poetry and Painting in Song China: The Subtle Art of Dissent.* Cambridge, Mass.: Harvard University Asia Center for the Harvard-Yenching Institute, 2000.

Murray, Julia K. *Ma Hezhi and the Illustration of the Book of Odes.* Cambridge: Cambridge University Press, 1993.

Owen, Stephen. *The Great Age of Chinese Poetry: The High T'ang.* New Haven: Yale University Press, 1981.

_____. *Traditional Chinese Poetry and Poetics.* Madison: The University of Wisconsin Press, 1985.

Rawson, Jessica. *Mysteries of Ancient China.* London: British Museum Press, 1996.

Roddy, Stephen J. *Literati Identity and Its Fictional Representations in Late Imperial China.* Stanford: Stanford University Press, 1998.

Rynck, Patrick de. *How to Read a Painting: Lessons from the Old Masters.* New York: Abrams, 2004.

Schwartz, Benjamin I. *The World of Thought in Ancient China.* Cambridge, Mass.:

Harvard University Press, 1985.
Soja, Edward W. *Postmodern Geopraphies: The Reassertion of Space in Critical Social Theory.* London: Verso, 1999.
Strassberg, Richard E. *Inscribed Landscapes: Travel Writing from Imperial China.* Berkeley: University of California Press, 1994.
Sterckx, Roel. *The Animal and the Daemon in Early China.* Albany: State University of New York Press, 2002.
Sturgis, Alexander. *Understanding Paintings: Themes in Art Explored and Explained.* New York: Watson-Guptill Publications, 2000.
Sullivan, Michael. *The Three Perfections: Chinese Painting, Poetry, and Calligraphy.* New York: George Braziller, 1999.
Vinograd, Richard Ellis and Thorp, Robert L. *Chinese Art & Culture.* New York: Harry N. Abrams, Inc., 2001.
Wang, Aihe. *Cosmology and Political Culture in Early China.* Cambridge: Cambridge University Press, 2000.
Waley-Cohen, Joanna. *The Sextants of Beijing: Global Currents in Chinese History.* New York: W.W. Norton & Company, 1999.
Wang, Yao-t'ing. *Looking at Chinese Painting.* Tokyo: Nigensha Publishing Co., Ltd., 2000.
Watson, William. *The Arts of China to AD 900.* New Haven: Yale University Press, 2000.
_____. *The Arts of China 900~1620.* New Haven: Yale University Press, 2000.
Wu Hung. *The Wu Liang Shrine: The Ideology of Early Chinese Pictorial Art.* Stanford: Stanford University Press, 1989.
Yang, Xin. et al. *Three Thousand Years of Chinese Painting.* New Haven: Yale University Press, 1997.
Yu, Pauline. *The Reading of Imagery in the Chinese Poetic Tradition.* Princeton: Princeton University Press, 1987.

巫鴻.『순간과 영원: 중국고대의 미술과 건축』. 서울: 아카넷, 2001.
_____.『그림 속의 그림: 중국화의 매체와 표현』. 서울: 이산, 1999.
패트리샤 버클리 에브리 지음.『사진과 그림으로 보는 케임브리지 중국사』. 서울: 시공사, 2002.
고바야시 히로미쓰.『중국의 전통판화』. 서울: 시공사, 2002.

陳傳席. 『陳洪綬』. 石家莊市: 河北教育出版社, 2003.
段紅偉. 『沈周畵傳』. 濟南: 山東畵報出版社, 2004.
何平立. 『崇山理念與中國文化』. 濟南: 齊魯書社, 2001.
洪再新. 『中國美術史』. 杭州: 中國美術學院出版社, 2000.
姜亮夫 外. 『先秦詩鑑賞辭典』. 上海: 上海辭書出版社, 1998.
柯慶明. 『中國文學的美感』. 石家莊市: 河北教育出版社, 2001.
李一. 『中國古代美術批評史綱』. 哈爾濱: 黑龍江美術出版社, 2000.
劉墨. 『龔賢』. 石家莊市: 河北教育出版社, 2003.
＿＿＿. 『八大山人』. 石家莊市: 河北教育出版社, 2003.
盧壽榮. 『唐寅畵傳』. 濟南: 山東畵報出版社, 2004.
王進. 『文徵明畵傳』. 濟南: 山東畵報出版社, 2004.
吳敢. 『沈周』. 石家莊市: 河北教育出版社, 2003.
徐書城, 徐建融 主編. 『中國美術史』. 濟南: 齊魯書社, 2000.
周時奮. 『石濤畵傳』. 濟南: 山東畵報出版社, 2004.

고대 중국의 주요 왕조		
	상商	대략 기원전 1600–기원전 1045/1050
	서주西周	대략 기원전 1045/1050–기원전 771
	동주東周	기원전 770–기원전 256
	춘추春秋	기원전 770–기원전 476
	전국戰國	기원전 476–기원전 221
	진秦	기원전 221–기원전 206
	한漢	기원전 206–220
	전한前漢	기원전 206–9
	신新(왕망王莽의 치세)	9–23
	후한後漢	25–220
	삼국三國	220–280
	위魏	220–265
	촉蜀	221–263
	오吳	222–280
	진晉	265–420
	서진西晉	265–317
	동진東晉	317–420
	남조南朝	421–589
	송宋	421–479
	제南	479–502
	양梁	502–557
	진陳	557–589
	북조北朝	386–581
	북위北魏	386–535
	동위東魏	535–550
	서위西魏	535–556
	북제北齊	550–577
	북주北周	557–581
	수隋	581–618
	당唐	618–907
	오대십국五代十國	902–979
	오대(북중국)	907–960
	십국(남중국)	902–979
	요遼	907–1125
	송宋	960–1279
	북송北宋	960–1127
	남송南宋	1127–1279
	금金	1115–1234
	원元	1271–1368
	명明	1368–1644
	청淸	1644–1911